LE POSITIVISME

D'AUGUSTE COMTE

PAR

PAUL DUPUY

Ancien professeur à la Faculté de Médecine de Bordeaux.

PARIS

LIBRAIRIE FÉLIX ALCAN

MAISONS FÉLIX ALCAN ET GUILLAUMIN RÉUNIES

108, BOULEVARD SAINT-GERMAIN, 108

LE

POSITIVISME

D'AUGUSTE COMTE

LE POSITIVISME

D'AUGUSTE COMTE

PAR

PAUL DUPUY

Ancien professeur à la Faculté de Médecine de Bordeaux.

———

PARIS

LIBRAIRIE FÉLIX ALCAN

MAISONS FÉLIX ALCAN ET GUILLAUMIN RÉUNIES

108, BOULEVARD SAINT-GERMAIN, 108

—

1911

PRÉFACE

> Je suis arrivé à croire que
> M. Comte sera une étiquette
> dans l'avenir, et qu'il occupera
> une place importante dans les
> futures histoires de la philoso-
> phie. Ce sera une erreur, j'en
> conviens, mais l'avenir com-
> mettra tant d'autres erreurs.
>
> RENAN.

Conformément à la prévision de Renan, M. Comte occupe une place importante en philosophie, ce qui ne l'empêche pas d'être arrivé à un point tournant de sa renommée. On lui a supposé une originalité qu'il ne possède point, et à laquelle il empruntait une grande partie de sa valeur aux yeux du public. Un nouvel astre de première grandeur venait de s'élever sur l'horizon de la pensée. Comparable sinon supérieur à Descartes, à Leibniz, Comte repensait toutes les sciences, en faisait un ensemble systématique, sur lequel il édifiait, comme leur couronnement, la sociologie, résultante du passé et principe fécond de l'avenir (1).

---

(1) Comte s'est donné modestement à lui-même comme précurseurs Aristote, Descartes et Leibniz et même Saint-Paul.

En effet, Aristote n'a-t-il point dit que : « Entre toutes les scien-

Pareille apothéose ne s'était point produite sans protestation. Les Saint-Simoniens ne s'étaient point fait faute de signaler tout ce qui, dans l'œuvre du disciple, rappelait celle du maître. Mais le disciple avait si bien endoctriné ses propres élèves qu'aucun d'eux, pas même Littré, ne se crut obligé de vérifier, d'une manière suffisante, une assertion qui portait une sérieuse atteinte à l'originalité de Comte. Ils se contentèrent de nier un fait qui devait plus tard devenir l'évidence même. Toutefois on le trouve mentionné par Pellarin (beau-frère de Littré) (1), par Renouvier, par Ravaisson (2) et surtout par Paul Janet (3). Tenu en

---

ces les plus rigoureuses sont celles qui sont le plus sciences de principes... Ce qu'il y a de plus scientifique, ce sont les principes et les causes » (*Métaphysique*, I, p. 78, traduction de Pierron et Zévort).

Descartes n'a admis que deux choses : la pensée que nous connaissons par l'observation intérieure et le mouvement. Celui-ci d'ordre mécanique. Point d'activité propre à la matière. Pour Leibniz, la raison dernière de toutes choses est Dieu, perfection absolue, monde central, monade des monades. Les monades sont : 1° des substances simples douées de perception, contenant en elles-mêmes le principe de leurs modifications. Ce sont des forces spirituelles tendant sans cesse à changer d'état; 2° des monades sans aperception (corps inertes); 3° des monades avec conscience obscure (âmes des bêtes). Harmonie préétablie de l'activité propre de chaque monade avec celle de toutes les autres monades constituant l'Univers.

Il n'y a évidemment aucune corrélation de principes entre Comte et ceux qu'il proclame ses propres précurseurs. Il a pu penser qu'on le croirait sur parole, et beaucoup l'ont fait.

(1) *Essai critique sur la philosophie positive*, par le D^r Ch. Pellarin.

(2) *La philosophie en France au XIXe siècle*, par Ravaisson.

(3) *Revue des Deux-Mondes*, 15 avril 1896.

haute estime par Stuart Mill (qui plus tard dut en rabattre), par Léon Bruhl, par Brunetière et quelques autres littérateurs d'un vrai mérite, Auguste Comte fut l'objet d'une étude sérieuse et approfondie de M. Alengry, qui trouve en lui l'étoffe d'un grand homme, mais qui déclare que c'est évidemment Saint-Simon qui a donné à Comte les cadres et les idées directrices de la sociologie (1). M. Alengry a dit également : « Saint-Simon a écrit un plan et Comte l'a réalisé » (2). Ce serait donc celui-ci qui serait le véritable fondateur de la sociologie. Bien qu'ayant débuté par la synthèse, il a surtout créé la philosophie de la sociologie (3). Or défaut préalable d'analyse, synthèse incomplète et fausse par conséquent, c'est ce que savent tous les élèves en philosophie.

Quelques années plus tard, M. G. Dumas, tout en témoignant de son admiration pour A. Comte et le déclarant, sous divers rapports, supérieur à Saint-Simon, reconnaît néanmoins qu'il lui doit la meilleure part de ses idées générales (4). Il ajoute : « Dans l'histoire des idées, Saint-Simon, avec sa production désordonnée, ses livres inachevés, ses théories incomplètes, apparaîtra toujours

---

(1) *Essai historique et critique sur la sociologie chez Auguste Comte*, p. 469.

(2) *Ibid.*, p. 473.

(3) *Ibid.*, p. 473. Auquel cas le côté pratique reste à faire, n'est-il pas vrai?

(4) *Psychologie de deux Messies positivistes*, préface, p. 8.

comme une première ébauche de Comte, ébauche vague par endroits, hâtivement dessinée par ailleurs, jamais bien arrêtée dans ses lignes, puissantes et géniales pourtant. Sans lui, Auguste Comte aurait sans doute écrit et pensé, mais il n'eût certainement fondé ni la philosophie positive ni la religion de l'humanité » (1).

De très bonne heure (17 ans) Saint-Simon songe à se faire une carrière physico-politique, ce qu'on appellerait de nos jours s'adonner à la physique sociale ou sociologie, s'y préparant par l'étude des sciences d'observation. S'inspirant d'autre part du catholicisme, qu'il a la prétention de remplacer, il veut instituer un autre pouvoir spirituel composé de savants et d'artistes, et qui règnera moralement sur l'Europe, comme étant l'organe d'une religion conforme aux données de la science humaine. Dans ces conditions nouvelles, tous les hommes sont appelés à travailler. Saint-Simon sera le pape scientifique de l'Europe régénérée dans ses croyances.

Maintenant voici le point de départ. Le xviiᵉ siècle a détruit la foi catholique, sans la remplacer, et, par le mouvement irrésistible de la Révolution française, il a supprimé la monarchie traditionnelle, mais sans lui substituer des institutions durables. D'où un double besoin : celui des

---

(1) *Ibid.*, p. 9. L'humanité s'en serait probablement bien consolée.

croyances à reconstituer, et celui de l'Administration générale à restaurer également. Or tandis
que les écrivains catholiques, tels que de Bonald
et J. de Maistre veulent en revenir, tout d'abord, à
la foi et au pouvoir spirituel du moyen âge, Saint-
Simon veut résoudre le problème par les données
de la science réussissant à formuler une nouvelle
synthèse. C'est sous l'inspiration directe de
celle-ci que l'œuvre de rénovation doit être
accomplie. C'est à elle, par conséquent, à instituer
un pouvoir spirituel nouveau appelé à prendre la
place de l'ancien.

A l'ancienne encyclopédie, œuvre de critique et
de bataille, Saint-Simon veut substituer une nouvelle et véritable encyclopédie, qui sera une
œuvre de coordination et de synthèse scientifique.
Celle-ci devant être essentiellement une, il ne
trouve rien de mieux que de mettre à sa base la
loi de gravitation universelle, qu'il considère
comme la loi unique du monde physique et moral.
C'est bien de la synthèse, sans doute, mais sans
analyse préalable. Mauvais exemple pour l'élève
Comte qui agira de même, en se plaçant d'ailleurs
à un autre point de vue.

Maintenant, comment faire procéder une morale
et une religion de la synthèse ainsi constituée,
savoir de la gravitation universelle? Saint-Simon
ne le tente point et s'en tient à des artifices provisoires, en morale et en éducation, pour les enfants
et les ignorants. Mais les savants écriront l'ency-

clopédie, réorganisant le physicisme par la loi de gravitation. Plus tard, pour que le physicisme soit mis à la portée du vulgaire, les savants tireront de l'encyclopédie un catéchisme nouveau. La science sera renouvelée, la morale aussi sera renouvelée, chacun étant tenu de travailler. Le pouvoir spirituel sera ainsi désormais exercé, au nom de la raison, par un pape et un clergé physiciste : l'unité catholique de la foi se trouvera restaurée. Saint-Simon profondément pénétré de l'esprit du catholicisme, et traitant les protestants d'hérétiques, on peut lui appliquer, mais dans une bien moindre mesure, ce que disait Huxley du système de Comte : C'est du catholicisme sans christianisme.

La conclusion naturelle de l'étude de. M. G. Dumas sur Saint-Simon, c'est que ce fondateur du socialisme moderne, comme le disait Paul Janet (1), était le véritable père du positivisme. Pour Comte, pareille affirmation est la déchéance.

Sans être en apparence aussi explicite, M. Alengry reconnaît qu'on trouve, dans Saint-Simon, une doctrine complète sur la sociologie telle que l'a réalisée A. Comte (2). Un aperçu général de l'œuvre du premier en donnera la preuve. Cet aperçu je l'emprunte à M. Alengry.

L'Etat révolutionnaire des sociétés ne pourra prendre fin que par la réorganisation préalable

---

(1) *Revue des Deux-Mondes,* 1876, p. 761.
(2) Alengry, *op. cit.,* p. 435.

des idées. « Le mal est dû à l'absence d'idées communes servant de lien aux esprits et aux volontés. Ces idées communes il faut les créer. La politique n'est pas encore guidée par une science; c'est cette science qu'il faut créer (1). Elle doit avoir pour base une doctrine philosophique universellement adoptée. Une fois la réorganisation intellectuelle et scientifique opérée, la réorganisation sociale sera achevée. D'où ces propres paroles de Saint-Simon : « Je conçus le projet de forger une nouvelle carrière à l'intelligence humaine ». D'où l'on voit que « le Saint-Simonisme est une théorie sociale et politique qui a pour base une rénovation totale des sciences, des idées » (2).

Cette rénovation est essentiellement philosophique, car elle est synthétique. L'esprit humain a parcouru la voie de l'*a posteriori*, qui est celle de l'analyse et des vues particulières; il doit s'engager dans la voie de l'*a priori*, qui est celle de la synthèse et des vues générales. Toute rénovation philosophique doit être générale et synthétique, car la philosophie est la science des sciences, les sciences particulières n'étant que les éléments de cette science totale qui est une véritable encyclopédie (3). Les philosophes du XVIIIe siècle ont fait

---

(1) *Ibid.*, p. 436.
(2) Alengry, *op. cit.*, p. 537.
(3) Saint-Simon cité par Alengry, *op. cit.*, p. 437-438.

une encyclopédie destinée à renverser le système théologique et féodal ; ceux du xixe siècle doivent aussi faire une encyclopédie pour constituer le système industriel et pacifique (1). Son aînée a détruit, elle-même bâtira (2). Ainsi donc conclut M. Alengry pour réorganiser les sociétés, il faut d'abord réorganiser les idées, c'est-à-dire toutes les sciences et les englober dans une vaste synthèse.

M. Alengry continue dans les termes suivants : « Pour réaliser cette immense entreprise, il faut se livrer à trois genres de travaux : 1° classer les sciences ; 2° les rendre homogènes, c'est-à-dire toutes positives ; 3° enfin couronner toutes les sciences par une nouvelle science, positive comme les autres, mais infiniment plus vaste, plus synthétique : la science politique ; c'est elle qui servira de guide à la rénovation sociale et à l'art politique (3). C'est elle qui couronnera l'édifice des sciences et préparera directement la réorganisation des sociétés (4).

Maintenant voici la classification des sciences de Saint-Simon : « Tous les phénomènes dont nous avons connaissance ont été partagés en différentes classes : phénomènes astronomiques, physiques, chimiques, physiologiques » (5). Il n'y a point,

---

(1) Alengry, *op. cit.*, p. 437.
(2) Alengry, *op. cit.*, p. 438.
(3) Saint-Simon cité par Alengry, p. 439.
(4) Saint-Simon cité par Alengry, p. 439.
(5) Pour arriver à constituer l'imposant édifice de la hiérarchie

dit-il ailleurs, de phénomène qui ne soit astronomique, chimique, physiologique ou psychologique (1). Or comme pour Saint-Simon : « La physiologie comprend : 1° la physiologie individuelle soit
physique, soit psychologique, et la physiologie de
l'espèce ou physique sociale, il s'ensuit qu'il classe
les sciences dans l'ordre suivant : mathématiques,
astronomie, physique, chimie, physiologie (physiologie, psychologie, progrès de l'esprit, marche
future de l'esprit humain). Saint-Simon ébauche
même un ordre de développement historique des
sciences, fondé d'abord sur leur complexité croissante, puis sur leur rapport de plus en plus grand
avec l'homme et ses sentiments ».

Parmi les sciences, les unes sont positives, telles
que les mathématiques, l'astronomie, la physique
et la chimie, car elles ont leur point de départ
dans l'observation ; les autres sont conjecturales,
c'est-à-dire théologiques et métaphysiques. Celles-
ci doivent secouer le joug des métaphysiciens et
des moralistes, et toutes les autres sciences étant
devenues positives, il faut qu'il en soit de même
pour la philosophie, la morale et la politique. Donc
les phénomènes que celles-ci étudient doivent avoir
pour méthode essentielle l'observation, et doivent être considérés comme assujettis à des lois

des sciences, Comte n'a vraiment pas dû faire un puissant effort
d'imagination.

(1) Saint-Simon cité par Alengry, *op. cit.*, p. 440.

invariables. Alors, mais alors seulement la classification des sciences formera un système homogène couronné par la science politique (1).

La physiologie sociale ou science politique a un objet distinct de la physiologie individuelle. « La première plane au-dessus des individus qui ne sont plus, pour elle, que des organes du corps social, car la société n'est point une agglomération d'êtres vivants, dont les actions indépendantes de tout but final n'ont d'autre cause que l'arbitraire des volontés individuelles. La société, en effet, est surtout une véritable machine organisée, dont toutes les parties contribuent d'une manière différente à la marche de l'ensemble. La réunion des hommes constitue un véritable être. Cet organisme immense se développe comme l'organisme individuel, il traverse l'enfance, l'adolescence, l'âge mûr, et il arrivera à la vieillesse.

Il faut maintenant aborder la question de loi. Puisqu'on admet généralement aujourd'hui que les phénomènes astronomiques, physiques et chimiques obéissent tous indistinctement à la loi de la gravitation universelle, il est nécessaire d'étendre cette loi aux phénomènes physiologiques, surtout aux phénomènes physiologiques sociaux. Il n'y a pas deux natures : l'une morale, l'autre physique. Le développement social n'est que le prolongement du développement animal. Il n'y a

_____

(1) Saint-Simon cité par Alengry, *op. cit.*, p. 440.

qu'un ordre de choses : l'ordre physique. La science politique devient positive, au même titre que les autres sciences, et elle devient apte à servir de base à l'art politique.

Ainsi sera créée la philosophie générale, destinée à remplacer les anciennes métaphysiques et les anciennes religions, et ainsi seront satisfaites les tendances naturelles de l'esprit humain vers l'unité. Dans l'éducation, les études se termineront naturellement par un cours de philosophie positive (1).

Le progrès est la caractéristique essentielle de l'évolution sociale et, comme Condorcet *son père spirituel*, Saint-Simon ne considère à la fois qu'un seul peuple auquel il rapporte tous les progrès accomplis. Ce peuple varie suivant les époques : les Egyptiens, les Grecs, les Romains, les Arabes, puis les Anglais et surtout les Français. Parcille abstraction est légitime, car la marche de l'esprit humain est une et inaltérable, elle ne varie point suivant les temps et les lieux. Tous les peuples sont entraînés par le même courant, seule la vitesse de l'évolution est différente. Ce courant est celui du progrès qui est une impulsion universelle et nécessaire, sollicitant toutes les sociétés à améliorer sans cesse leur condition. Le progrès est une loi qui entraîne et domine les événements et les êtres. Les hommes ne sont en face d'elle que

---

(1) Saint-Simon cité par Alengry, *op. cit.*, p. 441-442-443.

des instruments, et rien ne peut arrêter, d'une manière durable, les progrès de la civilisation. Ni les grands hommes, ni les législateurs n'ont dirigé ce mouvement naturel et nécessaire, ils en ont pris conscience et l'ont résumé. L'évolution est inconsciente et mécanique. Tous les moments du progrès ayant été nécessaires, il n'y a ni à les louer, ni à les blâmer. C'est ce que n'a point fait Condorcet, car il a méconnu le rôle de la religion et celui du Moyen Age, qui ont été des moments nécessaires dans les phases de la civilisation. Ils ont apparu quand il le fallait et leur rôle a été utile. Ainsi les institutions religieuses ont exercé sur les institutions politiques la plus grande et la plus légitime influence. L'institution religieuse, sous quelque aspect qu'on l'envisage, est la principale institution politique, et le Moyen Age a été le berceau de la civilisation moderne. En effet, c'est au Moyen Age qu'on voit l'établissement d'un pouvoir spirituel européen, ce qui était et doit être encore aujourd'hui la véritable base du système politique de l'Europe. L'esprit positif dans les sciences est même né dans cette période si décriée.

Le passé aide à comprendre le présent et à éclairer l'avenir. En effet, le problème de la science politique consiste à trouver la loi du progrès : d'où viennent les sociétés, où vont-elles ? Du passé bien observé, on peut déduire facilement l'avenir. L'étude de la marche que l'esprit humain a suivie nous dévoilera celle qu'il suivra. L'histoire nous dirige, elle est un fil conducteur aux hommes politiques.

D'où viennent les sociétés humaines? du système théologique et féodal. Vers quel but se dirigent-elles nécessairement? Vers le système scientifique et industriel. Observons le présent et l'éclairons par le passé, c'est-à-dire par l'histoire.

Saint-Simon a puisé dans l'histoire toutes ses théories. L'analyse des progrès de l'esprit humain lui a servi de base pour la conception de l'échelle hiérarchique de l'encyclopédie. C'est à l'histoire qu'il demande l'évolution des progrès, la considération des maladies du corps social, les considérations sur les Romains, l'appréciation du Moyen Age, la loi de l'alternance des révolutions scientifiques et des révolutions politiques et, enfin, de l'histoire des communes, c'est-à-dire du mouvement scientifique et industriel qui occupe, dans son œuvre, une place si importante (1).

La science politique a pour objet, d'après Saint-Simon, les sociétés en mouvement, et elle se propose pour but de découvrir la loi de ce mouvement, la loi du progrès. L'état présent d'une société serait donc inintelligible sans la connaissance des phases qu'elle a d'abord traversées. Ce n'est que par l'observation philosophique du passé que l'on peut acquérir une connaissance exacte

---

(1) Saint-Simon cité par Alengry, *op. cit.*, p. 443-448.

des vrais éléments du présent. Celui qui propose une nouvelle institution doit donc faire voir, avant tout, qu'elle est amenée par le passé et réclamée par le présent. La vraie méthode de la science politique est donc la méthode historique. Toutefois l'histoire ne rendra de services réels à la science politique qu'à la condition de devenir scientifique. La marche à suivre est de faire une histoire de l'espèce humaine, une sorte d'histoire universelle s'élevant au-dessus des égoïsmes nationaux. Depuis le siècle passé (xviiie siècle) on est entré, dans une voie meilleure, surtout Condorcet qui a essayé de constituer l'histoire, d'une manière vraiment philosophique, en la traitant comme une véritable science. Il a fait une série d'observations sur la marche de la civilisation et il a divisé les faits non en dynasties, mais en époques d'après la théorie générale du progrès. Mais l'œuvre de Condorcet n'est qu'une ébauche et le travail général et fondamental reste encore à faire (1).

L'unique problème de la science politique consiste à trouver la loi des progrès de l'esprit humain. L'histoire des sciences nous montre qu'elles ont commencé par être conjecturales avant de devenir positives. A son origine, l'astronomie n'était que de l'astrologie, la chimie n'était que de l'alchimie, la physiologie était infectée de charlatanisme, la psychologie nageait dans la superstition. Aujour-

---

(1) Saint-Simon d'après Alengry, *op. cit.*, p. 448, 449, 450.

d'hui l'astronomie, la chimie, la physiologie et la psychologie sont basées sur des faits observés. Ainsi elles sont positives, ainsi la masse entière de la connaissance humaine est devenue positive, car il n'y a point de phénomène qui ne soit astronomique, chimique ou psychologique. Le tout (la philosophie) et les parties ont dû avoir le caractére conjectural; ensuite le tout et les parties ont dû avoir le caractère mi-conjectural et positif..... enfin le tout et les parties doivent acquérir autant que possible le caractère positif. Comme la philosophie est le tout dont les sciences sont les parties, on en est au point que le premier bon résumé des sciences particulières constituera la philosophie positive. Telle est la loi des trois époques, qui se sont succédé nécessairement, et qui sont caractérisées par l'idôlatrie des choses visibles (le fétichisme de Comte), puis viennent le polythéisme, puis le déisme, et enfin viendra la loi de l'attraction universelle. Ailleurs Saint-Simon appellera la première époque : théologique, religieuse, et la seconde époque : métaphysique (1). A l'appui de

---

(1) Comte, qui n'y regardait pas de si près, s'est audacieusement attribué la loi des trois états due peut-être au Dr Burdin, ami de Saint-Simon, mais il n'y a peut-être là qu'une simple fiction. Charlemagne et d'autres, à son dire, ne lui ont-ils pas adressé la parole ? Quoi qu'il en soit, il n'en est pas moins vrai que la classification hiérarchique des sciences et la loi des trois états attribuées à Comte ne peuvent être que des erreurs volontaires de la part de ce dernier. Le maître a été dépouillé par son élève de ce qui lui appartenait légitimement.

la division de l'histoire en époques, Saint-Simon aurait pu citer l'exemple de Turgot.

Les sociétés ont été militaires avant d'être industrielles, car il n'y a que deux formes sociales possibles : les sociétés militaires qui ont pour but le vol, les sociétés industrielles qui ont pour but la production. Les métaphysiciens ont d'ailleurs aidé l'esprit à passer de la théologie à la science, et les juristes ont permis aux hommes de passer du militarisme à l'industrialisme.

La Révolution française a été le dernier terme d'une longue évolution. Elle aurait dû arracher le pouvoir spirituel aux prêtres pour le donner aux savants, et le pouvoir temporel aux nobles et aux militaires pour le donner au tiers État, aux communes, aux travailleurs, c'est-à-dire aux industriels. Mais la Révolution a avorté parce que les métaphysiciens et les juristes ont prolongé, au delà du terme nécessaire, leur action préparatoire et dissolvante. Si donc l'on veut achever la Révolution, et faire régner l'ordre dans les sociétés, il faut prendre conscience du mouvement historique, rejeter à la fois prêtres et métaphysiciens, nobles et juristes, et accueillir les communes, c'est-à-dire les savants, les industriels, le tiers État.

Saint-Simon est particulièrement hostile aux juristes. Pour lui, ce sont des démolisseurs, des révolutionnaires, des esprits critiques, c'est-à-dire des métaphysiciens, et ils se donnent pour des constructeurs, et ils passent leur temps à légiférer, tandis qu'il faudrait organiser la société sur des bases industrielles. De plus, la théorie des droits de l'homme, qui a été la base de tous leurs travaux, en politique générale, n'est autre chose qu'une application de la haute métaphysique à la haute jurisprudence (1).

Au point de vue économique, au point de vue de la morale et de la religion, les différences entre Saint-Simon et Comte deviennent assez tranchées pour que je n'expose point sur ces divers chefs les idées du premier. Sous tous les autres rapports, à l'exception de la loi universelle de la gravitation, c'est essentiellement la pensée du maître qui trouve un écho des plus exacts, des plus fidèles dans le système de l'élève, chose bien naturelle, d'ailleurs, quand on sait par le propre témoignage de celui-ci que c'est Saint-Simon qui lui a révélé sa vocation de sociologiste. C'est ainsi que du père au fils la ressemblance frise le plus souvent l'identité.

Au lieu de parler spécialement de Comte, je viens de m'attacher à parler de Saint-Simon, dans cette préface, empruntant ce que j'en ai dit à deux des meilleures études qui ont été faites sur le prétendu fondateur du positivisme et de la sociologie. Je vise. en parlant ainsi, les deux ouvrages de G. Dumas et de Frank Alengry. Quiconque ne connaît A. Comte qu'à titre de fondateur du

____

(1) Saint-Simon cité par Alengry, *op. cit.*, p. 457, 458, 459.

positivisme, serait bien surpris de rencontrer ici Saint-Simon partout où il s'attendrait à trouver le nom de Comte. Ce sont presque toujours les mêmes idées que le nouveau venu s'est appropriées, les forgeant à sa manière, et en faisant le marchepied du trône spirituel qu'il prétend occuper de haute lutte.

Je suis loin d'ailleurs de contester l'originalité de Comte, car il a inventé une politique qui se transforme en religion et celle-ci incline de plus en plus vers le fétichisme qui est, à la fois, pour ce grand philosophe, le point de départ et l'un des points d'arrivée de l'évolution humaine, c'est-à-dire de la sienne propre.

Avant d'en arriver au nonveau christianisme, Saint-Simon faisait probablement peu de cas du déisme, et se contentait de la morale de l'intérêt pour la pratique courante de la vie. Plus tard, il en vint à emprunter le sentiment de la charité au christianisme lui-même. Alors le Dieu traditionnel reprit sa place légitime, et la gravitation universelle perdit la sienne. Il y eut donc de la part du père du positivisme, suivant l'expression si juste de M. Dumas, un véritable retour à la religion. Comte a suivi une évolution analogue. Prenant son point de départ dans la science, il a voulu faire régir le cosmos et l'homme par les mêmes lois objectives, ce qui était aussi l'idée première du fondateur du positivisme. Mais arrivé à l'homme, il fallut battre en retraite et reconnaître

un monde subjectif à côté du monde objectif;
l'élève n'en resta point là. Après avoir admis
l'existence de deux méthodes, dont l'une propre
au genre humain, Comte, grâce à Clotilde, pro-
clama l'amour principe universel, et par conséquent fit pénétrer l'amour dans toutes les sciences.
Puis toujours grâce à Clotilde qu'il adorait, il fit
de l'humanité, dont Clotilde était le meilleur symbole, une véritable déesse, source et objet d'une
religion nouvelle. Celle-ci devait se rapprocher le
plus possible, comme organisation et comme
esprit, du culte du moyen âge. Saint-Simon avait
échoué dans le nouveau christianisme, et Comte
alla se perdre dans le néo catholicisme, en faisant
d'abord un même tout de la religion et de la
science, les lois de celle-ci servant de dogmatique à celle-là. C'est ainsi que la religion positive
fut une religion démontrée.

La catastrophe pour la science, nous le verrons
plus tard, dépassa toute mesure imaginable.

AUGUSTE COMTE. APERÇU PSYCHOLOGIQUE

Auguste Comte avait un caractère entier et des
plus insubordonnés. Il en donna des preuves soit
au Lycée de Montpellier, soit à l'Ecole polytechnique.

M. Georges Dumas a dit de lui qu'il n'a jamais
témoigné d'un remords ou d'un regret, ce qui ne

surprend guère ceux qui savent qu'il n'a jamais parlé de la conscience, lui qui a formulé un certain système de morale où elle n'avait aucun rôle à jouer. Il a d'ailleurs prouvé, dans une circonstance grave de sa vie, qu'il n'était rien moins que doué d'une certaine délicatesse de sentiment. Il épousa, comme on sait, en 1825, sa maîtresse Caroline Massin, fille naturelle d'un acteur (1). Elle avait été vendue par sa mère à un M. Cerclet qui l'abandonna bientôt, aussi, depuis deux ans, était-elle inscrite comme fille publique sur les registres de la préfecture de police. Est-ce à titre d'ami de Comte, ou d'ancien ami de la mariée, que ce M. Cerclet est mentionné dans l'acte de mariage comme témoin ? Quoi qu'il en soit, Mme Comte fit à son époux des infidélités sans nombre, dont quatre fugues bien caractérisées, et l'une pour aller retrouver le témoin susdit. Cet état de choses dura dix-sept ans. Il jette un singulier jour sur le moral d'un homme, à qui Lamennais attribuait une belle âme, et qui s'est conduit dans le cas que je signale comme un simple dégénéré aurait pu le faire.

Les premiers rapports de Comte avec son maître ont été convenables. En voici la preuve bien connue. Dans une lettre à Valat, il s'exprime de la façon la plus élogieuse à l'égard de Saint-Simon : « C'est le plus excellent homme que je connaisse,

---

(1) Vers la fin de sa vie, il a exprimé un regret : celui d'avoir refusé de faire bénir son mariage par un prêtre, dès le principe.

celui de tous dont la conduite, les écrits et les sentiments sont le plus d'accord et les plus inébranlables. Il est franc, généreux autant qu'on peut l'être. Son caractère est estimé par les hommes de toutes les opinions. Il voit fort loin et au-dessus de son siècle, c'est pour cela qu'on n'apprécie pas encore suffisamment ses idées. C'est l'homme le plus estimable et le plus aimable que j'aie vu de ma vie, celui de tous avec lequel je trouve le plus agréable d'avoir des relations. Aussi je lui ai voué une amitié *éternelle;* et en revanche il m'aime comme si j'étais son fils ».

C'est le même homme qui, avec la pleine conscience des services rendus, dans une autre lettre à Valat, lui disait que sa liaison de travail lui avait révélé à lui-même une capacité politique, dont sans Saint-Simon, il ne se serait jamais douté.

Plus tard le langage change du tout au tout. Il méconnaît son véritable prédécesseur et dit descendre d'Aristote, de Descartes, de Leibniz et même de l'apôtre saint Paul, qui est pour lui le véritable fondateur du christianisme.

Que penser de Comte lorsqu'il osait ainsi parler de Saint-Simon : « La funeste liaison de ma première jeunesse avec un jongleur dépravé... Séduit par lui, vers la fin de ma vingtième année, mon enthousiasme, jusqu'alors appliqué seulement aux morts, me disposa bientôt à lui rapporter toutes les conceptions qui surgirent en moi pendant la durée de nos relations... Écrivain stérile, vague, superficiel. Toujours incapable de rien créer, il se bornait à refléter les inspirations extérieures, même dans ses aberrations... Son éclat passager constituera pour la postérité l'un des symptômes caractéristiques de notre anarchie mentale et morale, puisqu'il résulta seulement d'un charlatanisme effréné, dépourvu du tout vrai mérite... Je ne dus rien à ce personnage, pas même la moindre instruction » (1). Ces intempérances de langage, ce défaut de justice, dans les jugements, me paraissent concorder avec le défaut de sens moral qui est pour moi une des caractéristiques de Comte. A moins que la psychopathie profonde et durable de l'élève n'eût supprimé, chez lui, tout souvenir (cas d'amnésie) des éminents services que lui avaient rendus le véritable père du positivisme, Comte a fait preuve envers lui d'une ingratitude inqualifiable, allant jusqu'à la disparition de toute conscience morale. M. Georges Dumas, moins sévère, l'accuse d'inconscience, sur le même chef. Je m'en tiens au défaut de conscience (2).

---

(1) *Syst. de politique positive*, t. III, préface, p. xv et xvi.

(2) La tentative de suicide de Saint-Simon permet, par ce qui l'amena, d'apprécier les sentiments moraux de son élève. Celui-ci en fut la cause occasionnelle, comme le dit Bertrand qui a bien connu les détails de la circonstance. « Saint-Simon de plus en plus obéré et devenu importun à ses bailleurs de fonds, avait obtenu de Ternaux un subside considérable, à la condition expresse qu'il fondât une revue mensuelle dont on escomptait l'influence. Saint-Simon avait formellement promis le premier numéro pour une date convenue ; l'article à sensation devait être écrit par Auguste Comte. Les annonces étaient répandues à profusion, lorsque Comte fit

D'ailleurs, d'une manière générale les appréciations d'Auguste Comte, concernant les gens qui lui déplaisaient, n'observèrent plus la moindre réserve, sauf quand il se contentait de les appeler métaphysiciens, expression dont il ne parait point avoir jamais bien saisi le sens exact. Hommes et choses étaient souvent l'objet d'outrages les moins mérités et souvent les plus calomnieux. Ces intempérances de langage, ce défaut de justice, dans les jugements, me paraissent aussi concorder avec le défaut de sens moral propre à Comte.

Ce défaut de sens moral est, on ne peut plus manifeste, quand il parle de Jésus-Christ qu'il accuse d'avoir manifesté un mélange d'hypocrisie et de fanatisme, ajoutant que saint Paul, pour fonder le christianisme, dut se subordonner à un aventurier monothéique. Le même Comte prétend que les chrétiens s'attribuèrent le privilège du pardon des injures, solennellement démenti par leur divin modèle, proscrivant à jamais toute la nation juive pour venger une seule victime.

---

savoir qu'il n'était pas prêt. Saint-Simon alla le voir, lui représenta ses cruels embarras, la perte de son crédit, le tort fait à sa considération par le manque à une parole solennellement donnée; il obtint la promesse que pour le mois prochain l'article serait prêt. Comte manqua de parole. Saint-Simon alla lui rappeler sa promesse; il n'en avait pas écrit une ligne. Sans lui faire un reproche Saint-Simon rentra chez lui, dans un hôtel garni de chétive apparence, s'assit sur une fenêtre qui donnait sur une cour très étroite, dans laquelle il tomba après s'être tiré une balle dans la tête. Il survécut contre toute vraisemblance.

« J'ai entendu cette triste histoire racontée par Pierre Leroux avec l'émotion d'un ami et la précision d'un témoin ».

Or quelle fut la prière adressée par Jésus-Christ à son Père céleste? Père pardonne-leur car ils ne savent ce qu'ils font. Telles furent les paroles qui sortirent de ses lèvres. Ainsi Comte se montre, non seulement insensible à la grandeur morale du Christ, dans l'ensemble de l'exercice de son ministère, mais encore il le calomnie bien gratuitement et probablement sans s'en douter. Il devait ignorer les Écritures aussi profondément que la philosophie elle-même, peut-être même davantage, et ce n'est pas peu dire.

Comte a eu la prétention de créer une philosophie fondée sur le sens commun ; il en parle à plusieurs reprises. Or s'il est une chose qui lui ait manqué, très particulièrement dans sa Politique, qui est son œuvre sociologique par excellence, c'est surtout le sens commun. N'a-t-il point fait de toutes les sciences, les mathématiques comprises, des œuvres d'amour! N'a-t-il point proclamé la supériorité de la logique, du sentiment sur la logique rationnelle? N'a-t-il point voulu faire du mariage un exercice à la fois très tendre, mais purement sentimental, d'où son hypothèse des vierges-mères se fécondant elles-mêmes par un procédé nouveau? N'est-il point retombé dans un complet fétichisme par son adoration de la Trinité, dite positive, comprenant le grand Etre (l'humanité), le grand Fétiche (la terre) et le grand Milieu (l'espace)? N'a-t-il point admis un grand Etre spécial, au moins pour les espèces animales les plus élevées? Et parmi les animaux, n'a-t-il point agrégé les meilleurs d'entre eux à l'humanité, pendant qu'il bannissait du sein de cette dernière les hommes ne lui faisant point honneur. Toutes ces idées étranges ne sont-elles point frappées au coin de l'absurdité. Il ne s'agit point de manie, la chose est évidente ; ce ne sera pas même, si l'on veut, de la folie raisonnante, mais de pareilles idées sont le propre d'un homme dénué de tout bon sens, en un mot d'un détraqué. Il me semble d'ailleurs, que lorsque M. G. Dumas parle d'un état nerveux psychopathique, durable et profond, cela implique un trouble mental durable et profond (1). Cela me suffit pour la thèse que je développe, en ayant soin d'ailleurs d'appuyer mon dire sur deux citations que j'emprunte à l'excellent ouvrage de M. le professeur Régis, bien connu comme un éminent aliéniste.

« L'action des causes occasionnelles, morales ou physiques, sur le développement de la folie, est incontestable, mais elle ne doit pas être exagérée, et il faut bien savoir que, sans une prédisposition déjà existante, sans le concours de la semence et du terrain, comme dit M. Ball, cette action reste-rait inefficace » (2).

Or, Comte a été fou ; il a été atteint de manie

---

(1) *Psychologie des deux Messies positivistes,* p. 153. Psycho-pathique vient de πάθος de même que pathologie.

(2) E. Régis, *Manuel pratique de médecine mentale,* p. 15.

et traité pendant un an par Esquirol. Dans son cas, il y a dû avoir, comme pour tout le monde, la semence et le terrain. La semence concerne sa digne et chaste épouse. Le terrain le concerne personnellement.

Sans être atteint d'une nouvelle manie, mais après avoir été sérieusement éprouvé, au point de vue psychique, Comte, arrivé à la période religieuse, c'est-à-dire mystique de son existence, a présenté des hallucinations qui lui remettaient sous les yeux sa chère, sa divine Clotilde, qui était pour lui le pur et véritable symbole de l'humanité, ou plutôt, dans celle-ci, c'était bien toujours Clotilde qu'il adorait. Ces hallucinations étaient provoquées par certains moyens dont se servait Comte, et qui, pour d'autres se portant bien, pouraient posséder la même efficacité, du moins on a pu le croire.

L'exemple donné par Comte d'un homme qu'on dit parfaitement sain et doué du pouvoir de s'halluciner, moyennant certains artifices, pouvant ne pas paraître suffisamment démonstratif, je vais faire encore appel à l'ouvrage déjà cité de M. Régis :

« L'hallucination n'est qu'un élément symptomatique de la folie qu'elle ne suffit pas à elle seule à constituer. Au reste, l'hallucination peut, dans certains cas, exister sans folie, et il est dans le monde des gens sensés qui sont sujets, surtout au moment du passage de la veille au sommeil

(*hallucinations hypnagogiques*) (1), à des hallucinations qu'ils apprécient très sainement. Toutefois,
ces hallucinations ont été appelées à tort physiologiques. L'hallucination est toujours un phénomène morbide » (2). S'il en est ainsi, la diathèse
morbide de Comte, son état nerveux psychopathique ou phrénopathique profond et durable, me
parait une explication suffisante du succès qu'il
obtenait en matière d'hallucinations.

De par l'état nerveux psychopathique, de par
son mysticisme messianique, de par un amour
sans mesure qui le régénéra lui-même et qui lui fit
changer, d'ailleurs, dans la politique, à ce qu'il
reconnaît, le point de vue du cours, il est survenu une transformation absolue de la conception
primitive de la doctrine. Comte n'en est point con-
venu, il a même prétendu tout le contraire et ses
affirmations ont trouvé un accueil favorable, chez
quelques-uns de ses admirateurs, par exemple
M. Lévy Bruhl et M. Brunetière. Quelques-uns de
ses élèves, néanmoins, refusèrent de le suivre jusqu'au bout de ses égarements. Je puis citer
entr'autres Littré, qui avait révélé le prétendu
descendant d'Aristote, de Bacon, de Descartes, de
Leibniz au monde scientifique. Je puis citer aussi
M. de Blignières, auteur d'un livre sur la doctrine
positiviste. L'orgueil de Comte était immense, il

---

(1) Décrites par Maury.
(2) Régis, *ibid.*, p. 68-69.

se considérait comme le souverain pontife de sa religion, voyait son image dans le Panthéon et aspirait à remplacer Napoléon sur la colonne Vendôme. Toute contradiction lui était odieuse et les sentiments qu'il dut d'abord éprouver, envers les disciples de sa première manière, furent changés du tout au tout. A l'égard de Littré, voici comment il s'exprime : « .... celui de l'incohérente coterie graduellement formée du concours spontané de tous les faux positivistes, nominalement groupés autour du rhéteur usé que le positivisme a passagèrement décoré d'une auréole de penseur ». Quant à M. de Blignières, qu'il a dit antérieurement être un de ses meilleurs disciples, travaillant sérieurement à devenir prêtre de l'humanité, des mieux doués par les qualités du cœur et de l'esprit, il rompt avec lui dans les termes suivants : « D'après la corvée exceptionnelle (la lecture du livre de de Blignières) que j'ai scrupuleusement accomplie, je regrette de vous avoir traité d'*avorté :* l'expression était trop indulgente, car l'avortement suppose la fécondation, tandis que le mot vraiment convenable est finalement *stérilité* ». A la fin de cette diatribe, il dit enfin : « Des outrages analogues à ceux de vos ignobles lettres (1) ». Ces Messieurs avaient commis un crime de lèse-majesté vis-à-vis du représentant de

---

(1) Lettres à de Blignières, 1857. V. *Revue des Deux-Mondes,* 1er mars 1908.

l'humanité dans ce monde, le chef auguste, de la religion définitive. Toute parole de lui devait être crue sans examen, car il était, lui, le pape d'un nouveau catholicisme.

Toutefois, dans les dernières années de sa vie, Comte, qui avait pris l'Imitation de Jésus-Christ pour sa lecture de tous les jours, sous l'influence probable du mysticisme dont il se nourrissait, et par défaut d'aliments suffisants, avait pris, dit-on, un aspect très particulier de douceur et de débonnaireté. Il paraît, par ses lettres à de Blignières, écrites peu avant sa mort, qu'il suffisait de lui gratter un peu l'épiderme pour le rendre à sa véritable nature. Le Messie psychopathique n'était point doux et humble de cœur comme le Messie du Christianisme, pour lequel, d'ailleurs, il n'éprouvait aucune sympathie. Jalousie de métier.

Il y a, nous l'avons vu une similitude incontestable et le plus souvent une identité complète entre le positivisme du maître et celui de l'élève, mais celui-ci, blessé dans son orgueil indomptable pa le fait de la rupture survenue malgré la cordialité et l'intimité des premiers rapports, prétendit s'attribuer l'ensemble de la doctrine qui l'avait mis sur la voie des études sociologiques. Il imita donc en se l'appropriant le système de Saint-Simon dans sa grande généralité, et par cela seul qu'il ne lui rendait point justice, il conçut contre lui une haine qui ne fit que s'accroître avec les années. A mesure que, sous une forme différente, il développait la doctrine positiviste, plein d'admiration pour son propre génie, le rôle de messie lui parut fait pour sa taille. D'où nouveau motif de haine jalouse pour celui qui l'avait devancé dans semblable carrière. C'était encore une imitation, et, l'état psychopathique ou d'affection mentale aidant, il insulta au delà de toute mesure la mémoire de celui qui avait été son ami et un bon père spirituel. Une autre imitation c'est d'avoir été dans une maison d'aliénés, une autre imitation c'est une tentative de suicide. Une dernière imitation c'est d'avoir imaginé une religion nouvelle, nouveau catholicisme et nouveau spiritualisme d'après Comte, pareille tentative rappelant le nouveau christianisme de Saint-Simon. Or, ce serait parce que celui-ci, au dire de l'élève, avait témoigné des velléités religieuses que lui-même se serait séparé du maître.

Tarde n'aurait-il pas pu dire que Comte avait l'esprit d'imitation très développé, et que cet esprit a été la cheville ouvrière de son existence?

J'en ai dit assez déjà pour prouver que Comte n'était point comme caractère une nature d'élite. De tout temps plein de lui-même, il éprouvait les sentiments les plus hostiles contre tous ceux qui lui avaient fait quelque opposition. Cet état d'esprit sembla s'exagérer encore quand ce nouveau messie parut comme atteint d'une espèce de délire des grandeurs. On sait qu'aux jours de sa jeunesse il avait un tel respect pour les corps savants qu'il voulait charger l'Académie des sciences des fonctions de pouvoir spirituel, devant prendre la place et de la théologie et de la métaphysique. Cela dit, je cite quelques unes de ses appréciations.

« L'établissement de l'Académie des sciences, dûe à Colbert, est un premier pas vers l'organisation d'un pouvoir spirituel » (1). A l'époque de la Convention, les Jacobins représentaient une ébauche du pouvoir spirituel (2). « Les savants occupés des sciences d'observation sont les seuls qui remplissent les conditions nécessaires pour réaliser cette organisation ». (3). Donc le système à constituer le pouvoir spirituel sera entre les mains des savants et le pouvoir temporel appartiendra aux chefs des travaux industriels « Les savants sont très inférieurs à la doctrine » (4). « Vices intellectuels et moraux rendant d'ordinaire les savants actuels profondément indignes d'aucune haute mission sociale » (5). « Dégradation morale et mentale des savants actuels » (6).

Or il y avait alors en France des savants qui s'appelaient Arago, Cauchy, Ampère, Cournot, Duhamel. Un homme ayant quelque sens moral,

---

(1) *Politique positive*, IV, Appendice général, 2ᵉ partie, p. 33.

(2) *Cours*, VI, p. 304.

(3) *Politique positive*, IV, Appendice général, 3ᵉ partie, p. 70, 72, 80.

(4) *Cours*, VI, p. 376.

(5) *Cours*, VI, p. 438.

(6) *Politique positive*, III, p. 518.

ou seulement quelque sens commun pouvait-il parler de la sorte?

Je reprends mes citations.

« Tout ce que la Convention avait détruit doit être aujourd'hui supprimé définitivement, sans excepter les académies même scientifiques, dont la funeste influence mentale et morale a tant justifié depuis leur restauration, la sage abolition initiale » (1). « La religion de l'humanité exige aujourd'hui l'abolition radicale du régime académique, comme étant à la fois immoral et irrationnel, surtout en France » (2). « Il faut ôter les sciences aux purs savants, en brisant avec énergie le régime académique » (3). « Une dictature énergique peut supprimer le budget universitaire, l'Université et ses corporations métaphysiques, institutions abrutissantes et corruptrices. Les écoles spéciales (il indique quelque part, comme écoles à supprimer, les écoles d'artillerie et de la marine), pourraient toutes disparaître aujourd'hui, sauf les écoles vétérinaires, sans compromettre aucun service public et privé ». « La dictature dantonienne nous avait dignement délivré des compagnies scientifiques, lesquelles corrompent directement l'intelligence. Ni le clergé, ni même l'Université ne font autant que l'Institut, et surtout l'Académie des sciences,

---

(1) *Politique positive*, IV, *Disc. préliminaire*, p. 123.
(2) *Ibid.*, p. 337.
(3) *Politique positive*, Introduction fondamentale, p. 473.

dévier la jeunesse française des dispositions syn-
thétiques et sympathiques qu'exige sa mission
actuelle. L'Académie des sciences, corporation
aussi rétrograde qu'anarchique..... ses ravages
intellectuels et moraux » (1). La marche générale
de la réorganisation spirituelle exigera certainement, surtout en France, l'entière abolition préalable du vain simulacre d'éducation publique que
le passé nous a transmis, et de l'étrange corporation universitaire qui s'y rattache » (2). « La
science aujourd'hui compatible avec le charlatanisme, surtout chez les géomètres (3). Vices intellectuels et moraux des savants actuels, profondément indignes d'aucune haute mission sociale ».

Tout ces outrages portant à faux, ce qu'on peut
dire de plus favorable pour Comte, c'est que la
psychopathie, ou affection mentale dont il était
atteint, lui avait enlevé toute la part de bon sens,
si restreinte fût-elle, dont la nature avait pu le
gratifier.

La médecine a aussi sa part d'outrages.

« Le sacerdoce doit compléter son domaine normal en y joignant l'office médical, dont la séparation provisoire a graduellement produit une dégénération mentale et morale qui rend urgente sa
réintégration au sacerdoce. Une vénalité mons-

---

(1) *Politique positive, Avenir humain*, p. 390.
(2) *Cours*, VI, p. 527.
(3) *Cours*, VI, p. 478.

trueuse s'y combine avec une irrationnelle spécialité » (1). « Redevenues subalternes, les fonctions chirurgicales seront transférées à leurs meilleurs organes les constructeurs d'instruments, à ce préparés par leur éducation encyclopédique. La même préparation permettra de réserver les autopsies humaines au terrible fonctionnaire, institué par l'humanité, pour l'extirpation des meurtriers, dont les corps suffiront aux vrais besoins de la science régénérée » (2).

Impossible d'être plus étranger que Comte aux choses dont il parle. Il ignore les questions, mais il en raisonne.

« Nos prétendus médecins ne constituent réellement que des vétérinaires, mais plus mal élevés que ceux-ci ne le sont maintenant, du moins en France, et dès lors aussi peu capables de guérir les animaux que les hommes » (3).

C'était aux Gendrin, aux Trousseau, aux Andral, aux Velpeau, aux Rostan, aux Rayer, aux Beau, que s'adressaient de pareilles injures ! Ils n'en furent, il est vrai, jamais atteints, ces injures retombant de tout leur poids sur celui qui les avaient proférées.

Quant à l'appréciation de l'Ecole normale, l'outrage y disparaît, mais la fausseté du jugement n'est pas moindre.

---

(1) *Cours*, VI, p. 438.
(2) *Politique positive*, IV, p. 74-75.
(3) *Ibid.*, II, p. 436.

« Rien ne saurait être plus irrationnel que la
moderne institution française, si étrangement qualifiée de *normale,* par un naïf orgueil métaphysique
où l'on se propose directement d'enseigner dogma-
tiquement l'art même de l'enseignement, sans
être nullement choqué du cercle profondément
vicieux (?) qui résulte aussitôt d'une pareille prétention » (1).

Académies, Université, sciences et enseignement, dans les personnes qui les représentent avec
une autorité que ne posséda jamais celui qui en
dit tant de mal, par colère, rancune et insuffisance
de jugement, tel est le spectacle auquel nous
venons d'assister. Toutefois je rappelle, pour être
équitable, que les vétérinaires ont trouvé grâce
devant ses yeux.

Il n'en a pas été de même pour le journalisme.
En voici la preuve.

« Tendance générale de la doctrine positive qui
vient spontanément éteindre le journalisme. En
terminant l'interrègne spirituel, la religion positive fera naturellement cesser l'usurpation qu'il
suscita chez les lettrés Occidentaux. Le sacerdoce
de l'humanité doit donc s'interdire toute participation à l'institution qu'il devra bientôt flétrir
comme radicalement anarchique (2) ».

Il n'en a pas été de même, non plus, pour les

---

(1) VI, *Cours,* p. 653.
(2) *Politique positive*, IV, p. 11.

avocats et les littérateurs, dirigeant d'ordinaire la politique rétrograde, d'après Comte : « Quoi qu'il en soit, si une telle phase ne devait pas être nécessairement passagère, elle constituerait, ce me semble, la plus honteuse dégénération sociale, en investissant, à jamais, de la suprématie politique des classes aussi évidemment vouées par leur nature, à la subalternité, dans tout ordre vraiment normal » (1).

Maintenant voici la part faite au théâtre : « Le positivisme doit irrévocablement éteindre l'institution du théâtre, autant irrationnelle qu'immorale (2) ».

Et enfin celle des livres : « Le véritable positiviste pourra, même dans le clergé, réduire sa bibliothèque à cent volumes. Aux dix tomes qui condensent toute la philosophie (celle de Comte), on en joindra vingt de poésie, plus autant pour l'ensemble des notions concrètes envers les données pratiques, la description des êtres et la connaissance du passé. La seconde moitié du recueil positif sera consacrée aux monuments dignes, par leur valeur originale, de survivre à la destruction systématique des immenses amas qui maintenant compriment ou pervertissent la pensée (3) ».

Si Comte avait été à la tête des hordes musul-

____

(1) *Cours*, IV, p. 126.
(2) *Politique positive*, IV, p. 441.
(3) *Politique positive*.

manes qui, sous les ordres du calife Omar, enva-
hirent l'Egypte et brûlèrent, dit-on, tous les livres
de la bibliothèque d'Alexandrie, ils n'auraient pas
eu avec lui un meilleur sort. Que penser du jugement d'un homme capable, en plein xıxᵉ siècle, de
tenir le langage que je viens de citer ?

« Le positivisme n'hésitera point à placer la tendresse du cœur féminin au-dessus de la pureté (1).

» Le peuple parisien chargé des communes destinées de l'Occident (2).

» Phase dictatoriale seule vraiment française (3).

» Désormais, plus de rétrogradation monarchique (4).

» Unique interprète de l'avenir et du passé,
Comte affirme qu'aucun Dictateur ne conservera
la tendance monarchique (5).

» La situation républicaine actuelle permet et
exige la Dictature (6).

» La connaissance de l'homme intellectuel et
surtout moral n'a fait aucun progrès depuis la fin
du Moyen Age. Altération grave à beaucoup
d'égards, sauf chez les principaux mystiques (7).

» Les aperçus systématiques de l'éminent Vico,

---

(1) *Politique positive*, I, 227.
(2) *Ibid.*, p. 318.
(3) *Polit.*, II, p. xıv.
(4) *Ibid.*, p. xv.
(5) *Polit.*, II, p. xvı.
(6) *Ibid.*, p. xxvıı.
(7) *Ibid.*, p. 731.

suivi du travail incohérent de Montesquieu (1).

» Anarchie moderne. Dictature temporelle. Abolition à jamais du système parlementaire (2).

» Les meilleures institutions du Catholicisme : le Purgatoire, le Culte des Saints et surtout l'Adoration de la Vierge, véritable Déesse des cœurs méridionaux (3).

» La Métropole humaine (Paris) appartiendra bientôt aux Positivistes.

» Les positivistes tellement appelés à dominer l'Occident qu'ils doivent déjà préparer leur dictature (4).

» La crise dictatoriale de 1851 que les positivistes religieux seront seuls à juger comme la postérité (5).

» Quand l'âme incorporée peut assez améliorer l'un des cerveaux qui la font revivre (6).

» La maturité de la raison humaine complétant la positivité par la féchitivité (7).

» L'Instinct sexuel ne concourt que d'une manière accessoire et même équivoque à la propagation de l'Espèce. L'Education positive fera partout sentir les vices d'un tel instinct (8).

---

(1) *Polit.*, III, p. 589.
(2) *Ibid.*, p. 609.
(3) *Ibid.*, p. 548.
(4) *Ibid.*, p. xxvii.
(5) *Ibid.*, p. xxviii.
(6) *Polit.*, IV, p. 103. — Comte aurait-il eu raison de dire ailleurs que le Positivisme est un nouveau Spiritualisme ?
(7) *Ibid.*, p. 204.
(8) *Ibid.*, p. 286.

» Les femmes ne constituent point une classe ;
elles ne doivent jamais être envisagées collectivement (1).

» La Compagnie tristement fameuse qui s'en
rendit l'organe naturel ne put alors que joindre à
la haine insurmontable qu'elle avait inspirée le
plus irrévocable mépris, justement acquis désormais à une congrégation où la plus ignoble hypocrisie dispensait si souvent de mérite et même de
moralité » (2).

(Je ne mentionne ce passage que pour montrer
le changement si considérable du Comte des derniers temps. On sait qu'il envoya un ambassadeur,
disons mieux un légat au général des Jésuites,
pour lui offrir son alliance contre les protestants
et les libres penseurs).

» Extrême imperfection de l'ordre si vanté de
la nature « (3). « Chacun sent aujourd'hui que les
ouvrages humains, depuis les simples appareils
mécaniques jusqu'aux sublimes constructions
politiques sont, en général, très supérieurs, soit
en convenance, soit en simplicité, à tout ce que
peut offrir de plus parfait l'économie qu'il ne
dirige pas, et où la grandeur des masses constitue
seule ordinairemeut la principale cause des admi-
rations antérieures » (4).

---

(1) *Ibid.*, p. 286. — Quelle différence entre l'homme et la femme !
Le premier ne peut jamais être envisagé que collectivement.

(2) *Cours*, VI, p. 331.

(3) *Cours*, VI, p. 761.

(4) VI, p. 762.

Cournot qui, lui, avait l'esprit droit et le jugement sain, professe une opinion précisément contraire : « Quelles combinaisons du génie humain pourraient soutenir la comparaison avec les créations de la nature ? (*Essai sur les fondements de nos connaissances*, II, p. 19) ».

« Les phénomènes humains sont nécessairement ceux auxquels la prévision rationnelle s'applique le mieux, vu la continuité qui distingue les conceptions sociologiques » (1). C'est le contraire de la vérité. Les prophéties de Comte en sont une preuve catégorique.

« La loi générale du mouvement humain consiste en ce que l'homme devient de plus en plus religieux » (2). Dans le temps présent, on ne s'en aperçoit guère. La conclusion de Comte est la permanence désormais inaltérable de la paix universelle. Or, les guerres continuent à se succéder comme par le passé.

« Notre absurde régime classique provoque le profond dégoût de tous les beaux arts » (3).

« La religion positive place l'art au-dessus de la science » (4).

« La culture scientifique n'est moralement justifiable que par sa nécessité théorique et prati-

---

(1) *Politique positive*, IV, p. 18-19.
(2) *Catéchisme positiviste*, p. 332.
(3) *Politique positive. Du beau*.
(4) *Ibid.*, IV, p. 51.

que » (1). Dans le cas contraire, elle serait donc moralement injustifiable.

Maintenant, de la haute fantaisie.

« Quoique Pythagore reconnût l'impossibilité d'éviter la transition monothéique, son génie la franchit toujours. Comme les vrais théocrates, il eût souhaité que le polythéisme pût prolonger son ascendant pratique jusqu'à l'avènement du positivisme » (2). On voit que Pythagore, et il y a lieu pour un simple mortel d'en éprouver quelque surprise, était un positiviste très bien renseigné.

« A Rome, tous les hommes d'Etat de l'époque impériale comprirent, comme l'avaient pressenti Scipion et César, que l'activité guerrière comportait seulement une destination provisoire qui, désormais accomplie, devait se subordonner à la vie industrielle » (3).

« Pleinement émancipé du théologisme, César pressentit dignement, d'esprit comme de cœur, l'avènement nécessaire du règne de l'humanité, déjà confusément entrevu par Scipion » (4).

De plus en plus fort. Voilà César et Scipion convertis à la religion positive ! Enfin comme couronnement de l'édifice, je citerai l'hygiène cérébrale à laquelle se soumettait un homme qui refondait toutes les sciences. Il s'était interdit à

---

(1) *Politique positive*, I, p. 474.
(2) *Politique positive*, III, p. 336.
(3) *Ibid.*, III, p. 391.
(4) *Ibid.*, III, p. 388.

lui-même la lecture de tous les ouvrages pouvant le tenir au courant de la science et de ses progrès.

C'est là entr'autres une preuve irréfutable de la fausseté de son jugement. Dans l'énumération que je viens de faire, on en trouvera d'aussi catégoriques.

Je vais encore donner quelques exemples de jugements ou appréciations dus à M. Comte. Les études scientifiques du prolétaire doivent durer sept ans et comprennent la hiérarchie encyclopédique des sciences (1); l'instruction encyclopédique est surtout destinée aux prolétaires. La régénération des plébéiens doit devancer et même préparer celle des praticiens.

« Les habitudes d'épargne ne conviennent qu'aux classes moyennes. La saine philosophie justifiera pleinement les répugnances décisives de l'instinct populaire qui y voit une source continue de corruption morale, par la compression habituelle des sentiments généreux... C'est une sage imprévoyance... Le régime positif fera du club le meilleur correctif du cabaret... Les chefs théoriques ou pratiques de la société positive, au milieu de leurs avantages personnels regretteront souvent de n'être pas nés ou restés prolétaires... Nos chefs temporels doivent plutôt suivre les tendances populaires que prétendre à les diriger » (2). « Nos

---

(1) *Polit. posit.*, I, p. 175-176.
(2) *Polit. posit.*, I, p. 193-194,

prolétaires peuvent seuls fournir habituellement de dignes possesseurs du suprême pouvoir temporel jusqu'à la terminaison de l'interrègne spirituel » (1).

Ailleurs (ce serait avec un suprême à propos dans le temps présent) Comte propose un éminent prolétaire pour le ministère des finances. En lui, nous trouverions des lumières indispensables dans l'état actuel des choses.

Dans cette étude psychologique je crois avoir montré que celui qui en est l'objet avait fort peu de sens moral et peu de sens commun. Sous ce dernier rapport, l'examen de sa soi-disant religion, la seule de ses œuvres vraiment originale, offre d'amples confirmations. On sait que, d'après Moreau de Tours, le génie est une névrose (terme adouci). De celle-ci à la dégénérescence il n'y a pas loin, et la psychopathie est à la porte.

_____

(1) *Ibid.*, I, p. 201.

CHAPITRE PREMIER

COMTE SAVANT (1)

Il ne faut jamais perdre de vue les principes
dont on est parti. Nous savons d'une manière très
précise que Saint-Simon voulant restaurer, réorganiser la société au point de vue de la politique,
commença par bannir de sa pensée toutes les
considérations philosophiques et religieuses, cher-
chant son point de départ dans l'ensemble des
sciences (2). Il eut même la pensée de les réviser,
de les modifier, au besoin, pour ne se servir dans
l'œuvre grandiose qu'il se proposait d'accomplir
que de matériaux incontestables. Mais le programme à réaliser était hors de sa portée, ses
propres connaissances scientifiques étant beaucoup plus qu'insuffisantes, et ne lui permettant
aucune préparation sérieuse du terrain sur lequel
il prétendait élever la science politique.

Comte, mieux préparé par ses études antérieures, eut évidemment le sentiment très net de la

---

(1) Je fais dans cet ouvrage œuvre de critique, mais je commence
par déclarer que là où je ne pourrai juger les choses par moi-
même, je m'efforcerai toujours de faire appel à ceux dont l'autorité
incontestable s'impose en s'affirmant.

(2) D'où l'expression de *Physique sociale* pour désigner la science
politique.

contradiction qui s'était produite, chez son maître, qui prétendait passer à l'organisation de la société avant d'avoir jeté les fondements sur lesquels la science nouvelle devait s'élever, d'après la doctrine formulée par le maître lui-même. Ce que celui-ci négligeait, par impuissance de préparation antérieure, l'élève se crut en position de l'accomplir. Tel fut l'un des motifs qui les séparèrent l'un de l'autre.

Mais tout en se séparant de celui qui lui avait révélé sa véritable vocation, Comte ne perdit point de vue les termes du programme primitif. Pour constituer ce qu'il appela la sociologie sur des assises inébranlables, il fallait au préalable refondre, reconstituer les sciences elles-mêmes, les restaurer, les régénérer partout où le besoin s'en ferait sentir, avant d'édifier sur cette base, en toute sécurité, la science politique.

CLASSIFICATION DES SCIENCES

Comte, à l'exemple de son maître, a donné une classification des sciences, et au fond il n'a fait que répéter ce qu'avait dit Saint-Simon. Il y a tout d'abord une science abstraite : la mathématique qui est la condition *sine quâ non* de toutes les autres, puis la physique céleste ou astronomie, à laquelle succèdent la physique terrestre, la chimie, la biologie, la sociologie. Celle-ci se décomposant

plus tard en sociologie et en morale, terme final,
pendant un certain temps, jusqu'à ce que la sociologie et la morale fusionnent pour constituer la
religion positive. Les mathématiques et les diverses
sciences naturelles, devaient elles-mêmes, à un
certain moment, devenir partie intégrante de cette
religion positive pour en constituer la dogmatique.

MATHÉMATIQUES

Comte ne s'est jamais préoccupé d'établir sur
une sérieuse critique de l'esprit humain les bases
de son système, et à cela il y avait une double
raison : la première, parce qu'il n'admettait point
la vérité du témoignage de l'observation psychologique, et la seconde, c'est que l'esprit critique
lui manquait complètement. Etant donné le fait
qu'il considérait les mathématiques comme la
base expérimentale sur laquelle repose toute connaissance scientifique, il aurait dû nous donner
les raisons militant en faveur de la nature d'un
pareil principe. Mais, comme l'a dit Vacherot :
« De toutes les écoles qui ont paru sur la scène
philosophique des temps anciens et modernes,
l'école positiviste est assurément celle qui a fait
le moins de frais d'imagination spéculative, de
profondeur d'analyse, de force de discussion pour
établir sa doctrine (1).

---

(1) Vacherot, *Les trois états de l'esprit humain*, *Revue des
Deux-Mondes*, 15 août 1880.

Le champ des mathématiques est immense et Comte a cru pouvoir les rattacher à l'observation, dans une mesure restreinte sans doute, mais évidente, néanmoins, puisqu'il parle de *phénomènes géométriques*.

J'emprunte à Cournot les passages suivants :

« Les mathématiques science abstraite et rationnelle que l'intelligence semble tirer de son propre fonds » (1).

« Les mathématiques pures sont des sciences absolument et éminemment rationnelles, parce que les principes d'où elles procèdent sont des vérités d'intuition, des axiomes de la raison qui s'imposent nécessairement à l'esprit » (2).

« Les mathématiques que l'homme peut construire avec sa raison seule » (3).

Je m'en tiens là, afin de mettre dès à présent le lecteur en garde contre le jugement porté par Comte sur la géométrie, élément essentiel des mathématiques, mais j'aurai à revenir plus tard sur une appréciation erronée, quand je parlerai de Comte comme philosophe. C'est alors M. Poincaré qui la réfutera surabondamment.

Voici la réponse anticipée faite par Comte.

« Il faut diviser la science mathématique en

---

(1) Cournot, *Essai sur les fondements de nos connaissances,* II, p. 192.

(2) Cournot, *Traité de l'enchaînement des idées fondamentales dans la science et dans l'histoire*, I, p. 5.

(3) *Ibid.*, II, p. 134.

deux grandes sciences, dont le caractère est essentiellement distinct : la mathématique abstraite ou le calcul, en prenant ce mot dans sa plus grande extension, et la mathématique concrète qui se compose, d'une part de la géométrie générale, d'une autre part de la mécanique rationnelle. La partie concrète est nécessairement fondée sur la partie abstraite, et devient à son tour la base directe de toute la philosophie naturelle, en considérant, autant que possible, tous les phénomènes de l'univers comme géométriques ou comme mécaniques (1). La géométrie et la mécanique doivent être considérées comme de véritables *sciences naturelles,* fondées, ainsi que toutes les autres, sur l'observation ». Toutes les idées de qualité sont réductibles à des idées de quantité... en sorte que tout phénomène est susceptible d'être représenté par une équation qu'il s'agit de trouver et de résoudre (2). On ne sera point surpris si l'auteur, dans le cours de son ouvrage, parle des phénomènes géométriques, et c'est ainsi que « la science mathématique est le véritable premier terme de la série des sciences » (*sciences naturelles*).

La réponse anticipée de Comte n'est point une réfutation. Les mathématiques science positive, et assise fondamentale sur laquelle reposeraient toutes les autres, sont exactes sans être positives et de

---

(1) *Cours,* I, p. 86.
(2) *Ibid.,* p. 112.

plus sont essentiellement l'œuvre de l'esprit humain. Œuvre magnifique et grandiose, entre toutes, où l'observation très restreinte ne se présente qu'à titre d'occasion ou de confirmation, tandis qu'elle est l'assise première des sciences naturelles, et que sur cette assise elles doivent reposer incontestablement. En mathématiques nous sommes donc en pleine psychologie, et dans les sciences positives nous y sommes toujours plus ou moins, avec cette différence que notre intelligence travaille sur des éléments objectifs dans ce dernier cas, tandis qu'elle se modèle elle-même dans le premier. Nous sommes alors en pleine subjectivité. Et dire que Comte ne s'en est jamais douté et que toute sa vie il a fait de la psychologie sans le savoir, de l'observation intérieure sans s'en douter! Systématiquement elle avait pour lui le caractère objectif.

Duboul, l'un de mes anciens collègues et amis (il l'était aussi de Valat), a fait, il y a une quarantaine d'années, une bonne étude critique du positivisme. Dans cette étude il manifeste son étonnement de voir Comte édifier les sciences naturelles sur une science exacte sans doute, mais non naturelle, non positive. En effet, les sciences naturelles sont tout d'abord des sciences d'observation. Telle est leur propre donnée et leur véritable caractéristique.

Quoi qu'il en soit, Comte a été évidemment la victime d'une illusion de première grandeur lors-

qu'il a fait de la géométrie une science positive,
c'est-à-dire reposant sur l'observation, tandis que
celle-ci ne joue d'autre rôle que celui d'occasion
à l'œuvre subjective de la pensée. Or, que se pro-
posait-il à l'exemple de son maître M. de Saint-
Simon ? Tout simplement de mettre cette pensée
dans la bonne voie qu'elle n'avait jamais su trouver,
savoir de s'inspirer de l'exemple des règles, des
méthodes, des lois propres au Cosmos pour se
soumettre à une discipline pareille, et arriver
ainsi à constituer cette science politique dont la
réalisation était demeurée jusqu'alors impossible,
disait-il. Or, qu'est-il advenu : c'est que Saint-
Simon a dû abandonner la loi de la gravitation
universelle, loi suprême du Cosmos, et que Comte,
arrivé à la biologie, s'est trouvé en présence de
l'homme, de l'esprit qui l'anime, des conditions
spéciales qui lui sont propres, comme individu et
comme membre du corps social. D'où l'affirmation
de lois nouvelles qui s'imposent avec une telle évidence que Comte n'hésitera point à faire réagir la
subjectivité, le point de vue nouveau sur l'objectivité, et de chercher finalement à le faire régner,
non seulement sur l'homme, mais sur la nature
entière. Il arrivera ainsi à constituer l'unité
suprême qui, plus tard, se réalisera plus complète
encore sous la forme religieuse.

Comte s'est donc mis à la poursuite d'un but
pour en atteindre un autre. J'aurai plus tard à
revenir sur la question en traitant de la philoso-

phie chez Auguste Comte. Je ne crois point m'aventurer en disant que le dernier mot appartiendra à M. Poincaré, autrement qualifié que lui, à tous égards, et qui donne pleine raison à la thèse de Cournot.

Refondre les sciences, les restaurer, les régénérer, tel est donc le premier article du programme que se proposait Comte. Etait-il lui-même en mesure de le réaliser? Question indiscrète, peut-être, mais *sine quâ non.*

On sait qu'Arago, consulté à son sujet relativement à une chaire de professeur à l'Ecole polytechnique, se contenta de répondre : « qu'il ne voyait chez Comte de titres mathématiques d'aucune sorte, ni grands, ni petits ».

Je crois devoir en appeler maintenant à l'autorité de J. Bertrand, qui fut lui-même un éminent mathématicien : « Après la mort de Navier, Comte est chargé provisoirement de la chaire d'analyse et de mécanique à l'Ecole polytechnique. Il y enseigne le principe des séries divergentes. C'était une hérésie; il faut, pour s'y tromper, ne pas avoir étudié la question. Depuis sa sortie de l'Ecole, il avait enseigné les mathématiques sans les étudier de nouveau, aussi remplaçait-il la discussion des questions difficiles par des méditations vagues et des considérations générales » (1). Pour

______

(1) Bertrand, Souvenirs académiques, *Revue des Deux-Mondes,* 1er décembre 1896, p. 536.

la même chaire d'analyse et de mécanique à
l'Ecole polytechnique, le conseil supérieur de
l'Ecole préféra à Comte son compétiteur Duhamel qui lui était très supérieur comme géomètre,
puis Sturm qui avait la même supériorité sur lui.
Sturm, qu'il qualifiait « de triste concurrent, d'in-
digne rival, d'étrange compétiteur » (1). A son
occasion, Comte a émis le jugement suivant : « De
mémoire d'homme, il n'y a pas eu à l'Ecole polytechnique un aussi mauvais enseignement mathématique, même au temps de Cauchy » (2). Or,
Cauchy a été le plus grand géomètre du siècle.
« Le seul mémoire de mécanique céleste présenté
par Comte à l'Académie des sciences et que, pru-
demment, il n'a pas publié, reposait sur un para-
logisme » (3). Les leçons de philosophie positive
contenues dans le premier volume du *Cours,*
prouvent que l'auteur, quand il a écrit ce volume,
ignorait les principes et l'histoire de la science
qu'il prétendait enseigner » (4). Autre citation :
« On a pu reprocher à Comte d'ignorer l'histoire
de la science. Après avoir attribué à Newton qui
n'y a jamais pensé, la première idée du principe
de d'Alembert, il attribue à Kepler, sans aucune
raison, une découverte de Newton, en commet-
tant de plus un choquant anachronisme, quand il

---

(1) *Ibid.*, p. 537.
(2) *Ibid.*, p. 542.
(3) *Ibid.*, p. 537.
(4) *Ibid.*, p. 537-538.

parle des forces accélératrices à l'occasion des
lois de Képler » (1).

Bertrand indique aussi un théorème faux sur la
conservation des forces vives énoncé par Comte,
ajoutant que : « Quelque complaisance qu'on
veuille y mettre, il semble impossible de nier que
l'auteur des lignes précédentes ignore la théorie
des machines » (2).

Je continue mes citations : « Comte, en effleurant
toutes les sciences, avait médité sur leur philosophie » (3). Il en avait été ainsi pour la mécanique.

« Comte publia un *Traité de géométrie analytique.* Ce chef-d'œuvre rencontra peu d'admirateurs.
Charles et Lamé, juges très bienveillants, d'accord
en cela avec Sturm et Liouville qui l'étaient moins,
signalaient dans ce livre d'incontestables erreurs.
Elles y sont encore » (4).

« Toutefois si Comte n'avait pas publié la préface du 6ᵉ volume de son *cours de philosophie
positive,* dans laquelle il insulte le conseil d'instruction de l'Ecole polytechnique, sa situation
d'examinateur d'admission et de répétiteur à
l'Ecole polytechnique n'aurait pas été menacée,
bien que le général commandant de l'Ecole lui
reprochât de commettre, dans le classement des
candidats, de scandaleuses erreurs » (5).

---

(1) J. Bertrand, *ibid.*, p. 540.
(2) *Ibid.*, p 541.
(3) *Ibid.*, p. 542.
(4) *Ibid.*, p. 544.
(5) *Ibid.*, p. 543.

Enfin j'emprunte à Bertrand un jugement très sévère sur la valeur de Comte, comme mathématicien : « Auguste Comte, pendant toute sa vie, conserva, avec le style d'un écolier, le savoir scientifique d'un bon élève » (1). Bien que tout disposé à proclamer mon entière incompétence, il m'est difficile de ne pas supposer une certaine exagération dans ces paroles d'un homme très compétent.

Depuis la publication de M. J. Bertrand le temps a continué son œuvre ; les passions se sont amorties ou se sont éteintes avec la disparition complète ou à peu près complète de tous ceux qui, dès le principe, se sont rattachés à l'œuvre de réorganisation sociale tentée par Comte. Sa tentative était donc de refondre, de régénérer les sciences elles-mêmes, fondement unique sur lequel devait s'élever l'art politique ou sociologie. L'heure d'une appréciation équitable et même juste sur le positivisme de M. Comte, envisagé au point de vue de la transformation qu'il pense avoir fait subir à l'ensemble des sciences, cette heure, dis-je, est déjà venue. Depuis la rédaction de ses ouvrages, il est incontestable que des progrès considérables se sont produits. Quelle est la part importante ou restreinte qui lui revient ? Est-ce que l'impulsion reçue est venue de sa main ?

M. Emile Picard, professeur à la Sorbonne, membre et président de l'Institut, va répondre à

____

(1) *Ibid.*, p. 534.

la question posée d'une manière suffisante, bien qu'indirecte : « La doctrine de Comte, qui ne s'embarrasse d'aucune analyse délicate, paraît assurément simple, mais est singulièrement superficielle. Comte, qui se préoccupait surtout de sociologie, *n'était pas un savant;* il parle pour ainsi dire d'une science achevée, comme en témoignent, au reste, ses prévisions malheureuses sur les bornes imposées à diverses recherches scientifiques, et sa vision statique d'une science, qu'il souhaite voir promptement définitive, est pour nous inadmissible (1).

Décidément si les sciences ont fait depuis une soixantaine d'années des progrès considérables, d'après M. Emile Picard, Comte ne doit y être absolument pour rien, ce qui ne l'empêche point d'avoir possédé des connaissances variées et étendues, mais insuffisantes pour la tâche qu'il s'était imposée de concert avec son maître.

M. E. Picard ajoute encore : « Le positivisme trop simpliste de Comte a besoin d'être élargi par une analyse plus complète. Malgré son étroitesse, il a représenté assez exactement pendant la seconde moitié du siècle dernier l'opinion de la majorité des savants » (2).

L'homme de science a pour caractère essentiel d'aimer la science pour elle-même. Or, dès sa

---

(1) *De la méthode dans les sciences. De la science,* p. 12.
(2) Picard, *ibid.,* p. 13.

jeunesse, il a pu écrire à Valat les lignes suivantes : « Mes travaux sont et seront de deux ordres, scientifiques et politiques. Je ferais très peu de cas des travaux scientifiques si je ne pensais perpétuellement à leur utilité pour l'espèce humaine ; j'aimerais autant alors m'amuser à déchiffrer des logogriphes bien compliqués. J'ai une souveraine aversion pour les travaux scientifiques dont je n'aperçois pas l'utilité soit directe, soit éloignée (Lettre du 28 septembre 1819). — Y a-t-il dans le monde entier un seul homme de science qui consentirait à signer ces quelques lignes ? L'appréciation de M. Picard est l'expression de la vérité même : Comte n'était point un homme de science.

D'autre part, Comte fut aussi le créateur d'un système religieux qui devait remplacer le catholicisme dans tout ce qu'il a de bon. Il n'admettait point la liberté de conscience qui n'était pour lui qu'une doctrine révolutionnaire et anarchiste. La religion de Comte, puisqu'elle était une véritable religion pour lui et pour d'autres, — M. Brunetière, par exemple, — ne pouvait point ne pas avoir de dogmes, et ces dogmes étaient les lois et les principes des diverses sciences. Or, il est dans la nature des dogmes d'être intangibles et inamovibles. Pour cela, il n'y avait qu'à dire à la science (comme Dieu jadis au flot de la mer) : Va jusque-là mais pas plus loin. D'où la nécessité pour toutes les sciences d'aller jusque-là et pas plus loin que Comte, le nouveau Messie, ne l'avait fait lui-même.

Décidément, il est impossible, d'après ce qui précède, d'attribuer à Comte le génie scientifique universel dont il se croyait doué et qui lui était nécessaire, indispensable même de posséder pour accomplir dignement la première partie de la tâche suprême qui lui incombait, et que n'avait pu réaliser son maître Saint-Simon : refondre, régénérer la science, puis, sur ce fondement inébranlable, édifier la sociologie. Je crois donc que la démonstration que je poursuis a déjà certaines apparences en sa faveur, mais néanmoins je crois utile d'invoquer encore quelques autres témoignages.

Renouvier, philosophe éminent, et ayant reçu une très sérieuse instruction en mathématiques, s'est posé la question suivante dans la *Critique philosophique* : le cours de philosophie positive est-il encore au courant de la science?

Je vais faire une longue citation ; mais, comme elle est à l'avantage de Comte, on me pardonnera cette preuve d'impartialité.

« Commençons notre revue par la partie mathématique... Ce n'est pas dans les connaissances techniques de Comte ni dans ses réflexions sur telle ou telle branche de la géométrie, ou de calcul, qu'il faut chercher la supériorité, d'ailleurs incontestable, qu'il déploie dans sa manière de traiter la philosophie de la première en rang des sciences de la hiérarchie positive. C'est au contraire dans la puissance de son esprit généralisateur, appliqué à un sujet où les maîtres et les inventeurs s'étaient contentés jusque-là d'exceller en des analyses particulières, et où les vulgarisateurs et les professeurs n'avaient su ni introduire les idées générales appelées par la doctrine mathématique, quand on la prend dans son ensemble, ni apporter les éclaircissements logiques, les perfectionnements de méthode, les justifications dont la découverte se passe, mais que l'enseignement réclame. On doit rendre à Comte cette justice qu'il a réussi à formuler une vraie philosophie mathématique, au moins sur un point capital où la philosophie des sciences est tout entière intéressée. Nous serions en peine de citer aucun ouvrage, avant le sien, dans lequel on trouvât une exposition nette des rapports généraux de la science du nombre avec toutes les spéculations de la philosophie naturelle, une définition complète de la loi mathématique et de la fonction tant abstraite que concrète ; par suite, une idée approfondie et des vues justes de la nature et des relations mutuelles des différentes parties ou méthodes du savoir touchant la quantité. Quelques erreurs de détail n'ôtent rien à ce mérite général de la systématisation des connaissances algébriques et géométriques et du plan de leur application. Vu de ce côté, le *Cours* n'est pas seulement au courant, il est fortement en avance, sinon sur les notions plus ou moins arrêtées des savants, du moins sur les routines de l'enseignement commun qui respire toujours l'ennui pour les élèves.

Les étudiants qui ont été assez heureux pour trouver sous leur main ce premier volume de Comte, au moment où ils faisaient au lycée leurs mathématiques spéciales, lui doivent, ceux d'entre eux qui avaient du penchant à philosopher, d'avoir pris un intérêt sérieux à des études qui, sans cela, auraient pu les rebuter. Nous en savons quelque chose et nous ne pouvions nous dispenser de le dire » (1).

M. Renouvier, dans ses études sur les mathématiques spéciales, *au lycée*, a beaucoup profité d'avoir recouru au tome Ier du *Cours*, mais quand il aborde la partie spéculative des mathématiques, ce qu'on pouvait, avec Cournot, appeler leur métaphysique, alors le langage du critique se modifie considérablement.

« Comte regarde la géométrie comme une science *concrète*, une science *naturelle* (2), et veut qu'on demande à l'observation l'établissement des propositions initiales et essentielles de cette science, tandis que les géomètres restent toujours d'accord, comme ils s'y sont mis, il y a deux mille ans, à faire dépendre la constitution logique de leur science d'un enchaînement rigoureux de propositions démontrées, et rattachées au plus petit nombre possible de celles qui sont indémontrables.

---

(1) *Critique philosophique*, I, 1877, p. 328.
(2) *Ibid.*, p. 329.

» L'idée de l'étendue est l'objet de la géométrie. Comte définit l'espace par l'idée que nous
avons de l'empreinte que laisserait un solide dans
le milieu liquide ou gazeux dans lequel il est
plongé. Cette *image fondamentale,* ainsi qu'il la
nomme, n'ayant pas les qualités d'une image et
n'étant point un objet d'observation sensible, est
évidemment une abstraction. Une abstraction des
formes sensibles ne saurait en rien différer d'avec
la forme intelligible et l'intuition pure d'une idée
géométrique » (1).

Pour Comte, une surface n'est qu'une plaque
mince, et une ligne doit toujours être conçue avec
trois dimensions.

« L'homme qui mêle ainsi sans s'en apercevoir la méthode ordinaire des partisans des idées
abstraites et générales avec ce que l'empirisme
de Hume a de plus excessif, arrive forcément, à
la fin, à des vérités par à peu près » (2).

« Il y a une lacune frappante, énorme, inexplicable autrement que par l'incertitude et le manque de réflexion de l'auteur dans la philosophie
mathématique de Comte. Lui qui a si bien su
généraliser l'idée abstraite et concrète de fonction
n'a point traité la question de la continuité rigoureuse ou de la discontinuité réelle des fonctions
naturelles » (3).

---

(1) *Ibid.,* p. 329.
(2) *Ibid.,* p. 329.
(3) *Ibid.,* p. 330-331.

« Comte a-t-il senti que la question de l'infini et du continu, très mal étudiée par lui, nous le verrons, quand il s'occupe du calcul infinitésimal, se pose également dans les problèmes de mesure de la géométrie élémentaire où il n'en fait pas mention ?..... A-t-il expliqué quelque part une façon de comprendre des nombres que la généralité des méthodes conduit à poser, et des propositions qu'elle conduit à étendre, nombres qui ne se peuvent déterminer, propositions relatives à la mesure de ce qui par définition n'est pas mesurable ? A-t-il enfin produit une exégèse quelconque de l'idée générale de nombre, telle que la conçoivent les mathématiciens, et de la fonction continue en tant que susceptible d'exprimer les états de la quantité concrète ? Tout cela paraît lui avoir échappé (1).

» Comte exclut non seulement la métaphysique de l'infini, ce qui est juste, mais aussi la considération de l'indéfini, c'est-à-dire de la notion propre, historiquement et logiquement imposée à la géométrie, et qui est le fond de la méthode à laquelle ont travaillé les Archimède, les Fermat, les Pascal, les Barrow, les Newton, les Leibniz (2).

» Comte déclare la méthode infinitésimale fausse; il méconnaît la forme irréprochable qu'on peut donner à cette méthode, en substituant à la

---

(1) *Ibid.*, p. 330-331.
(2) *Ibid.*, p. 331.

considération de l'infini celle de l'indéfini. En revanche, la méthode des limites lui semble à l'abri du reproche; il ne daigne pas seulement mentionner les objections. Les connaît-il (1) ?

» L'esprit du calcul infinitésimal est resté lettre close pour Comte ». (2)

Je passe au calcul des probabilités. Comte (t. II, du *Cours*, p. 371) s'exprime ainsi : « Le calcul des probabilités ne me semble avoir été réellement, pour ses illustres inventeurs, qu'un texte commode à d'ingénieux et difficiles problèmes numériques, comme les théories analytiques dont il a été l'occasion ou, si l'on veut, l'origine. Quant à la conception philosophique sur laquelle repose une telle doctrine, je la crois radicalement fausse et susceptible de conduire aux plus absurdes conséquences... C'est la notion fondamentale de la probabilité évaluée qui me semble directement irrationnelle et même sophistique : je la regarde comme essentiellement impropre à régler notre conduite en aucun cas, si ce n'est tout au plus dans les jeux de hasard » (3).

Dans l'ouvrage sur la physique sociale (IV, p. 512), Comte n'hésite pas à parler encore des « étranges observations, des absurdes illusions et des vaines prétentions des savants qui ont cru que la théorie

---

(1) *Ibid.*, p. 332.
(2) *Ibid.*, p. 332.
(3) *Crit. philos.*, 1877, I, p. 334.

mathématique des chances pouvait être de quelque utilité dans les études sociales » (1). « Point de discussion, de démonstration, aucune critique, répond M. Renouvier. Sur ce sujet important Comte a été en retard sur la science de son temps ; il est moins que jamais au courant du nôtre, depuis que les statisticiens ont apporté des éléments si précieux pour l'investigation des rapports sociaux et pour la connaissance même de la nature humaine. La discussion de ces éléments, l'arithmétique économique et politique tout entière, sont du ressort du calcul des chances... Si les prévisions assises sur des chances calculées se vérifient plus souvent qu'elles ne trompent, et d'autant plus souvent dans les moyennes que les probabilités mathématiques ont des valeurs plus grandes, il est évidemment raisonnable de régler sur cela sa conduite dans les cas convenables. Or justement elles se vérifient. La loi des grands nombres le constate. Cette loi est établie par le calcul et confirmée par l'expérience » (2).

L'illustre Cournot, penseur des plus sérieux et grand mathématicien, n'a pas hésité à s'exprimer dans les termes suivants : « La théorie mathématique du hasard est l'application la plus vaste de la science des nombres, et celle qui justifie le mieux l'adage : *mundum regunt numeri*.

---

(1) *Ibid.*, p. 334-335.
(2) *Ibid.*, p. 335-336.

Après cette parole la cause est entendue.

Je crois devoir mentionner encore quelques jugements de M. Renouvier :

« Comme le remarquent Huxley et plusieurs autres, Comte a coutume d'appeler métaphysique ce qui lui déplaît (1). Nous ne lui connaissons aucune autre raison pour se dispenser de donner le même nom à ses propres considérations générales, tant affirmatives que négatives, sur les fondements des mathématiques ».

Et enfin M. Renouvier formule le jugement suivant sur les trois premiers volumes du *Cours* : « Le premier volume, celui de la philosophie mathématique, réserve faite en faveur de certaines utiles généralités, concernant les fonctions, est surtout remarquable par l'énormité de ses lacunes, car cette soi-disant philosophie ignore les questions et les difficultés fondamentales relatives à la *mesure,* et pourtant la mesure est essentiellement le sujet à traiter dans cette partie. Son second et son troisième volumes (astronomie, physique, chimie, biologie) se distinguent par une série de

---

(1) Ainsi quand sa légitime épouse, cédant à d'anciennes habitudes, abandonnait le foyer domestique pour aller rejoindre ou tout autre ou celui qui l'avait débauchée, avant de lui servir de témoin, au moment de son mariage, Comte contrarié, on le serait à moins, la qualifiait de métaphysicienne. On sait d'ailleurs, car il ne faut point pousser les choses trop au noir, qu'elle rentra trois ou quatre fois dans le sein du positivisme. Autrement dit, elle reprit la vie commune, ce qui parut longtemps naturel à son mari. Ils vécurent dans ces conditions 17 ans ensemble.

négations et de portes fermées, auxquelles les savants plus positifs que lui répondent par des découvertes qui les ouvrent » (1).

Dans les passages cités précédemment, il y en a deux sur lesquels je dois insister. Dans l'un il est dit : « en considérant tous les phénomènes de l'univers comme géométriques ou comme mécaniques » (2), dans l'autre : « Toutes les idées de qualité sont réductibles à des idées de quantité, en sorte que tout phénomène est susceptible d'être représenté par une équation (aussi bien qu'une courbe et un mouvement) qu'il s'agit de trouver et de résoudre » (3).

Comte a établi entre chacune des sciences de sa hiérarchie des limites qu'il considère comme infranchissables. Il s'élève même tout particulièrement contre les mathématiciens qui considèrent que tout procède, tout dérive directement de la science qu'ils cultivent, comme s'ils étaient disposés à dire, à l'exemple de Pythagore, que le nombre est l'essence des choses. Comte a même qualifié de matérialisme cette tendance de faire envahir l'un des termes de la hiérarchie par un terme inférieur. Or, n'est-il pas tombé lui-même dans cette erreur profonde quand il a admis la possibilité de considérer tous les phénomènes de

---

(1) *Crit. philos.*, 1877, II, p. 1 et 2.
(2) *Cours*, I, p. 86.
(3) *Ibid.*, p. 112.

l'univers comme géométriques ou comme mécaniques. Même erreur profonde quand il dit que toutes les idées de qualité sont réductibles à des idées de quantité, de telle sorte que tout phénomène est susceptible d'être représenté par une équation, aussi bien qu'une courbe et un mouvement.

Donc M. Comte, non seulement s'est contredit, mais encore le voilà classé par lui-même dans les rangs des matérialistes. Plus tard, il est vrai, quand il considéra les mêmes questions sous un aspect différent, suivant sa propre expression, il déclara que le positivisme était un nouveau spiritualisme.

SCIENCES NATURELLES

ASTRONOMIE, PHYSIQUE, CHIMIE, BIOLOGIE

Comte a fait un cours public d'astronomie. Il connaissait la physique et la chimie de son temps ; il aurait pu, au besoin, enseigner l'une ou l'autre de ces deux sciences, sans avoir de ce chef une compétence exceptionnelle. Les opinions particulières qu'il pouvait avoir à ce sujet il ne les a ni fait accepter, pendant sa vie, ni transmises après sa mort. A coup sûr, il n'a réformé profondément ni l'une ni l'autre, et si, depuis lui, physique et chimie ont fait de merveilleux progrès, il est absolument certain que ce n'est point à son impulsion que ces progrès sont dus.

ASTRONOMIE

L'astronomie positive a pour objet de découvrir les lois des phénomènes géométriques et des phénomènes mécaniques que nous présentent les corps célestes qui composent le monde dont nous faisons partie. Les mouvements des astres sont relatifs aux forces qui les produisent ou, en termes plus positifs, aux mouvements élémentaires dont ils dépendent. « Tous les corps naturels sont évidemment actifs à des degrés plus ou moins intenses ».

« Nous savons que par la seule résistance continue du milieu général, notre monde doit, à la longue, se réunir inévitablement à la masse solaire, d'où il est émané, jusqu'à ce qu'une nouvelle dilatation de cette masse vienne, dans l'immensité des temps futurs, organiser de la même manière un monde nouveau destiné à fournir une carrière analogue » (1).

S'agit-il ici d'un fait d'observation antérieure qui servirait de fondement à l'hypothèse énoncée par Comte? L'affirmative nous donnerait une base positive. Nous sommes en présence d'une simple possibilité, rien de plus.

D'autre part, si nous en croyons l'auteur du *Cours* et de la *Politique positive*, l'éther qui possède encore des partisans parmi des physiciens

---

(1) *Cours*, II, p. 264.

d'une certaine valeur, n'est rien d'autre qu'une simple entité métaphysique. Or, l'expérience nous prouve qu'il existe, dans la nature, des solides, des liquides et des gaz. Par conséquent, nous n'aurions qu'à choisir entre ces trois genres de corps pour expliquer la résistance du milieu général. Comte aurait dû faire lui-même un choix qui s'impose et qui, pour ne pas être métaphysique, ne peut avoir trait qu'à un solide, ou à un liquide, ou à un gaz.

L'astronomie, d'après Comte, aurait rendu à la philosophie générale un signalé service que je dois mentionner. Cette science éminente montrait : « l'ordre du monde comme le résultat nécessaire et spontané de l'action mutuelle des principales masses qui le composent, en même temps qu'elle ruine radicalement, avec une irrésistible évidence, l'hypothèse des causes finales et de tout gouvernement providentiel » (1).

Pour Comte, l'évidence est irrésistible puisqu'il le dit, mais son argument ne détruit ni les causes finales, ni le gouvernement providentiel. Ce n'est point à elles-mêmes que les masses doivent leurs propriétés.

Ainsi, d'une manière générale, Comte admet l'activité de la matière qui ne serait point due, d'après lui, à une force ou cause motrice, mais à une propriété spéciale. Si la cause et la force sont

____

(1) *Ibid.*, III, p. 320.

des entités, les propriétés motrices spéciales ne le sont pas moins, car elles représentent exactement la même chose, et, elles aussi, ne sont pas connues directement. Elles représentent la même chose parce qu'elles sont elles aussi l'explication, la raison d'être des phénomènes moteurs. Il ne s'agit donc là que d'une question de mot et, soit dit en passant. Comte oublie qu'il a recommandé expressément de ne faire aucune recherche sur le mode de production des phénomènes.

« Nous devons reconnaître, avant tout, que cet état passif des corps est une pure abstraction, directement contraire à leur véritable constitution. Il est devenu évident, pour tout observateur, que les divers corps naturels nous manifestent une activité spontanée plus ou moins étendue. N'y eût-il dans toutes les molécules matérielles que la pesanteur, cela suffirait pour interdire à tout physicien de les regarder comme essentiellement passives. Il est incontestable que l'état purement passif dans lequel les corps sont considérés, en mécanique rationnelle, présente, sous le point de vue physique, une véritable absurdité » (1).

« L'idée de notre monde est la plus élevée à laquelle nous puissions réellement atteindre ».

« Recherches non moins absurdes qu'oiseuses

____

(1) *Cours*, I, p. 398. Il est très extraordinaire de voir Comte, qui admet la spontanéité active de la matière, rejeter le pouvoir réflexe comme contraire à cette spontanéité dans l'ordre vital. Le fait me paraît inexplicable.

sur la température des astres et leur constitution intérieure ». « Restriction essentielle et nécessaire de nos véritables recherches célestes à l'étude approfondie des phénomènes intérieurs de notre monde » (1).

J'en appelle au jugement de M. Henri Poincaré sur la manière dont Comte comprend l'astronomie :

« Comment n'a-t il pas compris que ce qui restait à faire n'était pas moins considérable et ne serait pas moins profitable ? L'astronomie physique, qu'il semble condamner, a déjà commencé à nous donner des fruits et elle nous en donnera bien d'autres, car elle ne date que d'hier.

» Tout d'abord on a reconnu la nature du soleil, que le fondateur du positivisme voulait nous interdire, et on y a trouvé des corps qui existent sur la terre et qui y étaient restés inaperçus ; par exemple l'hélium, ce gaz presque aussi léger que l'hydrogène. C'était déjà pour Comte un premier démenti. Mais à la spectroscopie nous devons un enseignement bien autrement précieux ; dans les étoiles les plus lointaines elle nous montre les mêmes substances. On aurait pu se demander si les éléments terrestres n'étaient pas dus à quelque hasard qui aurait rapproché des atomes plus ténus pour en construire l'édifice plus complexe que les chimistes nomment atome ; si, dans d'autres régions de l'univers, d'autres rencontres fortuites n'avaient

____

(1) *Cours*, II, p. 13.

pas pu engendrer des édifices entièrement différents. Nous savons maintenant qu'il n'en est rien,
que les lois de notre chimie sont des lois générales de la nature, et qu'elles ne doivent rien au
hasard qui nous a fait naître sur la terre » (1).

PHYSIQUE, CHIMIE

D'après Comte, la matière brute est active, la
matière vivante l'est aussi. Celle-ci est déterminée
par des motifs intérieurs. Il rejette l'affinité qu'il
qualifie de métaphysique, mais il attribue l'activité aux molécules. Il paraît accepter la théorie
atomistique.

Si la matière brute est active, si tous ses mouvements ne sont pas communiqués, il est très
manifeste qu'elle a aussi des motifs intérieurs qui
peuvent être très différents de ceux de la matière
vivante. Mais on ne comprend point pour quel motif
l'affinité serait un principe métaphysique, tandis
que l'activité moléculaire ou tout autre ne le serait
point, puisque aucune de ces activités ne tombent
sous les sens. Tous ces faits nous mettent en présence de la notion de force dont Cournot a donné la
définition suivante : « La force est ce qui fait mouvoir ou tend à faire mouvoir un corps. Les notions
de force et celles de corps sont corrélatives » (2).

(1, H. Poincaré, *La valeur de la science*, p. 166-167.
(2) *Traité de l'enchaînement des idées fondamentales dans la
science et dans l'histoire,* 1, p. 265.

D'après Poincaré : « L'idée de force est une notion primitive, indéfinissable, irréductible » (1).

On sait que Comte a trouvé, en physique comme en chimie, des applications métaphysiques dont, à son dire, un homme de science doit bien se garder. C'est ainsi qu'il a reconnu la nature métaphysique de l'affinité, et des fluides lumineux, électriques, magnétiques, de l'éther lui-même ou surtout de l'éther.

Or, depuis Comte, les progrès considérables des sciences physico-chimiques nous ont mis en présence de la doctrine de l'énergie, mot qui, pour venir du grec, n'en dit pas davantage que celui de force, dérivé du latin. L'un et l'autre se prêtant à des interprétations différentes : mécanique ou autre.

« Les trois domaines de la lumière, de l'électricité et du magnétisme n'en forment plus qu'un puisque la lumière, considérée par Fresnel comme un mouvement de l'éther, n'est plus qu'un courant électrique d'après Maxwell. Reste à savoir quelle est la nature propre de l'électricité. Comme la chaleur, est-elle un phénomène mécanique ? « Maxwell ne donne pas une explication mécanique de l'électricité et du magnétisme ; il se borne à démontrer que cette explication est possible » (2).

Le grand Descartes admettait dans la totalité

---

(1) *La science et l'hypothèse*, p. 129.
(2) H. Poincaré, *La science et l'hypothèse* p. 249.

des êtres un véritable dualisme : le mouvement
d'une part (système des tourbillons) et la pensée
de l'autre. L'un des deux termes du dualisme,
connu sous le nom général d'énergie, fait grande
figure de nos jours. Dans les forces physiques, il
n'y aurait point d'ailleurs des transformations de
forces entre elles, mais les phénomènes moteurs
seraient susceptibles de se transformer les uns
dans les autres. Cela se fait par mesure et mouvement, comme disait Pascal. Reste évidemment
l'autre terme de dualisme, savoir la pensée elle-
même. Serait-elle une énergie absolument distincte
de l'énergie multiforme précédente, ou bien y
aurait-il entre elles une unité aussi incompréhensible que profonde. Je rappellerai à cette occasion
une formule demeurée célèbre, celle de *l'équivalent
mécanique de la pensée*. Cet équivalent me paraît
aussi peu exact qu'un équivalent mécanique de la
vie, là où la pensée n'existe point. Claude Bernard
n'a-t-il point, dans sa physiologie, catégoriquement réfuté pareil principe, au point de vue de la
vie proprement dite ?

On sait que Comte a toujours beaucoup insisté
sur la distinction essentielle existant d'après lui
entre chacune des sciences constituant la hiérarchie. La physique n'est point la chimie et la chimie
n'est point la physique. Il n'était point encore
question de physico-chimie de son temps. Celle
des deux sciences qui était pour lui la plus arriérée
était incontestablement la chimie, bien qu'il adres-

sât à la physique officielle le reproche d'admettre
un éther métaphysique auquel on faisait une large
part dans les phénomènes de la nature. Quant à
la chimie, voici comment il en parle :

« La nature complexe et équivoque des principaux phénomènes chimiques concourt à expliquer
la tardive et incomplète positivité des conceptions
qui s'y rattachent (1).

» Il est clair que dans la plupart de ses recherches, la chimie actuelle mérite à peine le nom
d'une véritable science, puisqu'elle ne conduit
presque jamais à une prévoyance réelle et certaine (2).

» La science chimique maintenant si faible et
si incohérente, malgré sa riche collection de
faits » (3).

Dans ces conditions, toute généralisation, c'est-
à-dire toute abstraction, toute philosophie devait
être mise de côté, parce qu'on ne doit philosopher sur les choses qu'après une étude approfondie
des faits particuliers. Mais Comte n'hésite point et
donne une philosophie dont il a affirmé, au préalable, que les éléments lui font défaut.

Huxley (*Sermons laïques*) déclare qu'il a la conviction que si Auguste Comte a exercé une
influence négative ou même fâcheuse sur les scien-

---

(1) *Cours*, III.
(2) *Cours*, III, p. 7.
(3) *Cours*, III, p. 40-82.

ces physiques, c'est René Descartes qui est le véritable père de la pensée moderne.

Après cet énoncé général, Huxley, parlant de ses premières impressions, après la lecture du *Cours*, s'exprime ainsi : « Cette partie des écrits de M. Comte, qui traite de la philosophie des sciences physiques, me semblait avoir une valeur singulièrement restreinte et prouver qu'en ce qui concerne la science, comme on l'entend habituellement, la connaissance qu'il avait de la plupart des branches qui la constituent était des plus superficielles et purement de seconde main. Voici ce qui me frappait : Comte n'a pas su saisir les grands traits de la science, il se trompe étrangement à l'égard du mérite de ses correspondants scientifiques, et ses idées erronées au sujet du rôle que devaient jouer, dans l'avenir, quelques-unes des doctrines scientifiques qui avaient cours de son temps, nous font sourire. Personne ne sera étonné de m'entendre dire qu'avec de semblables impressions dans l'esprit, j'aie été périodiquement irrité depuis 16 ans, en voyant présenter si souvent M. Comte comme le porte-drapeau de la pensée scientifique, et de voir étiqueter comtistes ou positivistes d'autres écrivains dont la philosophie ne dérive que d'eux-mêmes, ou de celle de Hume, et cela malgré des protestations énergiques. Combien d'efforts n'a-t-il pas fallu à M. Mill pour se débarrasser de cette étiquette? J'observe aussi M. Spencer, comme on regarde un homme de bien luttant contre l'adversité, chercher encore à se dépétrer de cet écriteau qu'on lui a accolé; tout disposé à s'arracher la peau et le reste plutôt que de conserver semblable marque ».

« Je trouve à la philosophie positive peu de valeur scientifique, pour ne pas dire qu'elle en est entièrement dépourvue, et j'y trouve bien des choses aussi contraires à l'essence même de la science que tout ce que renferme le catholicisme ultramontain » (1).

Pour nous faire juger de la valeur scientifique du positivisme, M. Huxley rappelle Comte condamnant la théorie des ondes lumineuses, adressant à cette théorie une objection ridicule, niant presque l'utilité des recherches microscopiques, soutenant que la biologie n'est pas une science expérimentale mais simplement comparative, que l'ordre de la série animale est nécessairement linéaire, etc. Il remarque, et rien n'est plus vrai, que les savants spéciaux, pris chacun dans sa partie, s'accordent à certifier que Comte n'a répandu aucune lumière sur le sujet de leurs études (2).

Relativement à la classification des sciences, Huxley nie formellement la subordination des sciences concrètes aux sciences abstraites. C'est, dit-il, une énormité (et qui montre bien que Comte n'avait étudié les sciences naturelles que

____

(1) Huxley, *Sermons laïques.*
(2) *Ibidem.*

dans les livres) que de prétendre que l'étude spéciale des êtres vivants est nécessairement fondée sur l'étude générale des lois de la vie (1).

« Tous les problèmes scientifiques, hormis les problèmes purement mathématiques, tendent clairement à se réduire à des questions de physique moléculaire, aux mouvements des particules ultimes de la matière et à la coordination de ces molécules entre elles. La physique, la chimie, la biologie ne sont pas trois échelons succesifs dans l'échelle des connaissances, mais trois branches d'un tronc commun : la physique moléculaire.

» Le plus léger effort d'attention montre que l'astronomie, l'une des sciences hiérarchisées de Comte se forme de deux parties : d'un côté, description des phénomènes et branche d'histoire naturelle; de l'autre, explication des phénomènes à l'aide de lois dont l'étude est du ressort de la physique (2).

» Les mathématiques, science initiale de Comte et science abstraite dont il prétend faire l'instrument unique de la méthode scientifique et de l'éducation de l'esprit, sans s'inquiéter ni de la

---

(1) L'une des grandes erreurs de Comte est de partir de la synthèse qui n'est jamais qu'une généralisation abstraite pour arriver ensuite à l'analyse proprement dite. C'est là, et j'y reviendrai, une erreur de méthode des plus graves.

(2) Huxley, *op. cit.*, La hiérarchie des sciences, nous l'avons vu précédemment, n'est point l'œuvre de Comte, mais en réalité appartient à Saint-Simon.

logique, ni des procédés de l'observation et de l'expérimentation, les mathématiques se divisent en deux branches et rompent la *hiérarchie*. L'étude des relations pures du nombre et de l'étendue domine les sciences et s'applique également à toutes, comme la logique. L'étude des mathématiques appliquées, dès la mécanique, a pour objet les plus générales des conceptions physiques, et dépend de la physique à ce titre.

» Comte professe que les sciences se sont développées historiquement dans l'ordre même de sa hiérarchie. L'assertion est profondément erronée » (Voir Spencer, *Essai sur la genèse de la science*) (1).

« L'unité des sciences physiques est réelle et visible même dans leurs imperfections, comme dans l'établissement définitif de leur caractère et de leur but, et la classification de Comte, erronée en principe, fausse en tous ses arguments, n'aurait pu que nuire aux savants qui s'en seraient préoccupés dans leurs travaux. Mais il est vrai de dire qu'elle leur est demeurée parfaitement indifférente » (2).

BIOLOGIE

En biologie, au point de vue anatomique ou statique, le fait élémentaire est le tissu. Telle fut du moins l'opinion de Bichat à laquelle Comte

---

(1) Huxley, *op. cit.*
(2) Huxley, *op. cit.*

s'est rallié. Preuve en soient les passages suivants :
« Nous ne décomposons un organisme d'après un
simple artifice intellectuel qu'afin de le mieux
connaître, et en ayant toujours en vue une recom-
position ultérieure. Or le dernier terme de cette
décomposition abstraite consiste dans l'idée de
tissu, au delà de laquelle il ne peut réellement
rien exister en anatomie, puisqu'il n'y aurait plus
d'organisation » (1). « La théorie des tissus est le
dernier degré rationnel de la saine analyse anatomique. Elle montre que l'idée de tissu constitue,
dans le système des spéculations organiques, le
véritable équivalent logique de l'idée de molécule
exclusivement adaptée à la nature des spéculations inorganiques » (2).

Si Comte avait lui-même devancé son siècle, ou
suivi une hygiène cérébrale moins extravagante
(ne se tenir en rien au courant de la science), il
n'aurait pas manqué d'attribuer ce rôle d'élément
à la cellule. Mais il n'a jamais dit : *omnis cellula
ex cellulá*, n'en ayant eu aucune connaissance.

La présence de la cellule avait été entrevue
chez les végétaux en 1682. Le fait fut confirmé
par Malpighi, en 1686, et par Leuwenock, en
1719, et définitivement établi par Mirbel en 1800.
Enfin en 1839, Schwann appliqua aux animaux la
théorie cellulaire reconnue vraie pour les plantes,

---

(1) *Cours*, III, p. 372.
(2) *Ibid.*, p. 373.

et il formule ce principe fondamental que toute cellule procède d'une cellule. De plus il fut reconnu que ces cellules sont aptes à se transformer en tissus qui, comme je viens de le dire, représentaient l'élément essentiel et premier au point de vue anatomique. Puis surgit l'illustre Virchow qui ne tarda guère à lui faire jouer un rôle capital en pathologie.

Comme l'organicisme en médecine l'école positiviste a fait de la propriété de vivre la conséquence de l'organisation, représentant celle-ci comme l'antécédent nécessaire de la vie. M. Charles Robin en donne pour preuve qu'il n'y a pas de vie sans corps organisé et qu'il y a des corps organisés sans vie. « La belle preuve, dit M. Pillon ; de ce que l'organisation peut persister après la vie, a-t-on le droit de conclure qu'elle l'a précédée » (1). Un peu plus loin : « Naître, c'est-à-dire s'organiser, appartient incontestablement à l'état dynamique ; c'est le premier moment de l'action vitale, c'est la vie dans la plus essentielle de ses manifestations et la *propriété* de naître, de s'organiser ne saurait être la conséquence de l'état statique » (2). D'où viendrait celui-ci, l'état dynamique mis à part?

D'après Cuvier, la vie procède d'un double mouvement de composition et de décomposition.

____

(1-2) Pillon, *Critique philosophique*, 1878, I, p. 55-56.

Mais cette définition ne devient complète qu'en citant le texte lui-même :

« Si pour nous faire une juste idée de l'essence de la vie, nous la considérons dans les êtres où ses effets sont les plus simples, nous nous apercevrons promptement qu'elle consiste dans la faculté qu'ont certaines combinaisons corporelles de durer, pendant un temps, et sous une forme déterminée, en attirant sans cesse dans leur composition une partie de leur propre substance.

» La vie est donc un tourbillon plus ou moins rapide, plus ou moins compliqué dont la direction est constante et qui entraîne toujours des molécules de mêmes sortes, mais où les molécules individuelles entrent et d'où elles sortent continuellement, de manière que la forme du corps vivant lui soit plus essentielle que sa matière » (3).

Définition de de Blainville : « Un corps vivant est une sorte de foyer chimique où il y a, à tout moment, apport de nouvelles molécules et départ de molécules anciennes, où la combinaison n'est jamais fixe (si ce n'est dans un certain nombre de parties véritablement mortes ou de dépôt), mais toujours pour ainsi dire *in nisu,* d'où mouvement continuel plus ou moins lent et chaleur. La vie est donc le

---

(3) *Le règne animal distribué d'après son organisation,* édit. de 1817, I, p. 12. Le tourbillon vital, admis également par de Blainville, constituerait donc un renouvellement incessant de la matière dans la trame solide des tissus.

résultat d'une combinaison chimique *in nisu*, suc·
cessivement répétée » (1).

(Le tourbillon vital constituant un renouvellement incessant de la matière, dans la trame solide
des tissus, n'est point un fait, d'après Longet,
universellement démontré) (2).

La définition de Cuvier, de de Blainville faisant
de la vie organique le produit d'un double mouvement de composition et de décomposition, est
exacte en majeure partie du moins pour Cuvier,
mais elle manque à une des conditions essentielles
à toute bonne définition, savoir de comprendre
tout le défini. Passons donc à autre chose, comme
dit Hegel, c'est-à-dire à la téléologie. « Hegel
remarque avec raison que le phénomène chimique,
tel qu'il se présente chez l'être vivant, c'est-à-dire
continuellement renouvelé et rallumé, est dominé
par un principe d'unité que rien ne révèle dans le
monde inorganique, par le *but*. Avant Hegel, Kant
avait très bien vu que l'idée d'organisation et de
vie renferme celle de finalité. Il définit l'être
vivant : celui dont les parties sont réciproquement
fins et moyens. Il définit l'organe : une partie qui
existe par et pour les autres, par et pour le tout.
En un mot, un être vivant est un système de fins
et de moyens réciproques, un système téléologique » (3).

---

(1) Cité par Pillon, *Crit. philos.*, 1878, I, p. 57.
(2) *Traité de physiologie*, I, p. 1067.
(3) Cité par Pillon, *ibid.*, p. 59.

L'être vivant, compris comme un système de fins et de moyens réciproques, ne me paraît que relativement exact. Ce qui manque à l'expression qu'on en donne est précisément ce caractère évolutif sans lequel on n'a qu'une idée forcément incomplète de tout ce qui a organisation et vie. Qui dit évolution, dit succession et celle-ci consiste à un haut degré dans les transformations ou phases diverses que la série des âges entraîne après elle. Telle me paraît être la meilleure caractéristique de la vie.

Je rappellerai ici que Comte a distingué complètement la physique de la chimie, et celle ci de la biologie trouvant à chacune de ces sciences un caractère spécial. N'y aurait-il pas par hasard une contradiction éclatante de sa part à considérer la vie comme le résultat d'une combinaison chimique *in nisu* successivement répétée ? N'y a-t-il point aussi quelque chose d'illogique chez l'homme qui se prétendait l'inventeur de la doctrine de l'évolution, à n'en souffler mot lorsqu'elle trouve, comme dans le cas présent, une application non seulement naturelle mais nécessaire ? Sans elle en effet toute définition de la vie demeure incomplète.

M. Pillon fait appel à M. Claude Bernard pour résoudre la question.

« Le physiologiste et le médecin ne doivent jamais oublier que l'être vivant forme une individualité. Le physicien et le chimiste étudient les corps et les phénomènes isolément pour eux-

mêmes, sans être obligés de les rapporter nécessairement à l'ensemble de la nature. Mais le physiologiste se trouvant placé en dehors de l'organisme animal, dont il voit l'ensemble, doit tenir
compte de l'harmonie de cet ensemble, en même
temps qu'il cherche à pénétrer dans son intérieur,
pour comprendre le mécanisme de chacune de ses
parties.

» La vie a son essence primitive dans la force
de développement organique, force qui constituait
la nature médicatrice d'Hippocrate et l'archœus
faber de van Helmont.

» S'il fallait définir la vie d'un seul mot qui, en
exprimant bien ma pensée, mît en relief le seul
caractère qui, suivant moi, distingue nettement la
science biologique, je dirais : la vie, c'est la création. En effet, l'organisme créé est une machine
qui fonctionne nécessairement en vertu des propriétés physico-chimiques de ses éléments constituants. Ce qui caractérise la machine vivante, ce
n'est pas la nature des propriétés physico-chimiques de ses éléments constituants. Ce qui
caractérise la machine vivante, ce n'est pas la
nature de ses propriétés physico-chimiques, si
complexes qu'elles soient, mais bien la création
de cette machine qui se développe sous nos yeux
dans les conditions qui lui sont propres, et d'après
une idée définie qui exprime la nature de l'être
vivant et l'essence même de la vie.

» Quand un poulet se développe dans un œuf,

ce n'est point la formation du corps animal, en tant que groupement des éléments chimiques, qui caractérise essentiellement la force vitale. Ce groupement ne se fait que par suite des lois qui régissent les propriétés physico-chimiques de la matière ; mais ce qui est essentiellement du domaine de la vie et ce qui n'appartient ni à la chimie, ni à la physique, ni à rien autre chose, c'est l'idée directrice de cette évolution vitale. Dans tout germe vivant, il y a une idée créatrice qui se développe et se manifeste par l'organisation. Pendant toute sa durée, l'être vivant reste sous l'influence de cette même force vitale créatrice, et la mort arrive lorsqu'elle ne peut plus se réaliser. C'est toujours cette même idée vitale qui conserve l'être, en reconstituant les parties vivantes désorganisées par l'exercice ou détruites par les accidents et les maladies (1).

» L'œuf est sans contredit l'élément le plus merveilleux de tous, car nous le voyons reproduire un organisme entier. L'œuf est un devenir, or, comment concevoir qu'une matière ait pour propriété de renfermer des propriétés et des jeux de mécanisme qui n'existent point encore ? Les phénomènes de cet ordre me semblent bien de nature à démontrer que la matière n'engendre point les phénomènes qu'elle manifeste. Elle n'est que le *substratum* et ne fait absolument que don-

______

(1) *Introduction à l'étude de la médecine expérimentale*, p. 151.

ner aux phénomènes leurs conditions de manifestation.

» Quand on considère l'évolution complète d'un
être vivant, on voit clairement que son organisation est la conséquence d'une loi organogénique
qui préexiste d'après une idée préconçue. Mais
cette puissance organisatrice n'existe pas seulement au début de la vie dans l'œuf, l'embryon ou
le fœtus; elle poursuit son œuvre chez l'adulte en
présidant aux manifestations des phénomènes
vitaux. Car c'est elle qui entretient par la nutri-
tion et renouvelle d'une manière incessante les
propriétés des éléments actifs et passifs de la
matière vivante. L'organisation n'est donc rien
autre chose que cette puissance génératrice conti-
nuée et s'affaiblissant de plus en plus » (1).

Impossible de trouver dans cette longue citation d'un physiologiste de génie aucune trace
d'une influence exercée sur lui par le positivisme.
Claude Bernard admet une finalité organique et
préétablie, tandis que A. Comte remplace toutes
les finalités quelconques par le principe absolu,
sans restriction aucune, des conditions d'existence. Cl. Bernard déclare que la vie a son essence
primitive dans la force de développement organique; or, cette force ou cette cause pour Comte,
n'étant pas un objet d'observation, est une con-

---

(1) Cl. Bernard, *Rapport sur les progrès de la physiologie générale*, p 109 et suiv.

ception métaphysique et doit être rejetée par cela
même. Cl. Bernard définit ainsi la vie : la vie,
c'est la création dont l'œuvre est soumise à une
idée directrice. Comte ne voit dans la vie, comme
son ami de Blainville, que le résultat d'une combinaison chimique *in nisu*, successivement répétée.
Il a oublié de dire ici à la chimie, comme il l'a
fait ailleurs, qu'elle avait une limite qu'il lui était
interdit de franchir. Cette limite, c'est l'état de
vie proprement dit.

On a pu remarquer que Cl. Bernard, lui, fait
usage de l'idée d'évolution dans sa conception de
la vie. Elle n'est pas seulement créatrice mais elle
évolue sous un mode déterminé. On pourrait peut-
être en donner la définition suivante : La vie est
une création qui évolue, par le fait d'une idée
directrice, ayant les âges pour formule. L'essentiel est, à mon avis, le rapprochement des
deux termes : création et évolution sous forme
d'âges (1).

Si A. Comte a repensé, refondu la biologie, il
ne me paraît point l'avoir suffisamment régénérée,
quand on s'en tient à la doctrine du *Cours*. Mais
celui-ci n'exprime qu'un côté de la physionomie
des choses. Après lui vient la Politique dans

____

(1) Dans un *Essai de philosophie médicale* publié en 1862, j'ai
donné la faculté d'avoir des âges comme caractéristique des êtres
vivants. Aurai-je par hasard emprunté cette caractéristique à quelqu'un ? A près d'un demi-siècle de distance ma mémoire est en
défaut.

laquelle M. Lévy Bruhl ne voit qu'un développement naturel de ce cours.

Comte n'avait donc point régénéré la biologie dans sa première manière, mais, pour peu qu'on y apporte de bonne volonté, on doit reconnaître que, dans la politique, survient une transformation aussi originale qu'on puisse la désirer. Ici nous sommes en présence d'idées absolument neuves en physiologie. L'homme et la femme ont reçu de la nature un instinct sexuel et des organes appropriés ; cela n'est pas douteux, seulement cela ne prouve absolument rien, puisque les œuvres de la nature sont très inférieures à celles que l'homme produit ou pourrait produire. Celui-ci n'a qu'à se soustraire à l'influence d'un instinct grossier et néfaste, puis comme il faut néanmoins que l'espèce se perpétue, la femme se chargera du reste, c'est-à-dire de tout. Comment pourrait-elle s'y prendre à elle toute seule ? Telle est la pensée sceptique qui vient à l'esprit de quiconque est l'esclave de la théologie ou de la métaphysique (cas particulier de la théologie). La femme est plus ingénieuse que l'homme, répondra le positivisme. Elle saura, au moyen *d'excitations spéciales* (!) dont elle fera la découverte, produire le germe indispensable pour devenir une vierge mère ; et cette vierge mère sera le vrai symbole du positivisme. En tant que sorti du moule du catholicisme qu'il a la prétention de remplacer, Comte veut faire une place au culte d'une vierge mère dans sa doctrine, d'une part, et, d'autre part, n'ayant pu posséder Clotilde et s'étant condamné, depuis lors, à une rigoureuse abstinence sexuelle, il fallait que tout le genre masculin à l'avenir imitât son exemple. N'était-il pas le souverain pontife, le grand prêtre de l'humanité et que pouvait-il y avoir de mieux à faire, pour tout homme, si ce n'est de se conformer à ses propres faits et gestes. Au surplus « l'instinct sexuel ne concourt que d'une manière *accessoire* et même *équivoque* à la propagation de l'espèce. L'éducation positive fera partout sentir les vices d'un tel instinct, et suscitera l'espoir continu de la désuétude ; et l'ensemble du régime final doit naturellement instituer, à son égard, un traitement révulsif plus efficace que les austérités catholiques... Les affections sympathiques concourront toujours à flétrir et à réprimer le plus perturbateur des penchants égoïstes (1)... On conçoit que chez la plus noble espèce le liquide fécondant cesse d'être indispensable à l'évolution du germe qui pourrait procéder artificiellement de plusieurs autres sources (2). Par les progrès de la civilisation participation de la femme à la reproduction humaine augmentée et à la limite émanera uniquement d'elle » (3).

L'œuvre de la régénération est maintenant

---

(1) *Politique positive*, IV, p. 286.

(2) *Ibid.*, p. 276.

(3) *Ibid.*, p. 277. Ce n'est pas une simple hypothèse, comme on l'a dit. Nous sommes ici en présence d'une véritable doctrine.

accomplie. Il y a du nouveau en biologie malgré toute opinion contraire. Une œuvre capitale est remplacée par une autre, mais cette autre est toujours et plus que jamais de l'amour. L'homme adore la femme, le type excellent de l'humanité et il ne fléchira plus le genou que devant elle. La femme aime l'homme qu'elle a délivré d'un penchant funeste. Ils ne font plus qu'un cœur et qu'une âme, mais rien de plus pour leur commune félicité.

Le général commandant l'Ecole polytechnique, en 1848, dit, à propos d'une étrangeté de Comte, que le répétiteur d'analyse *avait un fort coup de marteau.* Qu'aurait-il dit d'une physiologie aussi perfectionnée ?

Comte est revenu ultérieurement sur la question de la physiologie cérébrale et de ses localisations anatomiques. Il s'est placé alors essentiellement à un point de vue subjectif *a priori,* et tel n'a pas été celui de Gall qui a cherché à vérifier par l'expérience les localisations cérébrales, telles qu'il les comprenait.

Comte subordonne l'anatomie à la physiologie et fait procéder la détermination des organes cérébraux de l'étude des fonctions mentales et morales (1). Celles-ci, groupées sous trois chefs, sont au nombre de dix-huit, dont dix appartiennent au cœur, cinq à l'esprit et trois au caractère. Quant

____

(1) *Politique positive,* I, p. 671.

à la partie du cerveau qui leur correspond, on doit assigner sa principale masse, surtout postérieure, au sentiment, son extrémité antérieure à l'intelligence et sa partie moyenne à l'activité (1).

Comte a donné de cet ensemble un tableau complet et que je me dispense de citer. Le pauvre M. de Blignières... qui depuis..., mais alors... s'écrie avec l'élan d'un véritable enthousiasme : « Voilà donc achevée maintenant la décomposition de l'âme. Tel est le dernier mot, le dernier résultat de la science (?) moderne » (2).

Du maître, j'ai passé à l'élève; je repasse maintenant de l'élève au maître.

« Le vrai principe logique de cette construction consiste pour moi dans son institution subjective. J'y subordonne systématiquement l'anatomie à la biologie en concevant toujours la détermination des organes cérébraux comme le complément et même le résultat de l'étude positive des fonctions mentales et morales » (3).

A cette assertion étrange, Littré s'est chargé de répondre : « On ne peut rayer plus nettement d'un trait de plume la philosophie positive dans sa partie biologique. Des fonctions mentales ou autres qu'on détermine subjectivement et qu'on admet sans vérifier anatomiquement si elles sont réelles !

____

(1) *Ibid.*, p. 685.
(2) *Exposition de la philosophie et de la religion positives,* p. 481.
(3) *Politique positive,* 1, p. 671.

C'est aller à l'encontre du principe le plus certain et le plus élevé de la biologie, à savoir qu'une fonction n'est connue que quand on a saisi le rapport qu'elle a avec l'organe » (1). Oui, sans doute, mais Comte a repensé et refondu la biologie comme les autres sciences.

Il y a plus. Comte a fait du mécanicisme sans le savoir. A l'exemple de Gall, il rattache les faits intellectuels et moraux aux mouvements du cerveau, faisant ainsi rentrer la pensée distinguée de la motricité par Descartes, l'un de ses prétendus prédécesseurs, précisément dans celle-ci. Alors, dans l'univers entier, il n'y a plus que des mouvements sous des modes divers, et l'on comprend qu'un partisan de cette unité fondamentale fût tenté de rattacher tous les phénomènes moteurs de la nature à une seule et unique loi, par exemple l'attraction universelle, ainsi que Saint-Simon en a donné l'exemple. Alors, on n'a plus seulement l'unité systématique, fait subjectif dont Comte se contentait, on possède l'unité scientifique elle-même qu'il n'admettait absolument pas. Or, vers le milieu du dernier siècle, comme je l'ai déjà dit, nous avons vu se reproduire une véritable renaissance du cartésianisme ayant d'ailleurs dépassé la limite que le grand Descartes avait donnée à la matière. En effet, non seulement on a soumis celle-ci sous sa double forme organique et inorga-

____

(1) *Auguste Comte et la philosophie positive*, p. 547.

nique à une loi unique : celle de la transformation des forces, mais on a prétendu y soumettre également les facultés intellectuelles et morales. Alors l'énergie dominerait tout et comprendrait tout.

La spontanéité vitale exprime une source particulière d'activité propre aux êtres vivants, exclusivement. La spontanéité propre à l'esprit, admise aussi par Comte, est une expression qui ne saurait s'appliquer à des mouvements de la nature extérieure transmis au cerveau, et y prenant une forme nouvelle, tout comme la chaleur produit un mouvement de masse tel qu'un effet mécanique, et que celui-ci en retour est susceptible de produire des mouvements moléculaires, tels que la chaleur et la lumière.

Dans de pareilles conditions, le langage de Comte implique, et telle n'était point sa pensée, la nature mécanique des faits intellectuels et moraux. Il aurait dû voir dans ce fait l'application de l'invasion du supérieur par l'inférieur, c'est-à-dire de ce qu'il appelle le matérialisme.

« L'unité fondamentale de l'organisme animal est le résultat d'une exacte harmonie entre les fonctions principales » (1).

La raison d'être de cette harmonie et de cette unité fondamentale serait-elle l'effet d'un processus aveugle, comme qui dirait du hasard ou au contraire d'une opération intellectuelle ? Comte n'y

---

(1) *Cours*, III, p. 488.

voit point l'œuvre du hasard mais celle des conditions d'exercice. En effet, si elles n'étaient point
ce qu'elles sont il n'y aurait ni unité, ni harmonie.
Et voilà pourquoi votre fille est muette! Il est un
fait d'expérience universelle (que Comte ignorait
sans doute puisqu'il donne une explication qui
n'en est pas une), c'est que la raison d'être d'une
harmonie, constituant ici une unité fondamentale,
est toujours une œuvre d'intelligence. En dehors
de celle-ci il n'y a point d'harmonie possible. C'est
ce qu'un autre sociologue, et un grand sociologue,
qui avait nom Montesquieu, comprenait à mer-
veille. Pour lui, tout produit à caractère intelligent, implique une cause intelligente. Dans l'espèce pour Comte il en était tout autrement, parce
que son système s'y prêtait point.

Il y a également une autre considération à faire
valoir, quand on pose la question de l'unité dans
l'organisme animal. Est-ce l'harmonie qui produit
l'unité ou l'unité qui produit l'harmonie?

Nous savons, de l'aveu de Comte lui-même, que
les êtres vivants sont doués d'une véritable spontanéité. Or celle-ci est beaucoup plus intelligible
avec l'unité de cause directrice et créatrice, admise
par Cl. Bernard, qu'en la faisant dépendre de tout
un ensemble de conditions convergentes aboutis-
sant, on ne sait pourquoi, à une harmonie fonc-
tionnelle qui serait la raison d'être de la spontanéité. Une cause unique est beaucoup plus aisée à
admettre que des causes multiples pour se rendre

compte de la convergence des fonctions. En d'autres termes, ce qui fait l'harmonie c'est l'unité et ce n'est point l'harmonie qui fait l'unité. Celle-ci dépend de l'idée directrice.

Les corps vivants sont doués d'une véritable spontanéité. L'influence des milieux inertes (1) sur les corps organisés a été exagérée. Il y a une véritable spontanéité vitale et également une spontanéité de nos dispositions mentales suivant l'adage d'Aristote complété par Leibniz : « *Nihil est in intellectu quod non prius fuerit in sensu, nisi intellectus ipse.* Le monde fournissant la matière de nos conceptions, l'homme en détermine la forme. Abîme infranchissable entre le monde vivant et la matière inerte. C'est une grave aberration physiologique que d'envisager la vie comme universellement répandue dans la nature. L'organisme a une impulsion propre et indestructible. L'irritabilité, la sensibilité, propriétés vitales élémentaires, sont inexplicables par les phénomènes propres à la matière inorganique. La transmission mécanique des impressions produites sur les extrémités nerveuses ne rend nullement raison de l'acte de la perception.

L'alinéa précédent, qui s'inspire directement de la pensée de Comte, est acceptable dans son

---

(1) Toute matière étant active, d'après Comte, il est permis de se demander ce que peuvent être ces milieux inertes qui ne sauraient être que solides, liquides ou gazeux. Et l'éther? métaphysique pure.

ensemble, mais qui se serait attendu à le voir admettre la modification apportée par Leibniz à l'adage d'Aristote? De plus, Comte n'hésite pas à reconnaître que le monde fournissant la matière de nos conceptions, c'est l'intelligence de l'homme qui en détermine la forme. Et cependant il n'a pas encore fait intervenir la subjectivité qui ne deviendra indispensable qu'en sociologie. Il y a, chez nous, à la fois une véritable spontanéité vitale et également une spontanéité de nos dispositions mentales. L'organisme a une impulsion propre et indestructible.

Comte, parlant de spontanéité vitale propre à l'organisme et d'une autre spontanéité propre à l'esprit, distingue deux modes d'activité qui en font un vitaliste, tout d'abord et, de plus, un partisan de l'existence de l'âme (on dirait le double dynamisme de Lordat). D'autre part, l'élève de Saint-Simon, en admettant une spontanéité vitale et l'activité de la matière sous des formes diverses, se met une fois de plus en contradiction flagrante avec lui-même, car, à son dire, nous ne connaissons que les phénomènes et leurs rapports, ce qui fait de la spontanéité organique et de l'activité de la matière inorganique des conceptions purement métaphysiques, car ce ne sont pas des phénomènes ni des lois ou rapports des choses. Or, d'après lui, en dehors des phénomènes et de leurs rapports, nous ne savons absolument rien.

Passons de l'état normal à l'état pathologique.

« D'après Broussais, l'état pathologique ne diffère point radicalement de l'état physiologique, à l'égard duquel il ne saurait constituer, sous un aspect quelconque, qu'un simple prolongement plus ou moins étendu des limites de variation soit supérieures, soit inférieures, propres à chaque phénomène de l'organisme normal, sans jamais produire de phénomènes vraiment nouveaux qui n'auraient point, à un certain degré, leurs analogues purement physiologiques » (1). « Broussais établit que les phénomènes de la maladie coïncident essentiellement avec ceux de la santé, dont ils ne diffèrent jamais que par l'intensité. Ce lumineux principe est devenu la base de la pathologie. J'ai dû en attribuer la découverte à Broussais parce qu'il ressort de l'ensemble de ses travaux, quoique j'en ai seul construit la formule générale et directe » (2).

N'y aurait-il pas par hasard des maladies où il ne se présenterait ni excitation, ni dépression à caractère prédominant? Cela suffirait pour amoindrir la valeur d'une définition incomplète, puisqu'elle ne comprend pas tout le défini. D'autre part les phénomènes morbides doivent se produire nécessairement par une perturbation des fonctions vitales, mais le mal en lui-même est dû le plus

---

(1) *Cours*, III, p. 232.
(2) *Système de politique positive*, Introd. fondamentale, I, p. 651.

souvent à une condition étrangère à l'organisme, et c'est la cause morbide qui provoque directement l'altération du type physiologique. Or est-il permis de dire que les phénomènes morbides ne se distinguent du type normal que par de la vitalité en plus ou de la vitalité en moins, et qu'en cela git toute la différence ?

Il y a là, comme conception, une innovation non justifiée. Mais Comte a eu d'autres grandes idées en médecine et, si on s'en rapportait à lui, cette science eût été vraiment régénérée. Dans une lettre au docteur Audiffrent, l'un de ses disciples, il s'exprime ainsi que suit :

« Le principe que j'ai posé permet de concevoir leur classement rationnel (des maladies) d'après leur source essentielle, puisque toutes résident dans le cerveau. Car cette classification doit dès lors résulter du tableau cérébral...

» On est conduit d'abord à distinguer les maladies en égoïstes et en altruistes, comme les moteurs effectifs, quoique les unes et les autres puissent avoir lieu par excès ou par défaut; le premier cas appartient surtout aux premières, le second aux secondes. Un insuffisant essor de l'altruisme constitue la source secrète d'une foule de perturbations radicalement inconnues. Telles sont surtout les épidémies qui succèdent aux commotions politiques, comme les affections cholériques survenues dans ce siècle, après la secousse antibourbonienne de 1830, la crise républicaine de 1848, et finalement la crise dictatoriale de 1851. La source nécessairement cérébrale de toute grave maladie devient spécialement irrécusable envers ces vastes perturbations que l'empirisme matérialiste proclame inintelligibles ». (*Notice sur l'œuvre et sur la vie d'Auguste Comte*, par le docteur Robinet. *Pièces justificatives*, p. 536). Il n'y a qu'une chose de vraie dans cette pathogénie : les conditions morales déprimantes prédisposent aux épidémies, mais ne les produisent point.

M. le Dr Charles Pellarin, à qui j'emprunte ce passage (1), fait remarquer que cette mirifique doctrine médicale appartient à la dernière partie de la vie de Comte (celle où sa propre régénération était complète), et il ajoute que « les manifestations de cette nature ont dû quelquefois péniblement rappeler, à plusieurs adeptes, l'apologue du *Fou qui vend la sagesse* ».

Comte n'a été pour rien dans l'état de la science en général, tel qu'il existait avant sa mort. Cauchy, Arago, Cournot, ne lui ont rien emprunté. Il en est de même pour Dumas, Liebig, Gerhard, Laurent, Cl. Bernard. Influence nulle sur les grands médecins de l'époque, tels que Trousseau, Gendrin, Rostan, Andral, Chomel. Je signalerai aussi Dupuytren, Velpeau, Nélaton, Malgaigne, c'est-à-dire les chirurgiens dont le bourreau devait prendre la succession. Puis arrivent Berthelot et son école

---

(1) Ouvrage cité.

en chimie, la question de la transformation des forces. Et simultanément Pasteur, le grand Pasteur, dont les travaux ont si profondément modifié la médecine, et qui, grâce à l'action prépondérante et de si belle allure de M. Charles Bouchard (1) et de son école, ont vraiment, dans une très large mesure, transformé l'art de guérir au point de vue de l'étiologie, de l'hygiène et de la thérapeutique.

Au sortir de l'organicisme, la médecine devint physiologique, avec Cl. Bernard, qui ne s'est point rattaché d'ailleurs à la doctrine de Broussais acceptée pleinement par Comte.

L'éminent professeur du Collège de France considérait « la maladie comme une perversion des actes physiologiques. Il étudiait le mécanisme de la maladie et non sa cause, le mode de production et l'interprétation physiologique des phénomènes. Enfin, avec Pasteur, la médecine a pris, dans une très large mesure, le caractère étiologique; elle cherche les causes morbides dont l'anatomie pathologique et le microscope étudient l'action et précisent les lésions. L'anatomie pathologique s'oriente dans le sens étiologique, et son principal objectif est de saisir les rapports intimes des lésions avec la cause productrice. La bactériologie a éclairé l'étiologie des maladies infectieuses, en a expliqué le mécanisme, elle a montré, comme le dit M. le

______

(1) Voir les *Microbes pathogènes* de M. Bouchard, 1892.

professeur Roger, que l'infection se résout en intoxication, idée féconde qui devait conduire à la recherche des antitoxines et aboutir à la découverte de la sérothérapie. Néanmoins, comme le dit aussi M. Ch. Bouchard, il y a encore une médecine, c'est-à-dire non seulement une part à faire à l'organisme vivant, à son action curative déjà admise par Hippocrate, à ses modes de défense, et, de plus, la mise en œuvre d'une orientation nouvelle en pathogénie et thérapeutique (1).

Quelle est la part du positivisme d'Auguste Comte dans ce mouvement considérable qui a imprimé à la médecine un caractère scientifique incontestable? Non seulement cette part est absolument nulle, mais il a toujours condamné, en toutes choses, la recherche des causes et les tentatives d'explication.

Or nous en sommes arrivés, à un degré éminent, à la médecine étiologique, et nous en serions loin si, en nous conformant à la doctrine de Comte, nous ne cherchions dans la nature que les phénomènes et leurs rapports, c'est-à-dire leurs lois. Pareille règle n'est qu'un point de départ pour les sciences d'observation pure, et Comte l'a donnée comme le tout de la science. S'il avait eu la moindre influence sur le développement de la pensée

---

(1) La majeure grande partie de ce paragraphe est empruntée à l'ouvrage de M. le Dr Boinet : *Les doctrines médicales et leur évolution,* p. 9 et 10.

scientifique, le progrès réalisé n'aurait pu se produire. Que dirai-je, au surplus, de cet enfantillage de la classification des maladies en égoïstes et altruistes, maladies qui résident toutes dans le cerveau? Que penser des dix-huit facultés cérébrales, *a priori* purement subjectif?

Est-ce la méthode d'observation, est-ce le rapport des phénomènes qui ont guidé l'esprit du grand Maître dans de telles aberrations? Il ne s'est pas même aperçu qu'il se contredisait, de la manière la plus flagrante, en donnant des *causes* morales égoïstes à des épidémies telles que le choléra. Le choix est-il assez heureux?

Et c'est ainsi que Comte a repensé la médecine, ce qui veut dire a refondu la médecine! Pareil succès ne donnerait-il pas lieu de penser que sa refonte des sciences naturelles, des mathématiques, de la sociologie, de la morale et de la religion s'annonce sous un bien fâcheux aspect?

Lorsque Comte en fut arrivé aux tomes III et IV du *Cours,* il s'aperçut qu'un abîme sépare la vie et la pensée du monde inorganique. Il continua à nier comme illusoire et absurde l'observation intérieure, tout en rattachant la psychologie à la biologie. Mais, en tant qu'individuelle, elle ne compte point et il n'y a de vraiment réelle que la psychologie collective. Le voilà en flagrant délit de subjectivité, de cette subjectivité contre laquelle il avait déclaré une guerre implacable pour réaliser une sociologie ou physique sociale (ce mot

est expressif) basée sur les sciences positives
antérieures dans l'ordre hiérarchique. En effet, la
subjectivité métaphysique ou théologique ayant
toujours échoué pour constituer la science sociale,
Saint-Simon et Comte, à son exemple, voulurent
changer de principe et de méthode pour arriver
au but qu'ils se proposaient, savoir l'organisation
de cette science. « Mon but principal est de conduire la philosophie naturelle à devenir enfin
morale et politique, pour servir de base intellectuelle à la réorganisation sociale » (1).

On voit d'ailleurs, d'après les considérations
qui précèdent, que cette subjectivité n'est plus
relative à l'individu, mais bien à la collectivité, à
l'humanité en général, ou aux collectivités multiples qui la constituent. Mais, fait essentiel, Comte
a compris que la science de l'homme doit avoir
un caractère humain. Aussi, à partir du moment
solennel où la question fut comprise à ce point de
vue, toutes les sciences convergent vers la Sociologie et celle-ci réagit sur elles, en se les appropriant. C'est le point de départ inverse à celui
qu'on a donné à l'origine comme raison d'être du
positivisme. Viendra plus tard l'heure où Comte,
régénéré par Clotilde, remplace la physique
sociale par la religion positive. Alors chacune des
sciences inférieures de la hiérarchie, sans excepter

---

(1) *Cours*, V, p. 335. Le Cosmos devenu la source de la morale
et de la politique !

les mathématiques, prend un caractère religieux,
les lois qui leur sont propres constituent le dogmatique de la foi nouvelle, qui est une effusion
sans mesure d'amour dans le monde que nous
habitons, effusion qui se propage à l'espace qui
nous entoure, ainsi qu'au soleil qui nous éclaire.
Cet amour ou foi nouvelle, dont tout notre milieu
s'imprègne, procède de l'entité humanité qui doit
être le premier objet de notre adoration.

La Science a donc été le moyen employé par
Comte pour arriver au but qu'il se proposait,
savoir la création d'une sociologie. Mais ce n'a été
qu'un moyen d'une valeur provisoire, essentiellement provisoire, puisque comme la théologie,
comme la métaphysique, elle doit être éliminée
plus tard par la religion universelle.

Ainsi non seulement Comte qui, à l'exemple de
Saint-Simon, veut fonder la sociologie sur l'étude
préalable des sciences d'observation, exclusivement, ne l'a point fait, mais il leur a donné pour
base fondamentale les mathématiques, lesquelles, bien que science exacte, ne sont point basées
sur l'observation, mais procèdent tout entières
de notre esprit, d'après M. Poincaré. De telle
sorte qu'il y a ici une contradiction nouvelle. J'ai
insisté sur la première qui surgit dans la pensée
de Comte lorsqu'il veut passer de la Chimie à la
Biologie (qui comprend pour lui la Psychologie).
On le voit délibérément, et contraint par l'évidence,
changer son fusil d'épaule, comme on dit vulgai-

rement. La première contradiction est peut-être plus forte encore, car il donne pour base à l'étude des sciences naturelles ou positives une science éminemment psychologique. Or que voulait-il ? quel but poursuivait-il si ce n'est de donner à la sociologie une base objective, au lieu de la subjectivité qui, jusqu'alors, y régnait sans partage. Or la base qu'il a donnée est éminemment subjective car lui-même a confondu la mathématique et la logique. Or celle-ci est-elle, oui ou non, un ensemble de règles propres à l'esprit humain ? Si celui-ci est devenu objectif où sera la subjectivité ?

Comte n'avait point une éducation philosophique suffisante pour se reconnaître dans une étude critique approfondie de l'esprit humain. En faisant de la géométrie une science naturelle il a commis une erreur grossière dont il ne s'est jamais aperçu. Plus tard, arrivé à la psychologie collective il finit par comprendre que la sociologie étant une institution humaine, qu'il appelle subjective, il faut non seulement faire régir la sociologie par l'esprit humain, mais encore il accorde que les sciences objectives doivent être jugées par ce même esprit, c'est ce qu'il appelle la réaction de la sociologie sur les sciences positives.

Partant d'un point de départ erroné, il arrive, dans le cours de son œuvre, à changer radicalement de méthode. N'a-t-il pas fait ainsi une sorte de réfutation par l'absurde de ce point de départ ?

Cela étant, le Maître et le disciple sont partis

d'un principe faux, savoir éclairer et expliquer le dedans par le dehors. Mais il y a, relativement à Comte, à insister sur la question de méthodes.

MÉTHODES OBJECTIVES ET SUBJECTIVES

Ces réflexions faites, j'aborde la question de la méthode des sciences naturelles qui est, tout d'abord, la méthode d'observation, laquelle consiste à étudier les phénomènes et en déduire les rapports qui les unissent, et qui sont qualifiés du nom de lois, rapports dérivant de la nature des choses, suivant la belle définition de Montesquieu ; ou régissant les phénomènes suivant une conception absolument contraire à la précédente. Quoi qu'il en soit, cette méthode d'observation, déjà universellement pratiquée en cosmologie, avait aussi été employée en physique sociale, preuve en soit : Vico, Herder, Montesquieu, Condorcet ; sans oublier les économistes, tels que Quesnay, A. Smith, J.-B. Say. Et cependant cette physique avait abouti à la Révolution Française et au triomphe des Droits de l'homme, qui ne sont autre chose que l'anarchie en permanence, au dire du positivisme. La société qui avait besoin d'être restaurée, réorganisée, reconstituée semble l'être de moins en moins. En présence de pareils résultats le positivisme voulut tenter une suprême épreuve. Comte donna d'abord, comme en se jouant, une philosophie des sciences, puis arrivé à la sociologie qui devait être édifiée objectivement, c'est celle-ci, comme je l'ai montré précédemment, et non la philosophie sus-dite qui accomplit le grand œuvre de la réorganisation sociale. C'est ainsi que le système a été humanisé, subjectivé dès son origine réelle, et qu'on a eu la très grande surprise, quand on se souvient du point de départ originel : le Cosmos, de voir réagir, suivant l'expression de Comte, le subjectif sur l'objectif qui ne s'y attendait guère, puisque c'était lui qui devait faire la réforme et c'était lui qu'on réformait. L'homme était devenu le centre du monde dont l'humanité devait devenir la Déesse. Comte avait enfin trouvé sa voie.

Tous les admirateurs de Comte, qui ont de véritables connaissances philosophiques, l'ont approuvé d'avoir procédé à la synthèse des deux méthodes, ou à l'union des deux méthodes : employées l'une ou l'autre suivant la différence des cas. Mais on oublie alors que, dans la donnée première, qui appartient à Saint-Simon, il n'y avait point de différence réelle entre le Cosmos et ses lois, l'esprit humain et ses lois. C'était là tout simplement ce que les théologiens, les métaphysiciens, les Juristes et autres littérateurs ignoraient profondément. En effet, tous les phénomènes de la nature et de l'esprit relèvent, au dire du Réformateur, d'une loi unique qui n'est autre que l'attraction universelle, l'attraction newtonienne. D'où la nécessité pour y voir clair, en sociologie, de débuter par les sciences de la nature, par le Cosmos lui-même.

La méthode objective étant la méthode d'observation extérieure, il est essentiel de montrer, sur ce chef, l'erreur commise par Comte qui n'a pas su établir la différence entre la méthode d'observation pure et simple et la méthode expérimentale, ou qui a dédaigné de l'établir. Cette conduite lui a été inspirée, peut être, parce qu'il ne voulait admettre que deux choses : les phénomènes d'une part, et leurs rapports de l'autre, c'est-à-dire leurs lois de l'autre. Il condamnait toute recherche des causes et toute explication relative aux faits observés, dans la crainte sans doute que l'esprit ne s'engageât dans la voie défendue : celle de la recherche des causes. J'en appelle à l'autorité de Claude Bernard pour montrer combien l'erreur était grave.

« Les sciences naturelles sont des sciences d'observation, ou descriptives. Elles nous donnent la prévision des phénomènes, mais elles restent des sciences contemplatives de la nature. Les sciences expérimentales sont des sciences *explicatives*. Elles vont plus loin que les sciences d'observation qui leur servent de base, et arrivent à être des sciences d'action, c'est-à-dire des sciences conquérantes de la nature. La physique et la chimie qui sont des sciences expérimentales, dans le règne des corps bruts, ont conquis la nature inerte ou minérale, et chaque jour nous voyons cette conquête s'étendre davantage. La physiologie qui est la science expérimentale, dans le règne des corps organisés, doit conquérir la nature vivante » (1).

SYNTHÈSE ET ANALYSE

Aller de l'ensemble au détail, c'est-à-dire de la synthèse à l'analyse, comme le demande Comte, c'est sans doute faire usage d'une méthode philosophique. Reste à savoir si elle est bonne ou mauvaise pour l'avancement des sciences. D'après l'état ancien des choses, tel qu'il est indiqué pour la chimie, il est évident que l'analyse antérieure était encore tout à fait insuffisante et que Comte aurait pu rendre des services en faisant précéder sa philosophie chimique par une étude expérimentale ou analytique approfondie. Au lieu de cela, il s'est contenté de développer une philosophie quelconque. Mais ce qu'il n'a point fait d'autres l'ont fait, et de là le merveilleux développement scientifique de la physique, de la chimie, de la biologie normale et pathologique qui répond à la dernière moitié du xix siècle. Les savants tels que Pasteur, Cl. Bernard, Berthelot, Ch. Bouchard ont expérimenté sur la nature parce qu'ils savaient bien que les sciences expérimentales sont, comme le dit Cl. Bernard, des sciences *explicatives*. Sup-

---

(1) Cl. Bernard, *Revue des Deux-Mondes*, 1869, p. 875.

posez que la philosophie positive eût pénétré profondément dans leurs esprits et alors un effet
absolument contraire eût été obtenu. Les sciences
naturelles fussent devenues purement *contemplatives* de la nature, suivant la règle formulée par
le grand Maître : chercher exclusivement les rapports des choses, renoncer à les expliquer.

Nous sommes en présence d'une situation singulièrement grave, quand on prend la question
dans son ensemble. Nous connaissons l'état présent des choses, les merveilleux progrès obtenus
dans la donnée d'une certaine méthode expérimentale ou explicative suivie par tous les hommes de
science. Si Comte avait exercé sur la science
l'influence que d'aucuns lui ont attribuée, elle eût
été désastreuse. Il avait commis une erreur fondamentale de jugement, en ne voyant point que la
science expérimentale était la science des découvertes et, par conséquent, du progrès.

CHAPITRE II

Dans sa Politique positive, Comte a parlé lui aussi du Vrai, du Beau et du Bien (qu'il appelle le Bon). Mais il n'a point dit, comme Cousin, que l'idée du Vrai comprend la psychologie, la logique et la métaphysique, La chose va de soi. Dans le Vrai, je comprendrai l'intelligence ou la raison, dans certaines de ses applications, telles que l'idée fondamentale de cause, la logique, les lois, sujet qu'il y a lieu de compléter. Puis, je passerai aux questions du Bien et du Beau.

DU VRAI : L'INTELLIGENCE

On a fait souvent à Comte le reproche de n'avoir jamais fait aucune critique préalable de l'esprit humain. Il est évident qu'il n'a jamais essayé de l'analyser et de donner, ensuite, une synthèse faisant la part de chacun des éléments constitutifs de la subjectivité individuelle. Il avait deux motifs pour en agir ainsi : le premier qu'il préférait, partir de la synthèse, allant ainsi de l'ensemble au détail; le second, c'est que pour lui l'individu et sa psychologie ne sont que pure abstraction. La personne humaine n'est rien ni *statiquement* (son anatomie), ni *dynamiquement* (sa physiologie).

Il était, on le voit, bien rigoureux, même pour l'anatomie individuelle. Il a poussé bien loin sa négation.

La première question à traiter, la citation précédente en est la preuve, quand on aborde l'étude du Vrai, ou de l'intelligence en général, est celle de savoir si nous possédons, oui ou non, la conscience psychologique, si notre esprit possède, oui ou non, la faculté d'observer ses propres actes.

« Il est sensible, en effet, que, par une nécessité invincible, l'esprit humain peut observer tous les phénomènes excepté les siens propres. Par qui serait faite l'observation? L'individu pensant ne saurait se partager en deux, dont l'un raisonnerait, tandis que l'autre regarderait raisonner. Cette prétendue méthode psychologique est radicalement nulle dans son principe » (1).

Ce principe posé il n'y a plus de critique imaginable sur le fonctionnement de l'esprit, puisqu'il nous serait impossible d'en avoir la moindre idée. Où Comte est-il allé chercher le sentiment, l'amour qui a fini par être la synthèse finale de toute son œuvre, si ce n'est en lui-même? Son amour pour Clotilde lui a-t-il été révélé par sa conscience pro-

---

(1) *Cours*, I, p. 31, 32.

pre ou par le rapport d'autrui? J'ajoute que le monde extérieur, en se réfléchissant en nous, suscite l'activité de l'esprit que nous n'ignorons nullement, et c'est à cette activité théorique que nous devons l'ensemble des lois qui se rattachent aux phénomènes objectifs et en font un même tout. De là les diverses sciences naturelles.

S'il y a une observation facile pour l'homme c'est l'observation psychologique, toutefois il faut distinguer les phénomènes perçus des théories auxquelles ils ont pu donner lieu, chose fort différente et dont Comte ne s'est pas avisé. Sur les premiers l'accord est facile car il n'y a vraiment lieu à aucune discussion. Quant aux théories, c'est autre chose.

Il y aurait d'ailleurs une autre manière de combattre l'observation intérieure. Ce serait de dire que puisque l'individu est une pure abstraction, une simple entité, on n'a absolument aucune question à traiter à son sujet, à moins que la définition ne vaille rien.

Prenons sur la question l'avis d'un vrai savant. Il me paraît de quelque importance de faire intervenir, ici, un vrai maître en physiologie qui s'appelait Claude Bernard. Voici comment il s'est exprimé sur la question de l'observation intérieure : « L'esprit a en lui-même le sentiment d'une relation nécessaire dans les choses. L'esprit directeur institue les expériences, les sens passifs obéissent à l'intelligence. C'est l'idée qui est le principe de tout raisonnement et de toute invention. Les vérités subjectives sont celles dont l'esprit a conscience et qui apportent en lui le sentiment d'une évidence absolument nécessaire. La vérité n'apparaît à l'esprit de l'homme que sous la forme d'un rapport absolu et nécessaire. Quand nous raisonnons sur nos propres actes nous avons un guide certain, parce que nous avons conscience de ce que nous pensons et de ce que nous sentons. On peut dire que nous avons en nous l'intuition ou le sentiment des lois de la nature ».

L'autorité de M. Cl. Bernard vaut bien celle de Broussais qui avait l'excuse d'être complètement étranger à la philosophie.

Il est évident que si Comte a pu croire à l'impossibilité de l'observation intérieure, il a été logique en n'en tenant aucun compte. Mais je crois facile d'établir, d'une manière générale, que son œuvre dite philosophique est surtout caractérisée par le défaut de logique rationnelle. C'est là sans doute une assertion qui paraîtra bien osée de ma part, car s'il y a une qualité exaltée, chez ce grand réformateur, par tous ceux qui le célèbrent comme un merveilleux génie, comme un homme qui fut grand parmi les grands, c'est l'inflexible pratique d'une logique impeccable.

L'élève, comme je l'ai déjà dit, voulant, à l'exemple de son Maître, régénérer la politique par la science, a cherché à repenser, à refondre et à régénérer les sciences spéciales, ce que le Maître était d'ailleurs incapable de faire, aussi voulait-il régénérer la politique au préalable, ce qui était le contraire de son programme primitif. En ceci, il avait la logique contre lui. Elle fut aussi plus tard contre Comte. Après avoir déclaré que « l'étude positive n'a pas de caractère plus tranché que sa tendance spontanée et invariable à baser l'étude réelle de l'homme sur la connaissance préalable du monde extérieur » (1), et après avoir refondu les sciences (il le pensait du moins), au lieu d'en déduire directement la sociologie, il prétendit, comme je l'ai démontré, faire réagir celle-ci sur les sciences elles-mêmes, en les appelant à son propre tribunal pour les humaniser, ce qui était les soumettre, au moins en principe, à une refonte nouvelle et en sens inverse. Ce fut dans le Cours lui-même que l'œuvre commence et elle se termina, non sans éclat, dans la politique avec le subjectivisme religieux qui la caractérise et le dévergondage de mysticisme amoureux qui lui est associé. Mysticisme amoureux sans frein, sans limites et arrivant, comme j'en donnerai la preuve plus tard, à abaisser puis à faire renier la science elle-même, c'est-à-dire le moyen indiqué par Saint-Simon, puis par Comte, pour créer une politique nouvelle propre à réorganiser la société corrompue et dévoyée par les métaphysiciens et leurs alliés les juristes. Je me sers ici bien entendu d'un langage qui n'est point le mien.

---

(1) *Cours*, III, p. 189.

Oui certes, logiquement parlant, bien grande fut, sous ce rapport, l'originalité de Comte. Une contradiction intime et complète, dès l'époque du *Cours*, s'introduisit dans sa pensée et lui fit, sans qu'il s'en doutât, abandonner le programme primitif de son maître, pleinement accepté par lui, pour un programme tout contraire. Parti de l'objectif, il rebrousse chemin vers le subjectif et c'est de celui-ci que sous le nom de sociologie il va désormais s'inspirer.

D'après Comte, la force intellectuelle est la moins intense de nos facultés caractéristiques, et qui chez la plupart des hommes ne sollicite aucun développement direct (1). « L'esprit est destiné à lutter non à régner » (2). Le prétendu règne de l'esprit rêvé par la métaphysique grecque est une conception dangereuse, chimérique, contraire au progrès et à l'ordre et qui organiserait une dégradante immobilité » (3). « Presque tous les hommes sont impropres par leur nature au travail intellectuel » (4). « La prépondérance politique ne saurait être conçue comme susceptible d'appartenir jamais à la supériorité mentale ». « Chimérique prépondérance des facultés intellectuelles dans la conduite générale de la vie humaine ». « Pour les métaphysiciens, l'esprit est devenu le sujet à peu près

------

(1) *Cours*, V, p. 223.
(2) *Cours*, IV, p. 224.
(3) *Cours*, VI, p. 447.
(4) *Cours*, IV, p. 389.

exclusif de leurs spéculations, et les diverses facultés affectives ont été presque entièrement négligées et toujours subordonnées à l'intelligence ».
« Energique prépondérance des facultés affectives
sur les facultés intellectuelles ».

Ainsi pour Comte, ce n'est point l'intelligence,
« mais la vie affective, le sentiment, qui est la
partie vraiment prépondérante de toute existence
humaine. Seule elle fournit aux deux autres une
impulsion et une direction continues ». « L'intelligence ne comporte réellement d'autre destination durable que de servir la sociabilité (disposition des divers êtres à l'amour universel). « L'esprit n'est pas destiné à régner, mais à servir ».
« Le positivisme érige donc désormais en dogme
fondamental à la fois philosophique et politique,
la prépondérance continue du cœur sur l'esprit ».
« Ce dogme fondamental du positivisme constitue
la plus précieuse acquisition intellectuelle de l'ensemble de l'humanité. « La saine théorie élémentaire de l'organisme social instinctivement
ébauchée au Moyen Age, interdisant à l'intelligence la suprême direction immédiate des affaires
humaines ». Puis dans d'autres passages, il y a
comme un correctif de la doctrine développée :
« Si le cœur doit toujours poser les questions,
c'est toujours à l'esprit qu'il appartient de les
résoudre. « L'esprit doit, dans une élaboration
quelconque, rester seul juge soit de la convenance
moyens, soit de la réalité des résultats. En un

mot, l'esprit doit toujours être le ministre du cœur
et jamais son esclave ».

Le premier des passages cités dans l'alinéa précédent dit que le sentiment ou le cœur fournit à
l'intelligence et l'impulsion et la direction continues. L'impulsion est acceptable, mais la direction
est de trop, car alors le cœur n'est plus le ministre,
mais le serviteur, même l'esclave du sentiment.

Quoi qu'il en soit, la part de l'intelligence est
évidemment meilleure dans les dernières citations
que dans les premières. Elle s'améliore singulièrement dans les suivantes; on va le voir tout à
l'heure.

Jusqu'à Comte tous les esprits philosophiques
ont considéré l'intelligence, sous la forme de raison, comme la faculté maîtresse de l'humanité.
Mais avec lui nous constatons un changement
complet, sous ce rapport. Le premier rang appartient désormais, et je viens de le dire, à la sympathie, à l'affection, à la charité, à l'amour.

« La vie sociale est surtout caractérisée par le
développement spécial des influences intellectuelles (1).

» Le développement individuel reproduit dans
ses principales phases le développement social.
L'un et l'autre ont essentiellement pour but commun de subordonner, autant que possible, la
satisfaction normale des instincts personnels à

---

(1) *Ibid.*, p. 440.

l'exercice habituel des instincts sociaux, et, en
même temps, d'assujettir nos diverses passions
quelconques aux règles imposées par une intelligence de plus en plus prépondérante, dans la vue
d'identifier toujours davantage l'individu avec
l'espèce (1).

» A ce caractère, doublement décisif, on ne saurait hésiter à placer en première ligne l'évolution
intellectuelle comme principe prépondérant de
l'ensemble de l'évolution de l'humanité (2).

» Malgré la faible énergie naturelle de nos organes purement intellectuels, dans l'ensemble réel de
notre économie cérébrale, nous avons cependant
reconnu que l'intelligence doit présider, non à la
vie domestique mais à la vie sociale et, à plus
forte raison, à la vie politique. C'est seulement par
elle que peut être effectivement organisée cette
réaction générale de la société sur les individus
qui caractérise la destination fondamentale du
gouvernement, et qui exige, avant tout, un système convenable d'opinions communes, relatives
au monde et à l'humanité (3).

» L'Humanité ne saurait certainement trop honorer, en tant que premiers organes nécessaires de
ses principaux progrès, ces intelligences excep-
tionnelles qui, entraînées par une impérieuse des·

______

(1) *Ibid.* p. 447. Comte, on le voit, fait, dans l'occasion, du
finalisme.
(2) *Ibid.*, p. 459.
(3) *Cours,* V, p. 481.

tination spéculative, esthétique, scientifique ou philosophique, consacrent noblement leur vie à penser pour l'espèce entière, et qui constituent pour notre race la plus importante richesse (1).

» Les forces morales et intellectuelles, éminemment susceptibles du concours social qu'elles seules peuvent convenablement organiser (2).

» Les forces intellectuelles et morales, surtout à cause de cet éminent privilège, tendent nécessairement de plus en plus à dominer le monde social (3).

» La Raison appelée à tout juger sauf elle-même (4).

» L'Intelligence doit nécessairement présider non à la vie domestique, mais à la vie sociale, et à plus forte raison à la vie politique. C'est seulement par elle que peut être organisée la réaction générale de la société sur les individus (5).

» Le progrès mental destiné à régler tous les autres (6).

» L'Évolution intellectuelle est le principe nécessairement prépondérant de l'ensemble de l'évolution de l'humanité. On ne saurait hésiter à la placer en première ligne (7).

---

(1) *Ibid.*, p. 222.
(2) *Cours*, IV, p. 436.
(3) *Ibid.*, p. 437.
(4) *Polit. pos.*, IV, p. 169.
(5) *Ibid.*, IV, p. 481.
(6) *Ibid.*, IV, p. 485.
(7) *Ibid.*, IV, p. 459.

Ainsi, en disant que l'intelligence ou la raison est appelée à tout juger, Comte lui attribue, on le voit, le véritable rôle qui lui appartient. La nature du sentiment est très variable. Il comprend, sans doute, la bienveillance, la sympathie, l'affection, l'amour proprement dit, plus des passions à caractère franchement égoïste et dont les actes peuvent atteindre à la criminalité. Donner, d'une manière générale, la prépondérance au sentiment, est-ce un fait que l'on constate ou un droit qu'on lui reconnaît? Et, s'il s'agit d'un fait généralement constaté, quand nous traitons des sciences physiques, nous reconnaissons alors la présence d'une loi de la nature qui, en elle-même, ne comporte aucune appréciation de l'intelligence, comme détermination des règles de la conduite. Les phénomènes se succèdent les uns aux autres suivant un ordre ou plutôt un rapport nécessaire. Or, en fait, dans la conduite de la vie, il y a toujours un jugement à porter et celui-ci caractérise l'acte que nous allons commettre, ou que nous rejetons comme inutile, comme fâcheux, comme nuisible, comme mauvais ou même parfois comme criminel.

C'est ainsi que la faculté prépondérante, la faculté qui doit dominer le sentiment dans les nombreuses circonstances où celui-ci intervient, est, comme le dit Comte excellemment, la raison elle-même. La passion peut l'emporter, sans doute, mais il n'y a plus là qu'une question de fait. La règle est dans le jugement porté, si nous sommes maîtres de nous-mêmes, c'est-à-dire capables de nous conformer aux lumières de la raison qui, dans nombre de cas, ne sont que l'expression de la conscience morale elle-même. Ce jugement s'impose ; sa vertu propre est obligatoire, puisqu'il nous paraît vrai ou bon.

Comte a bien voulu convenir que les sentiments égoïstes prenant le caractère de passions proprement dites ont beaucoup plus d'énergie que les sentiments d'affection, de bienveillance, de sympathie. Donc, dans la pratique, ils prédomineraient toujours.

Comte était-il ou non la contradiction incarnée ?

Le docteur Pellarin, dans son essai critique, fait remarquer combien sont nombreuses les contradictions, dans les ouvrages de Comte, ce qui tient, d'une part, à un défaut de logique naturel chez lui, et, d'autre part, à la différence des points de vue auxquels il s'est placé.

En se contredisant comme il l'a fait sur la question de l'intelligence, on peut affirmer que Comte a manqué de logique, celle-ci exigeant qu'au minimum on soit d'accord avec soi-même. Je passe à un autre exemple d'illogisme qui me paraît plus démonstratif encore. Nous savons qu'il se conforma d'abord aux idées générales de son Maître Saint-Simon qui, dans sa pensée première, n'eut pour but que de constituer une physique sociale. Ce but implique une méthode objective. En philosophie naturelle, on observe, on expé-

rimente, on fait des hypothèses, on raisonne
par induction, et si l'*a priori* de l'induction
est vérifié par l'observation, nous sommes en
légitime possession de la vérité. Seulement je
viens de me placer à un point de vue particulier,
celui de la science portant sur le concret, sur la
réalité même. Or, il pourrait y avoir un autre cas,
celui d'une science dont il n'est pas certain que
toutes les données élémentaires portent sur le
réel, la chose est même catégoriquement contestée
par un homme que l'on considère comme l'un des
grands mathématiciens du temps présent, M. Poincaré. Les mathématiques, puisqu'il faut les appeler par leur nom, étant une science abstraite par
excellence et donnant même lieu, d'après M. Cournot, à des considérations de pure métaphysique,
toutes les fois que les doctrines sont invérifiables
par l'expérience, les mathématiques, dis-je, doivent être mises à part des sciences naturelles ;
nous ne sommes plus sur le même terrain. Nous
n'observons plus, pour arriver à la connaissance
des lois inhérentes aux mathématiques elles-
mêmes. Les phénomènes manquent, la science
est essentiellement abstraite, par nature, et le mot
de phénomène implique une réalité, un fait concret, que nous ne percevons que dans son apparence extérieure, grâce à l'intermédiaire de nos
sens. D'ailleurs, l'expression de phénomène ne
signifie rien d'autre. D'où l'on voit que nous sommes ici essentiellement en présence d'une science

non naturelle, quoique Comte ait dit précisément le contraire et qu'elle est à peu près exclusivement ou exclusivement l'œuvre de la pensée humaine. Elle est donc subjective au premier chef. Le prétendu fondateur du positivisme s'en est-il jamais douté?

Sans doute, certains phénomènes naturels, particulièrement en astronomie, se comportent comme assujettis à des formules mathématiques, mais cela ne les transforme nullement en phénomènes propres à la science du nombre et de la mesure. Or, cela devrait être si Comte avait été l'interprète de la vérité en qualifiant la géométrie de science naturelle. La géométrie semble toucher à l'espace par l'étendue concrète, donnée surtout par la vue, mais ce n'est là qu'une occasion, pour l'esprit humain, qui conçoit l'étendue abstraite autrement que celle perçue par nos sens.

La première des sciences, celle qui constitue la base sur laquelle repose toutes les autres, dans la hiérarchie positive, est donc subjective. Cela donne espoir de retrouver la subjectivité, plus tard, quand on la voit constituer le fondement même de l'échelle hiérarchique. Mais pour le positivisme, ce n'est pas une preuve péremptoire contre l'entreprise qu'il va tenter d'édifier, d'organiser une physique sociale reposant sur le terrain assuré des sciences naturelles. Il y aurait là cependant de quoi lui donner certaines préoccupations, s'il procédait autrement que les yeux fermés.

Les mathématiques ont donc été mises au rang des sciences positives et même naturelles. Or elles sont constituées par le nombre et la grandeur. Il ne saurait y avoir de doute relativement au nombre qui est une pure création de l'esprit. Cela dit, je ne peux mieux faire que d'invoquer le témoignage différé de M. Poincaré : « La grandeur mathématique est un cadre que nous avons fait mais non au hasard. Un autre cadre que nous imposons au monde c'est l'espace » (1). « Les premiers principes de la géométrie viennent de nous... La géométrie ne dérive point de l'expérience. Ces principes ne sont que des conventions, mais ces conventions ne sont point arbitraires ». « Les principes de la mécanique, quoique plus directement appuyés sur l'expérience, participent encore au caractère conventionnel des postulats géométriques » (2). « Le jugement synthétique *a priori* s'impose à nous avec une irrésistible évidence; c'est une affirmation de la puissance de l'esprit » (3). Si la géométrie était une science expérimentale elle serait soumise a une continuelle révision. Elle ne serait point une science exacte. Les axiomes de la géométrie ne sont que des conventions déguisées (4). « L'Espace représentatif, sous sa triple forme visuelle, tactile et motrice, est essentiellement différent de l'Espace géométrique.

---

(1) Poincaré.
(2) *La science et l'hypothèse*, p. 4 et 5.
(3) *Ibid.*, p. 23.
(4) *Ibid.*, p. 66.

» L'expérience joue un rôle indispensable dans la genèse de la Géométrie, mais ce serait une erreur d'en conclure que la géométrie est une science expérimentale.

» La géométrie ne s'occupe pas, en réalité, de solides naturels, mais elle a pour objet certains solides idéaux absolument invariables; la notion de ces corps idéaux est tirée de toutes pièces de notre esprit, et l'expérience n'est qu'une occasion qui nous engage à l'en faire sortir.

» Les principes de la géométrie ne sont pas des faits expérimentaux et, en particulier, le postulatum d'Euclide ne peut être démontré par l'expérience.

» De quelque manière qu'on se retourne, il est impossible de découvrir à l'empirisme géométrique un sens raisonnable (1).

» Ce n'est pas la nature qui nous impose le Temps et l'Espace. C'est nous qui les imposons à la nature.

» Ces délicates constructions que nous tirons tout entières de notre esprit (les mathématiques) ne sont-elles pas artificielles et créées par notre caprice » (2).

Dans un des chapitres précédents, le sujet traité, savoir la nature et le rôle des mathématiques, m'a permis de donner un aperçu de la question qui est dûe à Cournot. Je suppose avoir donné, grâce à

---

(1) *Ibidem.*
(2) Poincaré, *De la valeur de la science.*

M. Poincaré, une démonstration suffisante de la non-objectivité des mathématiques, qu'il s'agisse du nombre ou de l'étendue. Comte a voulu partir d'une science naturelle, science objective par conséquent, pour arriver ainsi, en traversant l'Astronomie, la Physique, la Chimie, la Biologie, pour arriver, dis-je, ainsi à la Sociologie. Œuvre grandiose sans doute et lui donnant l'homogénéité des principes, des méthodes et l'unité systématique qu'il poursuivait. Or, arrivé aux tomes III et IV du *Cours,* force lui a été d'abandonner la méthode que son maître Saint-Simon lui avait inculquée, qu'il avait même complétée, en admettant l'unité scientifique du Cosmos et de son contenu, sous la formule d'une loi unique : la gravitation universelle. En ayant recours finalement à la méthode subjective, d'abord, et ensuite en faisant réagir cette méthode subjective sur les sciences naturelles proprement dites, Comte ne fit autre chose qu'avouer implicitement l'erreur profonde du Positivisme du Maître et de l'Elève, savoir d'identifier plus ou moins la nature humaine aux sciences naturelles proprement dites. La *Physique* sociale est bien le terme propre.

Si les singes avaient constitué le plus haut degré de l'animalité comme ils ont dû le faire jadis, peut-on croire que Comte eût admis une méthode subjective apte ou non à réagir sur les sciences naturelles inférieures ?

Cela étant, lorsqu'on s'inspire du point de vue

initial de la philosophie positive, savoir de traiter le subjectif par les mêmes méthodes et dans le même esprit que les sciences naturelles, il est d'évidence majeure que les sentiments les plus énergiques sont les plus fréquents dans leurs manifestations et que, par conséquent, la loi commune de la conduite est d'ordre passionnel. Il n'y a ici ni bien ni mal, ni vrai ni faux, il y a un fait brutal qui est l'expression de la loi véritable, puisque ce fait est de beaucoup le plus fréquent. Au lieu de cela, Comte a idéalisé le sentiment, il l'a pris dans ses meilleures expressions et il a fait de l'exception la règle, quand il s'agit de l'ordre moral. On ne peut évidemment le blâmer que d'une chose, c'est d'avoir idéalisé une règle, d'avoir fait un emprunt à l'intelligence, lorsque ses principes généraux lui interdisaient de sortir de la voie empirique. La loi véritable, pour le positivisme conséquent, est de s'inspirer de l'ordre phénoménal, et où les faits sont les plus nombreux, là est la manifestation de la loi véritable.

Il était absolument essentiel de déterminer le caractère des facultés dominantes dans l'espèce humaine. C'était une question qui s'imposait à Comte et on voit la solution qu'il en donne. « Il n'y a point de démarcation fondamentale entre l'homme et les animaux, et on ne peut méconnaître chez ces derniers la prépondérance réelle des facultés affectives sur les facultés intellectuelles » (1). « La

____

(1) *Cours*, III, p. 542-3-4.

psychologie ou idéologie présente une aberration fondamentale par une fausse appréciation des rapports généraux entre les facultés affectives et les facultés intellectuelles... L'Esprit est devenu le sujet à peu près exclusif des spéculations des métaphysiciens, les diverses facultés affectives ont été presque entièrement négligées et toujours subordonnées d'ailleurs à l'intelligence. Or, une telle conception représente précisément le contraire de la réalité, non seulement pour les animaux, mais aussi pour l'homme. Car l'expérience journalière montre, au contraire, de la manière la moins équivoque que les affections, les penchants, les passions constituent les principaux mobiles de la vie humaine... Il n'est même que trop certain que les penchants les moins nobles, les plus animaux sont habituellement les plus énergiques, et par suite les plus influents » (1).

C'est ainsi que Comte a pu être conduit à proclamer la prédominance essentielle de la sensibilité sur les facultés intellectuelles parce que, dans le cours ordinaire de la vie, l'homme obéit beaucoup plus souvent aux inspirations du sentiment qu'aux impératifs de la raison. La prédominance habituelle du sentiment constituerait ainsi la loi, le véritable état normal. Seulement il faut aller jusqu'au bout, quand on se place au point de vue des sciences naturelles ou objectives, et ne point

---

(1) *Ibid.*

idéaliser un des éléments de la sensibilité : l'amour, de manière à en faire une règle universelle pour l'individu comme pour la société. La logique rationnelle n'exigeait rien moins que le *bellum omnium contra onmes* de Hobbes, c'est-à-dire la bataille de la vie de Darwin.

La part du sentiment, ainsi que j'ai eu déjà l'occasion de le dire, est sans doute importante dans la conduite de la vie, mais comme adjuvant de l'intelligence. Alors il peut agir, à titre de sollicitation intime, pour nous diriger dans la voie que nous ouvre cette dernière.

Au point de vue historique, on constate qu'Anaxagore est le premier qui fasse intervenir l'Intelligence pour mettre l'ordre dans le chaos primitif. Pour Pythagore les nombres, essence de la pensée, sont les éléments constitutifs de l'essence des choses. Pour Parménide d'Elée il y a identité de la pensée et de l'Etre, identité du sujet qui pense et de l'objet pensé. D'après Protagoras l'homme est la mesure de toutes choses : πάντων χρημάτων μέτρον ἄνθρωπος. Pour Socrate apprendre c'est prendre connaissance de soi ou de ce qui est en soi ; connaître c'est se connaître soi-même : γνῶθι σεαυτόν.

Platon : La réalité n'existe que dans le monde intelligible, et les lois générales de la pensée se confondent avec les lois générales de la nature.

Aristote : Le fond de toute chose est la pensée plus ou moins développée. La véritable subtance et la véritable individualité c'est la pensée. L'Entendement est vraiment tout l'homme (1).

Bacon : On affirme à tort que le sens de l'homme est la mesure des choses. Au contraire toutes perceptions soit des sens, soit de l'esprit sont en analogie avec l'homme, non en analogie avec l'univers. La grande tromperie des sens ne peut être corrigée que par la raison et la philosophie universelle.

Descartes : Les sciences toutes ensemble ne sont rien autre chose que l'Intelligence humaine qui reste une et toujours la même, quelle que soit la variété des objets auxquel elle s'applique. Les idées qui semblent nous arriver par l'intermédiaire des sens sont dites abventices. Les organes des sens ne nous apportent rien qui soit tel que l'idée formée à leur occasion. Ni le son, ni la lumière ne ressemblent aux mouvements qui les produisent.

Leibniz : La nature et l'esprit se répondent ; les lois de la pensée sont celles des choses.

Locke : Les sensations ne répondent pas plus aux objets que les mots aux idées.

Berkeley : Vouloir et penser c'est tout l'être. Le monde extérieur est un ensemble de perceptions qui n'existent que dans l'esprit.

Hume : Que nous attachions notre attention sur nous-même, que nous portions notre imagi-

---

(1) Et dire que Comte se donnait Aristote pour précurseur ! Il en était de même pour le grand Descartes.

nation jusqu'aux derniers confins de l'Univers, nous ne faisons point un seul pas hors de nous-mêmes, et nous ne concevons d'autre existence que les perceptions qui nous sont apparues dans ces étroites limites.

Kant : On a pensé que l'Intelligence se réglait sur le dehors et cette hypothèse n'a conduit à rien. Essayons d'une hypothèse contraire qui donne le dedans pour règle au dehors, en tant que les objets tombent sous notre connaissance.

Schopenhauer : En tant que phénomène le monde est une représentation ; supprimez toute représentation dans le monde et le monde phéno-ménal tout entier est supprimé.

Stuart Mill : On peut établir comme une vérité évidente par elle-même, et admise par tous les auteurs dont il y ait maintenant à tenir compte, que nous ne connaissons du monde extérieur et ne pouvons en connaître absolument rien, excepté les sensations que nous en recevons.

On voit que, depuis une antiquité déjà reculée jusqu'à nos jours, il y a tout un ensemble de Phi-losophes, et non des moindres, qui s'accordent à reconnaître la subjectivité de nos connaissances, ce qui implique tout d'abord la possibilité de per-cevoir les phénomènes propres à la psychologie individuelle, malgré l'opinion de Broussais accep-tée par Comte, de Broussais qui n'avait aucune compétence dans les questions de cet ordre. Un fait non moins important c'est que, parmi les méthodes qui procèdent de l'esprit lui-même, telles que l'intuition *a priori,* l'induction avec son *a priori* et la déduction, il y en a deux : l'induction surtout et, dans une certaine mesure, la déduction qui sont d'un usage incontestable dans les sciences positives et aussi dans cette science exacte et non positive qu'on appelle les mathématiques. Celles-ci étant, au surplus, une œuvre essentiellement intellectuelle, vouloir créer la Sociologie en procédant de la nature Physique, suivant la prétention de Saint-Simon et de son élève Comte, ne peut se comprendre que de deux manières : 1° par les méthodes qui s'appliquent à l'étude de la nature ; 2° par le contenu de cette nature elle-même. Dans le premier cas on doit mettre de côté les méthodes indiquées puisque, provenant de l'Intelligence, celle-ci s'en servait pour le dedans (mathématiques) comme pour le dehors. Dans le second cas, on n'a qu'à admettre, chez tous les êtres vivants ou non vivants, une essence homogène, appelée matière par exemple, d'une complexité variable, ce qui fait toute la différence des choses, et régie par une loi unique : la gravitation universelle. L'unité systématique et l'unité scientifique coïncident. Et c'est ainsi que Saint-Simon semble avoir compris les choses, mais Comte s'est refusé à le suivre, comme je l'ai déjà dit, sur ce terrain-là. Sous ce rapport il n'est point à blâmer, mais la logique rationnelle, étant donné le point de départ, est du côté de Saint-Simon. Dans la Politique il voulait faire de la *Physique* sociale.

LOGIQUE

Quand j'ai dit que Comte manque de logique, il est bien évident que j'ai en vue cette logique rationnelle que ses admirateurs lui reconnaissent largement, les uns pour la totalité de son œuvre (ceux qui croient à l'unité de sa pensée), les autres restreignant leurs louanges hyperboliques à la rédaction du *Cours*. Or, dans celui-ci même, il y avait une tendance hautement avouée de subordonner l'Intelligence au sentiment dont la première ne serait que l'organe ou l'instrument. Pareille conception n'était qu'un premier pas dans une voie fatale que Comte a pu suivre longtemps sans même s'en douter. Il en arriva à opposer à la logique de l'esprit la logique du cœur fondée sur la connexité directe des Emotions. En d'autres termes, il oppose à la logique rationnelle la logique du Sentiment. La logique rationnelle des constructions initiales fut régénérée, elle aussi, après la régénération des sciences, déterminée par la régénération de Comte lui-même qui fut due à une sainte passion. Quant à la régénération des sciences, elle procède de la religion positive ou démontrée, dont elle constitue la dogmatique.

Ce n'est point, sans doute, par le fait de sa résurrection morale que Comte avait repensé, refondu toutes les sciences et les avait mises au point précis. En effet, il n'est ressuscité moralement que grâce à Clotilde, qu'il n'a connue que tardivement. Clotilde de Vaux ou plutôt Devaux, suivant l'orthographe de M. J. Bertrand, qui était très lié avec son frère, Maximilien Devaux, détermina chez Comte, en 1845, une crise amoureuse qui passa à l'état chronique. D'où l'état psychopathique (G. Dumas) auquel Littré a attribué, à juste titre, une grande importance sur le développement de la pensée que son maître élaborait. Voici comment celui-ci s'exprime dans la préface de la politique positive : « Profonde diversité logique qui constitue le principal contraste entre mes deux Traités. Dans le premier, j'ai simplement persisté à préférer la méthode objective (1) qui convient seule à cet immense préambule, s'élevant toujours du monde à l'homme ; mais le succès de cette marche préliminaire qui m'a conduit au point de vue universel, doit faire ici prévaloir la méthode subjective, source exclusive de toute systématisation complète, où l'on descend *constamment* de l'homme au monde (2). Les besoins moraux devaient reprendre leur juste prépondérance pour construire une synthèse vraiment complète, où l'amour constitue naturellement le seul principe universel » (3).

---

(1) Tel est le langage de la page 4 de la préface du 1er vol. de la politique positive.

(2) *Ibid.*, p. 4. Comte reconnaît qu'il a admis la méthode subjective dès le tome III, lorsque la question de Vie se posa devant lui.

(3) *Ibid.*, p. 5.

« Ce résultat général de mon travail philosophique devient ici la source directe de ma construction religieuse qui commence par régénérer les conceptions scientifiques dont elle surgit d'abord ».

Car l'amour c'est la vraie religion, la religion démontrée par le Sentiment, la religion où on adore Clotilde, où l'on adore l'Humanité, dont Clotilde est le véritable et angélique symbole, cette religion qui devait terminer la fatale insurrection de l'Intelligence contre le Sentiment. Ainsi, Comte a commencé, il le dit du moins, par refondre toutes les sciences naturelles (première manière) qui ont été régénérées plus tard (seconde manière), lorsque Comte lui-même eût été régénéré par les beaux yeux de Clotilde. Sur l'édifice des sciences, il a élevé un autre monument qu'il n'appelle plus la physique positive, mais la religion positive et démontrée. C'est alors que l'heure de la régénération a sonné vraiment pour toutes les sciences qui se sont transformées en œuvres d'amour. Alors la synthèse est vraiment complète l'amour y constituant le principe universel, ce qui ne s'accorde guère avec le dire de la page 4 du premier volume de la Politique positive prétendant que la méthode objective conduit au vrai point de vue universel. Cela fait un point de vue universel de trop.

Dans les lignes qui précèdent, il y a une assertion qui mérite d'être relevée, c'est la prétention d'avoir fait procéder la Religion de la philosophie des sciences, instituée comme base. Comte, après avoir discouru, avec plus ou moins de justesse, sur l'ensemble des sciences, n'a pas manqué d'affirmer que, sur cette base, il édifiait la Religion, mais il n'a jamais montré comme quoi les sciences se prêtaient à pareille œuvre, puisqu'il n'a jamais tenté d'en faire la preuve. Donc, c'est de sa part une affirmation gratuite qui doit être tenue pour nulle et non avenue. Une seule chose est certaine, c'est que sur la philosophie positiviste des sciences, une religion a été superposée sans que rien, absolument rien, démontre la filiation de la seconde relativement à la première.

Je viens de parler au point de vue de la Logique vulgaire, mais il y en a une autre qui a été, manifestement, l'inspiratrice de la pensée de Comte dans toute sa construction religieuse. C'est la Logique des sentiments qui complète l'assujettissement de l'Intelligence au principe de la Synthèse universelle, c'est-à-dire de l'Amour. Cette même Logique est ainsi définie dans la Synthèse subjective : *Le concours normal des sentiments, des images et des signes, pour nous inspirer les conceptions qui conviennent à nos besoins moraux, intellectuels et physiques* (1). En partant du texte, on peut faire sortir de cette définition la religion positive toute entière. La vraie nature de la sus-

______

(1) *Synthèse subjective*, introduction, p. 27.

dite définition est suffisamment caractérisée par les lignes suivantes : « A la tête des moyens logiques il faut donc placer les sentiments qui, fournissant à la fois la source et la destination des pensées, les combinent d'après la connexité des émotions correspondantes. Rien ne saurait remplacer cette logique spontanée à laquelle sont toujours dus, non seulement les premiers succès des esprits sans culture, mais aussi les plus puissants efforts des intelligences les mieux cultivées » (1). Dans la même donnée : « Remontant jusqu'au fétichisme, la méthode affective et surtout sympathique, a toujours conservé, même à l'état latent, *la suprématie* qui lui fut ouvertement prouvée par notre première enfance » (2). Même sous l'aspect logique, la vraie philosophie doit être essentiellement sympathique » (3).

Le principe une fois posé, voici la conclusion qui est presque un adieu définitif signifié à la méthode d'observation : « La logique religieuse, dégagée de l'empirisme scientifique, ne se restreint plus au domaine des hypothèses vérifiables qui, seul, convenait à la préparation positive. Il doit être finalement complété par le domaine beaucoup plus vaste, et non moins légitime, des conceptions propres à développer le sentiment sans choquer

---

(1) *Ibid.*, p. 28.
(2) *Ibid.*, p. 29.
(3) *Ibid.*

la raison » (1). Puis vient comme correctif la phrase suivante : « La logique positive est directement appelée à discipliner le plus perturbateur des trois éléments humains (sentiment, intelligence et activité), celui qui, né pour servir (l'intelligence), aspire toujours à régner » (2).

Parlons maintenant de la science fondamentale. « La logique positive constitue la philosophie mathématique (3). « Cette étude restée jusqu'ici essentiellement scientifique ne pouvait devenir principalement logique que par suite de sa régénération systématique, sous l'impulsion sociale, comme début normal de la synthèse universelle » (4). « La science mathématique, régénérée sous le nom de logique, attend du positivisme une plénitude systématique résultant de sa relation directe au *sentiment*. Il y doit enfin pénétrer, d'abord au titre spécial de complément nécessaire, puis comme régulateur synthétique de toute élaboration analytique » (5).

D'autre part, « la mathématique ou logique est la science de l'Espace » (6). L'Espace lui-même est un des éléments de la synthèse subjective, puisqu'il fait partie de la suprême trinité qui la

---

(1) *Ibid.*, p. 28.
(2) *Ibid.*, p. 29.
(3) *Ibid.*, Préface, xlv.
(4) *Ibid.*, p. 40.
(5) *Ibid.*, p. 41.
(6) *Ibid.*, p. 66.

résume. Celle-ci comprend : l'Espace ou grand Milieu, la Terre ou grand Fétiche, l'Humanité ou grand Être (1). « Instinctivement propre au grand Être, l'amour devient l'âme artificielle du Grand Fétiche et même du Grand Milieu » (2). Toute l'existence du Grand Milieu consiste dans la sympathie sans activité et sans intelligence (3). D'où il suit qu'en nous inspirant de la logique du sentiment, la mathématique, en tant que science de l'espace, qui est un des éléments de la synthèse subjective, dont le principe fondamental est l'amour, la mathématique, dis-je, doit avoir pour objet l'amour lui-même.

Et voilà comment la mathématique a été régénérée par M. Comte, grâce à la substitution de la logique du sentiment à la logique rationnelle.

Les mathématiques sont donc incorporées à la religion positive, degré suprême de la subjectivité, se substituant à l'objectivité. Il n'était pas possible, évidemment, de s'arrêter en si beau chemin· » La dignité normale et la vraie rationnalité de l'essor théorique ne peuvent résulter que de son institution religieuse pour la synthèse subjective. Alors cesse la distinction provisoire entre le domaine profane et le domaine sacré, car la suprématie n'est jamais contestée à l'étude directe du

---

(1) *Ibid.*, p. 48.
(2) *Ibid.*, p. 34.
(3) *Ibid.*, p. 53 et 23.

sentiment que toutes les autres spéculations regardent comme leur destination finale et leur source initiale. Rapportées à la morale, la logique et la physique se trouvent irrévocablement incorporées à la religion positive, avec les théories biologiques et même sociologiques, qui sont seulement liées de plus près au but commun de toutes les préparations abstraites » (1).

Ailleurs, on trouve l'investiture religieuse de la chimie et celle de la science en général qui est qualifiée de sacrée. Toute la hiérarchie scientifique est incorporée à tour de rôle. L'unité systématique cherchée est complète. La science était le moyen employé pour réaliser un certain programme. En elle-même, elle n'était nullement un but, et ce but était l'institution de la sociologie. Or « on ne saurait comprendre l'état initial (période fétichique (qui procède du dedans au dehors), ni la constitution finale (qui procède aussi du dedans au dehors), sans renverser la marche propre à l'évolution intermédiaire (la première manière de Comte) qui puisait au dehors le type du dedans, tandis que celui-ci fournit primitivement et définitivement le modèle de celui-là » (2).

Il n'y a chose qu'on ne puisse faire avec la logique du sentiment car, en matière de sensibilité, la diversité est grande. Au point de vue de la

***

(1) *Ibid.*, p. 63.
(2) *Ibid.*, p. 109.

logique rationnelle, nous sommes, une fois de
plus, en présence de la contradiction fondamentale dont nous témoigne le développement propre
à la pensée de Comte.

Comte a beaucoup discouru en philosophie. Il
a prétendu suivre une voie nouvelle et qui ne
l'était point puisqu'il a été surtout l'écho de son
maître Saint-Simon, qui avait exactement le même
programme. Ce dernier, comme son élève, était
d'ailleurs dans de mauvaises conditions pour instituer un sytème philosophique. Ils n'avaient fait
ni l'un ni l'autre d'études préalables, les mettant
en possession des idées qu'il fallait bien connaître
pour les bien manier, avant de tenter une aventure semblable à la leur. L'un des deux, et c'était
précisément Comte, était peut-être le plus mal
partagé, parce qu'il avait reçu une instruction
mathématique le portant à se nourrir toujours
l'esprit d'abstractions.

Comte, à l'exemple de son maître Saint-Simon,
a donc voulu régénérer la politique par la science.
Cela posé, il lui fallait tout naturellement faire,
pour marcher à coup sûr, une étude approfondie
des sciences et de leurs méthodes puisqu'il s'agissait d'une transformation fondamentale de la politique. On avait compris celle-ci d'une certaine façon,
en s'appuyant sur une philosophie qui s'inspirait
des connaissances psychologiques, dues aux Essais
sur l'entendement humain de Leibniz et de Locke.
De tels ouvrages impliquaient la certitude des

résultats donnés par l'observation intérieure, tels
que la Raison humaine, la Morale, l'Esthétique,
soit le Vrai, le Bien et le Beau. C'est ainsi que se
sont formulées nettement, pour notre intelligence,
les notions essentielles et primordiales de droits
et devoirs, qui dominent ou devraient dominer
toute l'existence humaine. Or, dans le droit,
Comte n'a vu qu'un principe révolutionnaire et
comme en tuant la bête, suivant le proverbe, on
détruit le venin, le dit Comte n'a trouvé rien de
mieux à faire que d'affirmer l'impossibilité de
l'observation intérieure, mais il a continué à s'en
servir, comme tout le monde, parce qu'il était
impossible qu'il en fût autrement. Les mathématiques sont une science éminemment subjective,
il ne s'en est jamais douté. La raison humaine,
prise dans son ensemble, dont il invoque souvent
l'autorité et le témoignage, n'est pas moins subjective, et il ne s'en est pas douté davantage. Il
est vrai que plus tard, contraint par l'évidence, il
a admis une méthode subjective, une unité subjective, en ayant le soin, il est vrai, d'attribuer
cette subjectivité, non pas à l'individu, mais aux
collectivités, ou plutôt à cette grande collectivité
qui est l'humanité. Mais si chacun des éléments
du groupe est incapable de subjectivité, ne saurait lire dans une conscience qui n'existe point,
comment la résultante pourrait-elle posséder une
subjectivité véritable ?

Nier la subjectivité individuelle, sous prétexte

d'impossibilité de l'observation intérieure, nous débarrasse du droit naturel, mais Comte prétend conserver la morale, l'esthétique et même la raison par une contradiction suprême. Quand il s'est adressé au Cosmos et à ses méthodes, il était sur la bonne voie pour se débarrasser des notions qu'il qualifie d'anarchiques et de révolutionnaires, telles que la liberté de conscience, l'égalité de tous devant la loi, la souveraineté de la nation. Mais à un moment donné, il a dû changer, non son but qui était de faire une physique sociale nouvelle, mais le moyen qu'il devait exclusivement employer, savoir : l'objectivité propre aux sciences naturelles. Il lui a fallu faire appel à une subjectivité qui s'imposait, mais à laquelle certain état psychopathique lui a fait imprimer un caractère vraiment inattendu.

En invoquant comme loi suprême la gravitation universelle, Saint-Simon a voulu tirer parti du contenu et de la méthode des sciences naturelles pour en faire bénéficier la sociologie. Dans ces conditions, nous voici en pleine objectivité : la méthode d'observation, d'une part, et le Cosmos envahissant le subjectif, de l'autre. Mais non seulement Comte, dans sa première manière, n'a pas fait envahir le dedans par le dehors, ce qui aurait dû être la conséquence d'un point de vue exclusivement objectif, mais encore, quand la question de la physique sociale se pose, nous voyons surgir un contenu tout différent, et la méthode elle-même

se transformer par l'adjonction d'un élément nouveau, en prenant un caractère historique, sans
répudier d'ailleurs les autres formes de l'observation. Ce contenu est la pensée collective de l'humanité que l'auteur qualifie de subjective, changeant
ainsi la valeur propre du mot subjectif, qui jusqu'à lui n'a signifié que la pensée d'un individu
quelconque. Mais Comte, abstracteur de quintes-
sence, n'accordant aucune réalité à l'individu, crut
légitime de transporter la subjectivité au corps
social ou plutôt à l'humanité, dont dérive ce corps
social lui-même. Le Cosmos et l'humanité se trouvant en présence, il reconnut qu'il n'y avait plus
moyen de faire abstraction de l'humain, du subjectif et qu'il fallait de toute nécessité tenter la
conciliation des deux méthodes objective et subjective. Impossible d'arriver au terme de l'œuvre
vainement poursuivie, savoir de constituer la sociologie, c'est-à-dire au fond un produit de l'esprit
humain, un produit psychologique, en demeurant
fidèle à l'idée initiale qui était de fonder la sociologie sur l'objectif ou philosophie des sciences de
la nature. Comte a éprouvé finalement le besoin
de quelque chose d'autre, et il le réclame sans
ambages, oublieux du motif pour lequel il s'est
mis à l'œuvre, en marchant sur les traces de Saint-
Simon.

Je ferai remarquer, d'ailleurs, que Littré n'a
point taxé son maître d'inconséquence, pour cet
appel fait à la méthode subjective, dans le troi-

sième volume du *Cours*. La preuve que le fidèle
élève avait reconnu aussi la nécessité d'introduire
quelque chose d'humain dans la sociologie, c'est
qu'il reproche à son maître d'avoir négligé, comme
partie constituante de celle-ci, la psychologie.
Malgré cette omission et d'autres encore déjà men-
tionnées (morale, esthétique, jurisprudence), le
Maître aurait fondé la sociologie.

Littré avait donc oublié, lui aussi, le programme
primitif qui était de fonder la sociologie sur la
cosmologie. C'était en ceci que consistait la grande
nouveauté, introduite par Saint-Simon, dans le
monde des idées, pour l'excellente raison que les
sciences psychiques ou subjectives n'ayant point
abouti, il fallait essayer de recourir aux sciences
physiques ou objectives. Mais Littré n'a accusé
son maître d'avoir changé de méthode que dans sa
politique et sa religion où il ne voit que les œuvres
d'une imagination déréglée, en quoi il a parfaitement raison, mais il aurait pu se dispenser d'y
voir une application ordinaire de la méthode subjective entendue, comme on l'entend, en philosophie.

Après être parti en guerre avec grand bruit,
Comte n'a, dans sa première manière positive,
introduit dans la sociologie que les méthodes du
Cosmos, pour en faire une science nouvelle et vraiment régénérée, susceptible d'organiser la paix
sociale et le bonheur commun. Ces méthodes constituent au fond la méthode d'observation, sous ses

formes variées. L'une d'elles est la méthode historique dont divers, entre autre un certain Montesquieu, avait déjà fait usage. Sans doute, cette
méthode historique a reçu une formule nouvelle,
à savoir la loi des trois états, mais la part de Comte
est seulement l'expression de loi des trois états et
nullement l'idée comprise dans cette expression.
Cette idée est empruntée au prédécesseur immédiat. Il n'y a qu'un léger changement dans la formule, mais le sens n'en est nullement modifié.

Dans l'espèce, au point de vue du Cosmos ou
objectif, Comte n'est pas le seul intéressé, mais
Littré l'est également, mais Saint-Simon l'est aussi.
Autrement dit, l'école positiviste, dans la personne
de son fondateur et de ses adhérents (Comte étant
évidemment le principal), a inventé un point de
départ nouveau, pour créer la sociologie, qui n'a
de valeur que jusqu'au moment de l'appliquer
sérieusement. Alors il faut faire la part de l'histoire, évolution collective de la pensée humaine
qualifiée de méthode subjective.

LA CAUSE

Comte s'inspirant de Hume probablement, rejette
absolument la notion de Cause, en tant que métaphysique, et la remplace par la notion de Loi dans
toutes les circonstances où celle de cause se présente naturellement à l'esprit.

Ainsi que le dit, à juste titre, M. Ribot, la théo-

rie de la cause est la clef de toute la philosophie (1),
et « l'idée de la cause ne pourrait être abolie que
par l'abolition de la pensée elle-même » (2). Le
point de départ de cette théorie se trouve dans
Aristote : « C'est par l'acte qu'il explique tout,
depuis l'être le plus élémentaire, jusqu'à l'être par
excellence, l'intelligence divine. Or, cet acte dont
il fait l'essence, la cause, la fin de toute chose,
c'est l'être en action » (3). Pour Locke la cause est
une puissance active : « Si nous y prenons bien
garde, les corps ne nous fournissent point, par le
moyen des sens, une idée si claire et si distincte
de la puissance active que celle que nous en avons
par les opérations de notre esprit » (4). D'après
Leibniz, tout ce qui existe est cause par cela même ;
être c'est agir ; donc toute substance est cause
comme toute cause est substance. Hume ne voit
dans l'idée de cause que la succession nécessaire
de nos idées vulgairement appelée rapport de causalité. Chez Kant, l'éthique repose sur la causalité
individuelle, nous sommes obligés, donc nous pouvons. D'après Maine de Biran, nous avons l'intuition directe de notre causalité personnelle dans la
volonté, et par l'induction nous sommes conduits
au principe général de causalité : « Sentiment de

---

(1) *Psychologie anglaise contemporaine*, p. 115.
(2) *Ibid.*
(3) Vacherot, *La métaphysique et la science*, I, p.216.
(4) *Essai philosophique concernant l'entendement humain*, II,
p. 140.

l'activité mentale, de l'effort musculaire origine des idées de cause et de force ». *Philosophia tota inquirit in causas.* « Le principe de causalité est une règle absolue et nécessaire ». « L'idée de cause efficiente est perçue avec clarté dans la région la plus élevée de nos facultés intellectuelles. Le spectacle de la nature ne suffirait point à la développer si nous n'en portions le germe en nous-même » (1). Stuart Mill : « L'antécédent invariable est appelé cause, le conséquent invariable est appelé effet » (2). Spencer : « L'idée de force est le principe des principes » (3). M. Ribot : « Le caractère propre, essentiel de la cause est un rapport invariable de succession, les conditions restant les mêmes » (4).

Le fait de la succession invariable ou de la loi ne constitue point toujours un rapport de causalité, d'après l'aveu de Stuart-Mill lui-même, ainsi la succession invariable du jour et de la nuit, celle des saisons. Donc la définition manque à la première des règles à observer en pareille matière : ne pas comprendre plus que le défini. Cette remarque conduit à différencier nettement la cause de l'occasion. En se refroidissant le globe terrestre a

---

(1) Cournot, E*ssai sur les fondements de nos connaissances,* p. 30, 49, 53.

(2) Stuart Mill, *Système de logique,* p. 370.

(3) Spencer, *Premiers principes,* p. 79. Spencer confond les deux notions de cause et de force. Or toute cause n'est point une force.

(4) *Evolution des idées générales,* p. 212.

permis l'apparition des êtres vivants, mais le refroidissement n'est évidemment ici que l'occasion. De même lorsqu'une étincelle provoque la conflagration d'une poudre fulminante, ce n'est point l'étincelle, antécédent nécessaire et constant, qui produit directement l'énorme développement de gaz, de chaleur, de puissance motrice séquence invariable. L'antécédent n'est que l'occasion. Cournot (1) et M. Dastre citent des faits du même genre que ce dernier dit être très nombreux en chimie (2). Chez les animaux les mouvements qui proviennent du dehors ne sont que les occasions des sensations, et, celles-ci, suivant les sens qui en sont le siège, donnent lieu à des perceptions très différentes donc le phénomène moteur n'est que l'occasion et non la cause du phénomène sensitif, qui est le produit d'une activité propre à l'être vivant. Stuart-Mill n'a-t-il pas déclaré lui-même que : « l'antécédent immédiat de la sensation est un état du corps, mais que celle-ci est un état de l'esprit » (3).

La cause, en général, se distingue de la force qui n'en est qu'un cas particulier, ayant trait à toute puissance susceptible de donner lieu au mouvement des corps. « L'idée de cause est de source interne, subjective ; elle nous est suggérée

---

(1) Cournot, *op. cit.*, I, p. 381-382.
(2) Dastre, *Revue des Deux-Mondes*, 1er avril 1898, p. 681.
(3) *Syst. de logique*, II, p. 433.

par notre activité motrice », dit M. Ribot (1). Mais le pouvoir personnel qui est en nous veut et agit soit à l'intérieur, soit à l'extérieur ; et comme confirmation je rappellerai l'opinion de Locke sur l'idée claire et distincte que nous possédons de la puissance active qui est en nous. C'est dans l'énergie volontaire que nous puisons particulièrement l'idée de cause.

La théorie que je viens de formuler n'est pas généralement acceptée de nos jours. On la nie, comme Comte, ou on la dénature. M. Ribot ne voit qu'un simple état de conscience dans la volition, et déclare qu'elle n'est cause de rien (2). Quand je parle de la cause d'un phénomène, dit Stuart Mill, je n'entends pas parler d'une cause qui ne serait pas elle-même un phénomène (3). La distinction des lois et des causes n'est pas admissible philosophiquement » (4). D'où il s'ensuivrait que les phénomènes sont assimilés aux causes et que celles-ci ne se distinguent point des lois. Ainsi phénomènes, causes et lois ont la même nature. Les premiers sont concrets, réels ; tandis que les deux derniers termes sont abstraits. Il est manifeste que la cause est transformée quand on la réduit à être le phénomène antécédent qui est censé produire invariablement le phénomène

---

(1) *Evolution des idées générales*, p. 203.
(2) *Maladies de la volonté.*
(3) *Système de logique*, II, p. 369.
(4) *Ibid.*, p. 383.

conséquent. D'autre part, on la dénature quand on en fait un rapport de succession, une simple loi. En agissant de la sorte on mutile l'esprit lui-même, dont la cause constitue une catégorie ou forme essentielle. De plus, en faisant de cette notion concrète par son origine (puisqu'elle est un fait de conscience), un rapport invariable, on l'altère absolument, puisque tout rapport est nécessairement une abstraction. C'est ainsi que M. Fabre, l'auteur d'un ouvrage sur la *Série,* a été conduit à dire que la cause est un rapport en action. Douer d'activité un rapport me paraît le sublime du genre.

Les sciences de la nature ne s'occupant et ne pouvant s'occuper que des phénomènes et de leurs rapports nécessaires, certains savants en ont conclu qu'en dehors des phénomènes il n'y avait rien, aucun objet pour la pensée. Toutefois comme il était impossible de dépouiller l'esprit humain d'une de ses idées maîtresses, il a pu paraître éminemment politique, à quelques-uns de ces savants, de conserver le mot, en supprimant la chose. Tel est le cas de Littré qui qualifie de causes les lois immanentes de la nature. Comte fait régir les phénomènes par les lois, c'est-à-dire le concret par l'abstrait, le réel par le non réel. C'est bien le rapport en activité de M. Fabre qui se retrouve chez le maître comme chez le disciple.

M. Comte partageait-il cette manière de voir lorsqu'il reconnaissait que : « La transmission mécanique des impressions produites sur les extrémités nerveuses ne rend nullement raison de l'acte de la perception » ? (1). Le même M. Comte, n'a-t-il point approuvé Leibniz d'avoir corrigé l'axiome d'Aristote ainsi conçu : *Nihil est in intellectu quod non prius fuerit in sensu*, en complétant la phrase de la façon suivante : *Nisi intellectus ipse* ? C'est là un spiritualisme auquel on avait le droit de ne pas s'attendre, mais qui concorde avec cette parole de la politique positive : le positivisme est un nouveau spiritualisme.

Soit dit en passant si le mouvement, communiqué ou transformé, si le mécanisme n'est que l'occasion et non la cause de la perception des sensations, comment le sentiment pris dans toute son extension, la raison, la volonté, ne seraient-ils que des effets mécaniques sous des formes variées ? En réalité, l'action motrice extérieure n'est que l'occasion de l'activité ou spontanéité propre aux organismes doués de vie. Le premier terme de la série où le mouvement n'a aucun rapport de nature avec les autres termes.

La pensée de M. Comte vient d'osciller dans le sens du spiritualisme.

Je pourrais développer davantage les considérations précédentes dans leur spécialité supérieure, mais je tiens à montrer qu'elles ont la même valeur dans un ordre moins élevé. Je cède la

---

(1) *Cours*, III, p. 489.

parole à M. Cl. Bernard : « Si l'on voit l'intelligence revenir dans un cerveau et dans une physionomie auxquels on rend le sang oxygéné qui leur manquait pour fonctionner, on aurait tort d'y voir la preuve que la conscience et l'intelligence sont dans l'oxygène du sang ou dans la matière cérébrale. Chez un chien décapité, quand on injecte par les carotides du sang oxygéné, et que l'oxygène fait reparaître l'expression de l'intelligence, ce qui se passe pour le cerveau ne nous paraît extraordinaire que parce que nous confondons les causes avec les conditions des phénomènes. Nous croyons à tort que le déterminisme, dans la science, mène à conclure que la matière engendre les phénomènes que ses propriétés manifestent, et nous répugnons instinctivement à admettre que la matière puisse avoir par elle-même la faculté de penser, de sentir » (1). La distinction des occasions favorables ou conditions et des causes proprement dites est, ici, catégoriquement établie.

Dans l'ordre pathologique, les mêmes considérations se présentent à l'esprit. M. le professeur Ch. Bouchard considère la formation d'antitoxines, dans l'organisme, comme le premier acte de la réaction vitale. « La défense, dit-il, commence par la sécrétion de l'antidote qui est parfois contemporaine à la formation du poison ». Quand c'est la toxine qui a commencé peut-on la considérer, parce

---

(1) *Revue des Deux-Mondes*, décembre 1867.

qu'elle est le phénomène primitif, comme étant la cause de l'anti-toxine? Ici, comme dans le cas où la présence des bactéries sollicite une production surabondante de leucocytes qui s'attaquent aux bactéries, peut-on considérer celles-ci comme la cause productrice des leucocytes?

L'absolu, qui n'est point une connaissance mais une conception de l'esprit humain, se rattache évidemment à la notion de cause qui est, nous le savons, la question fondamentale en philosophie. L'expression d'absolu signifie une cause qui existe par elle-même, qui est la raison d'être déterminante de sa propre existence. Il n'est autre chose que l'incognosible d'Herbert Spencer et l'immensité inconnue de Littré. Or, Comte rejette la notion de cause, bien qu'elle s'impose incessamment à notre pensée, et précisément pour ce motif il la remplace, mais en la dénaturant. C'est la loi ou rapport des phénomènes qui régit la nature des choses, ce qui signifie précisément tout le contraire de la définition donnée par Montesquieu.

Le mot de phénomène implique d'ailleurs quelque chose de caché, quelque chose se dérobant, sauf la manifestation perçue par nos sens. Ceux-ci nous donnent une apparence, une expression quelconque d'un inconnu qui n'est point un non être.

FORCE

En dehors de la mécanique, M. Comte n'a fait qu'un usage très restreint de l'idée de force qu'il n'a point cherché à expliquer, ni à distinguer de la cause, puisqu'il ne veut tenir aucun compte de celle-ci, en tant que métaphysique. Toutefois, parlant du milieu extérieur et de l'organisme vivant, il les désigne l'un et l'autre sous le nom de *forces*. « Sans doute, chaque organisme déterminé est en relation nécessaire avec un système également déterminé de circonstances extérieures, mais il n'en résulte nullement que la première de ces deux forces corrélatives ait dû être produite par la seconde, pas plus qu'elle n'a pu la produire. L'organisme a une impulsion propre et indestructible » (1).

Je ne chercherai point ici à discuter l'opinion de Comte, me contentant, à titre de définition, à rapporter le passage suivant de Cournot : « Les notions de force et celles de corps sont corrélatives et s'impliquent l'une l'autre. La force est ce qui fait mouvoir ou tend à faire mouvoir le corps » (2).

DE LA FINALITÉ

L'expression de cause finale n'a évidemment qu'une justesse relative. Elle sert à désigner un

---

(1) *Ibid.*, p. 392.
(2) *De l'enchaînement des idées fondamentales dans les sciences et dans l'histoire*, I. p. 124.

but poursuivi par l'action de causes intelligentes.
M. Paul Janet y voit une application du principe
de la raison suffisante (1) et M. Renouvier en fait
une catégorie véritable. Voici comment il s'exprime
à ce sujet : « Le développement de la finalité dans
l'homme est immense et tout s'y subordonne. Le
devenir implique la puissance et la cause, il n'implique pas moins la tendance et la fin. La catégorie de finalité ne le cède aux autres ni par l'originalité, ni par l'universalité de son caractère et
de ses applications. La finalité est la grande loi
dynamique de la nature (2).

L'origine de cette notion est dans le principe
de l'induction qui nous donne et la cause efficiente
et la finalité en général. Les fins se projettent de
l'homme à la nature ainsi que s'y projettent les
causes. C'est par une induction, en effet, que nous
transportons au milieu la notion de cause efficiente que nous devons au monde intérieur, mais
avec inférence abusive possible. C'est par une
induction en tout semblable que nous transportons au dehors la catégorie de finalité, mais sous
la réserve de la vérification par l'expérience, quand
ladite vérification est possible. Cette catégorie
admise comme une réalité chez l'homme, les animaux, les végétaux, paraît moins évidente quand
il s'agit de la matière inorganique.

---

(1) Paul Janet, *Causes finales*, p. 5.
(2) Renouvier, *Premier essai*, p. 254, 257, 307.

C'est le moment de rappeler ici un article déjà cité de M. Pillon : « Hegel remarque avec raison que le phénomène chimique tel qu'il se présente chez l'être vivant, c'est-à-dire continuellement renouvelé et rallumé, est dominé par un principe d'unité que rien ne révèle dans le monde inorganique, par le but ». Avant Hegel, Kant avait très bien vu que l'idée d'organisation et de vie renferme celle de finalité. Il définit l'être vivant : celui dont les parties sont réciproquement fins et moyens. Il définit l'organe : une partie qui existe par et pour le tout. En un mot, un être vivant est un système de fins et de moyens réciproques, un système téléologique.

La philosophie de Comte ne pouvait le porter à admettre une finalité dans la nature, car sa doctrine consiste essentiellement à ne reconnaître que des phénomènes et des lois ou rapports qui sont censés les régir, bien qu'en réalité ces lois ou rapports ne constituent qu'une notion dérivée. Comme réponse à l'esprit général du système, je me permettrai quelques citations qui prouvent l'importance que la physiologie contemporaine a été conduite à attribuer à la notion de finalité.

« Le physiologiste est porté à admettre une finalité harmonique et préétablie dans le corps organisé dont toutes les actions partielles sont solidaires et génératrices les unes des autres » (1).

---

(1) Cl. Bernard, *Art. cité*.

« La finalité absolue de tous les instincts est un fait incontestable. La finalité générale de l'organisation anatomique est évidente » (1). « L'œil est fait pour voir » (2). « La nature n'a pas fait d'organes inutiles et tout a un but » (3). « Volonté très arrêtée de la nature, parti pris en vue d'un résultat » (4). « Tout dans l'être vivant a une destination, reconnaissons-le franchement » (5). « Jamais la loi de la finalité ne s'est trouvée en défaut dans l'étude des êtres vivants » (6).

Comte, dans son dernier ouvrage, déclare que : « l'hypothèse d'un dessein dans la nature est plus vraisemblable que celle d'un aveugle mécanisme ». Mais il n'y a point de dessein sans une intelligence poursuivant un but, sans une cause finale. Or, d'après l'auteur du passage que je viens de citer, il faut remplacer partout la cause par la loi, que la méthode soit objective ou subjective. Voilà un principe fondamental ébranlé par son propre auteur qui, dans un moment d'absence, faisait encore du positivisme un nouveau spiritualisme.

Quoi qu'il en soit, Comte se rallia par la corrélation générale de ses idées à la conception des conditions d'existence qui donnent lieu à tel ou

---

(1) Richet, *Psychologie générale.*
(2) Richet, *Le problème des causes finales,* p. 6.
(3) *Ibid.,* p. 10.
(4) *Ibid.,* p. 13.
(5) *Ibid.,* p. 24.
(6) *Ibid.,* p. 141.

tel résultat, et qui ne le donneraient point sans
leur association mutuelle. Mais pourquoi cette
association des conditions d'existence s'il n'y a
point un but poursuivi et atteint, comme en témoignent les citations déjà faites de Cl. Bernard et de
Richet? Or, si la finalité s'impose pour tout ce qui
a vie dans la nature, nous sommes portés, par
une corrélation étendue de nos idées, en vertu
d'une induction bien naturelle, à l'admettre, bien
que sans preuve expérimentale confirmative, dans
le règne inorganique, tant celui qui est sous nos
pieds que celui de la splendeur étoilée qui est sur
nos têtes. On ne peut, sans parti pris, se refuser à
reconnaître l'œuvre d'une intelligence toute puissante et qui manifeste cette puissance absolue dans
l'infiniment grand comme dans l'infiniment petit.
Ceux qui ont dit qu'une fatalité aveugle a produit
tous les effets que nous voyons dans le monde,
ont dit une grande absurdité; car quelle plus
grande absurdité qu'une fatalité aveugle qui aurait
produit des êtres intelligents? » (1).

Cette fatalité aveugle ne peut être qu'une question de mouvement, quand on bannit la chique-
naude de Pascal. Rattacher la nature entière à des
tourbillons, à des mouvements spontanés de la
matière, c'est trop demander à la raison de l'homme
et faire trop de fond sur son ingénuité. Comte
répondrait sans doute qu'il rejette ces tourbillons

---

(1) Ainsi pensait et parlait Montesquieu.

et que les lois nécessaires suffisent à apaiser sa
curiosité et à satisfaire sa pensée. Donc, une fatalité aveugle quelconque a produit des êtres intelligents.

Quelle plus grande absurdité!

LOIS

Comme l'a dit un philosophe éminent : « Je
crois devoir ranger les lois parmi les catégories
essentielles de la pensée humaine. Les lois constituent les rapports fondamentaux, en détermi-
nant la forme et en réglant le mouvement » (1).
« Passant nécessairement sous les conditions de
l'expérience, les catégories se présentent comme
supérieures à l'expérience, propres à la conduire
et à lui imposer des règles » (2). D'après Cournot,
le concept de loi est l'expression de la catégorie
de l'ordre ou de la forme (3). Pour Vacherot :
« Une loi n'est autre chose que la relation constante des phénomènes, l'ordre immuable de succession ou de concomitance suivant lequel ils se
produisent. La notion de loi implique un concept
sans lequel l'induction ne serait pas possible,
savoir le concept de l'ordre » (4). « Les lois sont
les uniformités de succession des phénomènes et

---

(1) Renouvier, *Premier essai,* p. 99.
(2) *Ibid.*
(3) De l'enchaînement des idées fondamentales dans la science et
dans l'histoire.
(4) Vacherot, *Métaphysique et science,* I, p. 371.

les uniformités de coexistence qui dépendent des lois de leur succession » (1). « Relation et lois sont synonymes » (2). La plupart de ces définitions impliquent l'existence de phénomènes, mais ceux-ci sont absents dans certaines lois logiques (principes d'identité, de contradiction, du tiers exclu et dans les lois mathématiques).

La belle définition de Montesquieu me paraît (lois morales mises à part) comprendre en majeure partie le défini. La voici : « Les lois sont les rapports nécessaires qui dérivent de la nature des choses » (laquelle peut être concrète ou abstraite). D'où le caractère mobile que certaines lois peuvent présenter. Ainsi les lois physiques ont dû varier singulièrement, depuis l'apparition des nébuleuses primitives, parce que la nature des choses a dû depuis lors varier considérablement.

Comte ne conteste point sans doute une certaine variabilité dans la loi, en quoi il déroge à ses propres principes puisqu'il fait régir les phénomènes par les lois, d'une part, et que, d'autre part, il déclare que l'invariabilité des lois est un principe fondamental non seulement de la philosophie positive, mais encore de la religion positive. On ne sera pas surpris sans doute de constater l'approbation qu'il a donnée à la définition de Montesquieu qu'il n'a évidemment pas comprise.

---

(1) Stuart Mill, *Système de logique*, II, p. 92.
(2) Renouvier, *Nouvelle monatologie*, p. 7.

Il y a encore un fait très important qui peut
exister dans les caractères de la loi. Il y a des
rapports qui sont : ceux qui ont trait aux lois de la
nature, d'autres qui doivent être, soit vis-à-vis de
nous-même, soit vis-à-vis de nos semblables. Les
lois qui doivent être se rapportent à la morale.
Parlant des rapports qui sont, M. Boutroux s'exprime ainsi : « Les lois sont le lit où passe le tor-
rent des faits. Ils l'ont creusé bien qu'ils le suivent » (1). Leur caractère contingent paraît avéré.
Ce caractère est accepté par Stuart Mill (2), par
M. Ribot qui s'exprime à cet égard d'une manière
très formelle : « Les lois sont entièrement subordonnées aux conditions d'existence des phénomènes et des êtres. Pour fixer les idées, admettons
l'hypothèse de la nébuleuse primitive. Supposons
par impossible un être intelligent pouvant, à ce
moment de l'histoire du monde, dresser l'inventaire des lois existantes. Il n'aurait pu en découvrir
d'autres que celles qui régissent la matière à l'état
gazeux : les unes encore actuellement existantes,
d'autres que nous ne connaissons pas, que nous
ne connaîtrons jamais, parce que leurs conditions
ayant cessé d'être, elles ont disparu » (3). Puis
arrive la naissance des lois astronomiques avec la
formation des sphères nébuleuses ; puis l'appari-

---

(1) *Contingence des lois de la nature.*
(2) *Système de logique,* II, 38.
(3) *Évolution des Idées générales,* p. 240.

tion de nouvelles lois physico-chimiques, avec la constitution de l'état liquide de la matière et plus tard de l'état solide. Donc la prétention à des lois d'une fixité invariable est une chimère » (1). « Les lois expérimentales ne sont qu'approximatives » (2). « Aucune loi particulière ne sera qu'approchée et probable » (3). « Toute loi n'est qu'un énoncé imparfait et provisoire qui doit être remplacé un jour par une loi supérieure » (4). Newton n'admettait-il point que la gravitation avait pu ne pas toujours exister ?

Donc les rapports qui sont, ou lois naturelles existantes, ne possèdent aucune vertu directrice inébranlable du domaine de la nature. Elles dépendent de certains faits qui les dominent et les déterminent. Et néanmoins, dans la conscience commune, le sens juridique ou législatif ou social de la loi persiste toujours, et on continue à y voir comme une règle préposée aux choses et les régissant par leur vertu propre. Or si Descartes a dit : *Regulæ sive leges naturales*, et si Newton a qualifié ces règles : *axiomata sive leges motûs*, c'est que l'un et l'autre admettaient l'existence d'un créateur et ordonnateur du monde. La vertu efficiente pour eux n'appartient nullement aux lois ou rapports des phénomènes, mais à l'auteur com-

---

(1) *Ibid.*, p. 220.
(2) Poincaré, *Valeur de la science*, p. 257.
(3) *Ibid.*, p, 251.
(4) *Ibid.*

mun des choses qui les a assujetties. De nos jours, on a supprimé l'hypothèse considérée comme inutile, mais on a conservé la loi en lui attribuant une vertu régulatrice. Il a suffi pour cela de lui donner un sens législatif, après avoir supprimé le législateur. Celui-ci aurait évidemment agi par un acte de volonté, laquelle est par nature (?) variable et irrégulière. Or les lois sont invariables, donc le législateur supposé n'y est pour rien (1). Mais lorsque Comte en sera arrivé au fétichisme de sa pleine décadence, il fera la part des volontés. Telle est bien la pensée de Comte et son influence a été aussi grande que funeste sur la génération qui disparaît tous les jours.

D'une notion dérivée et abstraite, on a fait une notion primitive et, pour mieux accentuer la confusion, on lui a assigné la valeur de la cause elle-même; on a cherché à identifier l'une et l'autre. « La forme scientifique du concept de cause est tout à fait équivalente au concept de loi ». Et cependant la catégorie de la cause est une chose absolument distincte de la catégorie de l'ordre ou de la forme, comme le dit M. Cournot. La première est primordiale, fondamentale, impliquant une source particulière d'activité; la seconde subordonnée, sans vertu opérative propre. « La notion de loi ou de raison diffère essentiellement de celles de cause ou de force ».

____

(1) *Cours*, I, p. 148.

A propos d'un premier jugement porté sur l'auteur de l'*Esprit des Lois*. Je crois devoir donner l'appréciation suivante du grand Montesquieu, comme Comte l'appelle et à bien juste titre : « Ce qui caractérise à mes yeux la principale force de ce mémorable ouvrage, l'*Esprit des Lois*, de manière à témoigner irrécusablement de l'éminente supériorité de son illustre auteur sur tous les philosophes contemporains, c'est la tendance prépondérante qui s'y fait partout sentir à concevoir les phénomènes politiques comme aussi nécessairement *assujettis* (ici est l'erreur grave) à d'invariables lois naturelles que tous les autres phénomènes quelconques... l'idée générale de loi se trouve enfin directement définie envers tous les sujets possibles ». Comte se trompe ici relativement à la première application de lois aux phénomènes sociaux, puisque l'exemple avait été donné par les économistes du même siècle. Mais où il ne se trompe point, c'est lorsqu'il dit que « la plus importante série des travaux destinés à constituer la science sociale, particulièrement l'*Esprit des Lois* émane de Montesquieu ».

Celui-ci occupe donc une place éminente en sociologie et, sous ce rapport, justice lui a été pleinement rendue dans l'ouvrage de M. Alengry.

D'après les lignes précédentes, l'auteur du *Cours de philosophie positive* a tenu Montesquieu en haute estime et il en a fait dans l'ordre du temps le premier des sociologues. Mais l'auteur de la *Politique positive* paraît avoir changé d'idée, dans une large mesure, puisqu'il n'a point hésité à tenir un tout autre langage quand il a parlé dans la *Politique* « du travail incohérent de Montesquieu ». Tel est Comte après sa régénération personnelle.

Il y a encore un point de vue que je n'ai point abordé. Que devient la notion de loi dans l'histoire ? Nous savons que dans les sciences naturelles, lorsque les conditions des phénomènes ne varient point, les résultats varient si peu que nous pouvons les prévoir sûrement.

La prévision rigoureuse est donc la justification de la loi. Et si, par hasard, il survient un fait nouveau, c'est que les conditions ne sont pas les mêmes ou que la loi admise manque d'exactitude.

Saint-Simon a invoqué l'histoire, Comte a fait parler l'histoire. Il s'agit maintenant de voir quelle est la justesse des vues de ce dernier en matière de méthode historique.

D'après Xénopol : « le principe organisateur de la science de l'histoire est la série historique, principe équivalent à celui de loi pour les sciences à répétition » (1). L'essentiel dans le fait de répétition, c'est la reproduction du même phénomène et le changement que ces diverses répétitions peuvent présenter n'est qu'un accessoire négligea-

---

(1) Xénopol, *La théorie de l'histoire*, Avant-propos, p. VII.

ble. Dans les faits de succession, au contraire, l'élément principal n'est plus la partie ressemblante, mais bien la partie différentielle. C'est cet élément différentiel qui constitue l'essence du phénomène, et l'élément répété tombe au rang d'accessoire (1). Il n'est pas difficile d'observer que l'esprit, comme la matière, présente des phénomènes de répétition, et que la matière, à son tour, a présenté des changements dans le temps, quoique de nos jours ces changements soient à peine perceptibles (géologie, paléontologie). D'autre part, l'étude de l'esprit présente un grand nombre de faits, de répétition dans la psychologie, la logique, les mathématiques, le droit, l'économie politique (2). Ce qui donne à un fait le caractère successif, c'est l'intervention du temps comme moyen d'action des forces transformatrices (3). Les faits individuels (ou généraux mais non universels), quant à l'espace et quant au temps, sont des phénomènes historiques proprement dits représentant le développement de l'esprit humain (4). « Les faits de ce genre ne se sont produits qu'une seule fois dans le courant des temps et ne se reproduiront plus jamais d'une manière identique » (5). Individualisation quant

---

(1) *Ibid.*, p. 3.
(2) *Ibid.*, p. 9.
(3) *Ibid.*, p. 11.
(4) *Ibid.*, p. 14.
(5) *Ibid.*, p. 15.

au temps et qui s'accentue bien fortement en histoire puisque les faits de cette dernière appartiennent souvent à des individus en chair et en os (Les
grands hommes) » (1). « Il est donc souverainement inexact de faire de l'histoire une science
particulière à l'instar de la physique, de la chimie, de la biologie » (2). « La science universelle
se partage en deux branches : la première comprend les sciences des phénomènes sur lesquels
le temps n'exerce aucune influence : *Phénomènes
de répétition;* la seconde, les sciences qui ont
pour objet les phénomènes soumis à l'influence
transformatrice des forces agissant dans le temps :
Phénomènes successifs qui se rapportent à l'histoire » d'une part, à la géologie, à la paléontologie
de l'autre (3).

D'après les citations qui précèdent, il est manifeste qu'il y a deux catégories de sciences bien
distinctes, savoir, d'une part, celles dont les
phénomènes se répétant toujours, par cela seul,
peuvent être toujours prévus, et cette propriété
de prévision en fait le caractère fondamental ; et,
d'autre part, les sciences de développement, d'évolution qui se présentent dans un ordre sériaire où
il y a toujours de l'imprévu, produit ou non, par
des individualités puissantes, telles que Mahomet,
Napoléon Ier.

---

(1) *Ibid.*, p. 15.
(2) *Ibid.*, p. 20.
(3) *Ibid.*, p. 23.

Les sciences comme chacun sait ont été distinguées en sciences naturelles et en sciences morales et politiques. Les premières sont contemplatives ou expérimentales suivant la division formulée par Cl. Bernard. Les sciences contemplatives n'ont évidemment qu'une méthode, celle de l'observation pure et simple. C'est la seule méthode que Comte ait jamais connue, soit au point de vue cosmologique, soit au point de vue historique, bien qu'il élargisse celui-ci par la comparaison possible des types. Cette méthode lui permet de constater les lois comme à tout le monde, et il ne lui en faut pas davantage, car pour lui il faut rechercher toujours les lois et jamais les causes. Ce principe demeura fondamental, avant comme après Clotilde. Mais en regard nous avons la science expérimentale qui, elle, recherche, poursuit l'explication des choses, ce que Comte blâmait craignant qu'on en vînt aux causes elles-mêmes.

En théorie, il y a ici une erreur profonde, parce qu'elle coupe court à tout progrès, la nature de la loi étant le premier point à déterminer, avant toute recherche ultérieure. Ici l'insuffisance est un grave danger pour les destinées de la science et par conséquent pour les services qu'elle est appelée à rendre à l'humanité.

Les horizons sur lesquels planait la pensée de Comte étaient loin d'avoir toute l'étendue qu'on leur a prêtée. Il se doutait si peu de l'étroitesse de son point de vue, sur les sciences de la nature, qu'il trouva tout simple d'appliquer la même conception à la science historique.

Dans les sciences naturelles l'observateur trouve effectivement un caractère très précieux qui lui permet de constater l'existence d'une loi réelle ou d'un rapport constant entre les phénomènes. Ce caractère est la prévision. Celle-ci se confirme toujours, lorsque la loi est bien réelle et que les opérations bien conduites n'ont laissé intervenir aucun élément nouveau. Comte ne pouvant admettre aucune erreur de sa part, dans les lois nouvelles qu'il pouvait formuler, invoqua la prévision certaine des événements, particulièrement en sociologie. Il alla jusqu'à prétendre, pour expliquer le grand nombre de prévisions ou prophéties qu'il formule sur ce thème général, que nulle part ces prévisions n'étaient plus faciles à faire, les événements étant chargés d'en donner la preuve. Or qu'est-il advenu, c'est que Comte a prophétisé jusqu'à la fin de ses jours, mais qu'un destin jaloux n'a jamais confirmé les faits annoncés. D'où la conclusion évidente que les lois historiques de Comte n'étaient point assimilables à celles des sciences naturelles. Il a beaucoup insisté sur ce critérium qui manque absolument dans son œuvre laquelle se perd, de plus en plus, dans un lointain et peu sympathique souvenir.

L'observation comme méthode a été employée dans l'étude de l'histoire, et Comte a pu s'imaginer

et ses sectateurs après lui qu'il avait vraiment
fondé la philosophie des *Annales de l'humanité.*
Malheureusement pour lui, comme nous venons
de le constater, les lois relatives à l'histoire ont
un caractère spécial qui les différencie très nettement de celles qui sont propres aux sciences naturelles.

Enfin une autre erreur à signaler, c'est la marche suivie par Comte de l'ensemble au détail, point
de vue qui n'est autre que de faire une synthèse
après une analyse très limitée, et d'appliquer
ensuite cette synthèse au genre humain tout
entier. Ainsi par exemple faire une sociologie
universelle, en prenant pour point de départ
exclusif, les Français, les Anglais, les Allemands,
les Italiens, les Espagnols.

LE BIEN

D'après Comte la morale a pour principe l'amour.
Il a pu emprunter ce principe, je ne dirais point
au christianisme, mais au catholicisme qui est la
seule des formes religieuses qui ait eu sur lui une
action puissante. Mais cet emprunt peut avoir eu
une toute autre origine. Car Comte parle assez
souvent de Smith avec éloge, et celui ci, comme
Hutcheson, fait procéder la morale du sentiment.
A mon humble avis, une autre origine est plus probable. En prenant l'amour pour principe de la
morale, l'adorateur fervent de Clotilde avait les

yeux fixés sur elle, et telle a du être la cause déterminante du choix qu'il a fait. L'amour est un sentiment, par conséquent chose variable d'un individu à l'autre, et qui a grand besoin d'être tempéré
par la notion de justice, de même que l'égoïsme
doit être équilibré par la même notion de justice
qui, elle, est une œuvre de raison, d'intelligence.
L'amour pour nos semblables, pour le salut des
âmes a conduit tout droit le catholicisme aux pratiques néfastes de l'inquisition. Inutile d'insister
sur les méfaits de l'égoïsme lorsqu'il se traduit
par le droit du plus fort. Dans les deux cas il est
fait table rase de la justice, que la raison nous fait
connaître, et que nous concevons comme l'idéal le
plus élevé de la morale sociale. Le christianisme
n'a point négligé cette notion fondamentale, puisqu'il nous représente le Christ comme la victime
qui s'offre volontairement en expiation de la loi
violée, loi qui exige une sanction. D'où la reconnaissance de l'homme, son amour pour le média-
teur, amour qui s'étend à ses semblables qui sont
ses frères et qui doivent partager sa destinée. Le
rôle de l'amour, qu'il s'agisse ou non du christianisme, est donc considérable en morale, car il nous
introduit dans un ordre d'idées nouveau et com-
plémentaire de la notion de justice.

Je reviens à l'assertion de Comte qui fait du
sentiment le principe essentiel de la morale. Il y
a ici une erreur capitale dépendant d'un défaut
d'observation psychologique, observation déclarée

impossible par l'auteur, ce qui le met à l'aise vis-à-vis d'elle. Sans doute nous éprouvons des sentiments contraires de bienveillance, de sympathie ou de malveillance, d'antipathie suivant que nous sommes témoins d'actes qui nous paraissent bons ou mauvais. Mais alors il y a un jugement préalable qui précède le sentiment qui, lui, est un fait consécutif et qui, par cela même, ne saurait être le principe même de la morale. Comme l'a dit Cousin : « Le sentiment ne fonde pas l'idée du bien ; il la suppose » (1). Et c'est l'idée du bien qui communique au sentiment le caractère moral (2). L'importance du sentiment n'en est pas pour cela d'ordre inférieur. « S'il n'est point le bien lui-même il en est le compagnon fidèle et l'utile auxiliaire, car gouverné par la raison il lui devient un appui admirable » (3).

La raison est la faculté maîtresse de l'intelligence, c'est d'elle que procède l'idée du bien et par conséquent la morale. Elle est l'inébranlable fondement du droit et du devoir, deux notions essentiellement corrélatives et qui, dans l'économie individuelle, comme dans l'économie sociale, ne vont pas l'une sans l'autre.

L'être que nous sommes a une valeur certaine que chacun doit respecter, c'est-à-dire qu'il est en

---

(1) Cousin, *Du Vrai, du Beau, du Bien.*
(2) *Ibid.*
(3) *Ibid.*

possession corrélative d'un droit auquel il est interdit de toucher. Ainsi les persécutions, en matière
de foi religieuse, ont empêché, peuvent empêcher
encore de remplir ce que l'on considère comme un
devoir strict. « O Athéniens je vous admire et vous
aime, mais j'obéirai à Dieu plutôt qu'à vous », disait
l'immortel Socrate que Comte traite de vulgaire
sophiste. Tout ce qui établit cette valeur certaine
qu'on appelle personnalité constitue le droit naturel.

En dehors du catholicisme, le droit de libre
examen, ou liberté de conscience, est un droit
essentiel qui appartient à tout être humain. Comte
y voit un dogme révolutionnaire, n'ayant qu'une
valeur transitoire en tant qu'il prépare les voies
au triomphe du positivisme. Voici comment il en
parle : « Historiquement envisagé, le dogme du
droit universel, absolu et indéfini d'examen n'est
que la consécration, sous la forme vicieusement
abstraite, commune à toutes les conceptions métaphysiques, de l'état passager de liberté illimitée
où l'esprit humain a été spontanément placé, par
une suite nécessaire de l'irrévocable décadence
de la philosophie théologique, et qui doit naturellement durer jusqu'à l'avènement social de la
philosophie positive » (1).

« Il n'y a point de liberté de conscience en astronomie, en physique, en chimie, en physiologie

---

(1) *Cours*, IV, p. 44.

même, en ce sens que chacun trouverait absurde de ne pas croire de confiance aux principes établis dans ces sciences par les hommes compétents » (1). « S'il en est autrement en politique, c'est uniquement parce que les anciens principes étant tombés et les nouveaux n'étant point encore formés, il n'y a point, à proprement parler, dans cet intervalle, de principes établis » (2).

« Il est évident que l'ordre social demeurera toujours nécessairement incompatible avec la liberté permanente laissée à chacun, sans le préalable accomplissement d'aucune condition rationnelle, de remettre chaque jour en discussion indéfinie les bases même de la société ».

Quels sont les vrais savants qui, de nos jours, oseraient parler de la sorte ? S'ils ne tenaient point compte de la liberté de leur esprit, il n'y aurait aucun progrès possible pour la science ; elle en resterait toujours au même point où, à un moment donné, les gens compétents l'auraient comprise. Et c'est bien ainsi que l'auteur, sous l'influence de l'infaillibilité que réclame le catholicisme, étant donné le fait qu'il en fondait un nouveau (il le déclare lui-même), a voulu arrêter la science aux limites qu'il avait tracées, et sa politique ou religion aux limites et dogmes qu'il avait imaginés.

Il est manifeste que le droit de libre examen,

---

(1) *Politique positive*, IV, Appendice général, 3ᵉ partie, p. 52 (1822).

(2) *Cours*, IV, p. 50-51.

comme tout autre droit, est basé sur la valeur propre de l'Individu que Comte a déclaré être une abstraction, bien qu'il n'en soit pas une. En bon mathématicien, il a cru ne pouvoir mieux faire que de fonder sa philosophie sur des généralités abstraites, oublieux qu'il a toujours été que le général a pour point de départ le particulier, et que la synthèse ne vaut que par l'analyse du concret, quand celui-ci existe, bien entendu, dans l'ensemble de la nature. L'Individu fait partie de l'humanité, dont il est l'élément primitif; il a un rôle à y remplir, par conséquent une véritable valeur personnelle. Il n'est donc point une abstraction, un non être pur et simple.

Non seulement l'individu a un rôle à remplir, mais encore, de par la nature des choses, il a droit à une liberté lui permettant de remplir ce rôle qui lui est confié. Il est juste qu'il en soit ainsi, il serait injuste qu'il en fût autrement. C'est là un principe essentiel de toute morale sérieuse que ne put jamais comprendre, sans doute, le créateur de la religion positive, puisqu'il déclare, en maints endroits du *Cours*, que la notion de Droit est anarchique et révolutionnaire, que l'homme n'a point de droits, qu'il n'a que des devoirs, et que son seul droit est de faire toujours son devoir (1).

---

(1) C'est à mon ancien collègue Valat que je dois la première connaissance de la formule de cette morale de surenchère.

Or, le devoir consiste dans le respect du droit d'autrui et le ferme maintien du droit qui nous est propre ou, en d'autres termes, le devoir consiste dans la pratique de la justice. Cet énoncé sommaire nous conduit à la conception de la morale qui consiste, essentiellement, dans la double pratique du devoir et du droit. D'où l'insuffisance de la morale de Comte qui a l'Affection, la Sympathie, l'Amour pour unique principe : amour de l'Humanité, amour des hommes et plus spécialement de la femme, qui est le vivant symbole de l'Humanité même, la véritable providence terrestre, l'ancienne ayant fait son temps (1).

Saint-Simon avait emprunté au catholicisme l'idée de charité et en avait fait le principe de la morale. A ce mot, Comte en substitua un autre : celui d'amour qu'il trouvait plus en rapport, probablement, avec ses dispositions personnelles.

La morale, disais-je, comprend deux éléments distincts : le droit et le devoir. Or, notre nature propre possède deux stimulants pour agir à ce double point de vue, car nous n'avons pas seulement l'intelligence qui réclame la justice qui nous est due, mais encore l'intérêt personnel quand il s'agit du droit ; et, d'autre part, l'affection, la sympathie, l'amour que nous portons à nos semblables, lorsqu'il s'agit de nos devoirs qui impliquent une solidarité réelle envers eux.

---

(1) Après avoir rendu, il faut lui rendre cette justice, de nombreux services provisoires.

Comte a déduit de son principe que, partout où
il y avait de la morale, les deux ne faisaient qu'un.
Enivré d'amour et non de morale, comme l'a dit,
à tort, Stuart Mill, il en a fait le fond de la nature
des choses. Aussi ne doit-on pas être trop surpris
de voir Comte, guidé par la morale du sentiment,
s'exprimer comme suit : « La constitution de l'espace doit finalement recevoir, en morale, l'investiture religieuse, après avoir caractérisé son aptitude théorique et même indiqué son efficacité
poétique »(1); « Bientôt doué du sentiment le Grand
Milieu (l'Espace) développa son aptitude religieuse
(ou morale c'est devenu tout un) confusément
ébauché par la fétichité la plus systématique » (2).
De ce passage j'en rapproche un autre. « Regardé
comme une institution du Grand Etre (l'Humanité) le Grand Milieu (l'Espace) doit bientôt devenir non seulement plus accessible et plus efficace,
mais aussi plus sympathique et plus respectable
que lorsqu'on croyait à son objectivité » (3). Et
puis encore un autre : « On doit concevoir aujour-
d'hui que, si la logique est la science de l'Espace,
réciproquement l'Espace constitue la pleine représentation de la logique ». Ainsi l'Espace ou Grand
Milieu est l'expression adéquate de la logique du

---

(1) *Synthèse subjective*, p. 261.

(2) *Ibid.*, p. 353 : « Adoration de l'Espace ou Grand Milieu, des
planètes de notre système astronomique, de la Terre, du Soleil et
de la Lune ». *Ibid.*, p. 24 : « C'est surtout le Soleil et la Lune que
nous devons spécialement honorer ».

(3) *Ibid.*, p. 354.

sentiment, sans doute, et il fait aussi partie intégrante de la Morale et de la Religion ! Quel suprême gâchis !

De tout ce qui précède, il résulte que, pour Comte : « Le sentiment est le domaine exclusif de la morale tant théorique que pratique, puisqu'il domine l'existence et dirige la conduite » (1). Il lui donne pour base universelle la prépondérance continue de la sociabilité sur la personnalité (2), c'est-à-dire la prépondérance de l'altruisme sur l'égoïsme. « La morale constitue le culte affectif de celle-ci, et la science a ou la poésie son culte contemplatif » (3). « La supériorité nécessaire de la morale démontrée sur la morale révélée (morale et religion toujours identifiées) se résume dans la substitution finale de l'amour de l'humanité à l'amour de Dieu » (4). « La morale si vantée du monothéisme consiste dans un immense égoïsme » (5). « La vraie connaissance de l'homme intellectuel et surtout moral, n'a fait aucun pas capital depuis la fin du moyen-âge : elle s'est même altérée gravement, à beaucoup d'égards, sauf chez les principaux mystiques, qui, seuls, nous en ont, à leur manière, dignement transmis l'ensemble » (6).

---

(1) *Système de politique positive*, III, p. 50.
(2) *Ibid.*, disc. prélim., I, p. 136.
(3) *Ibid.*, disc. prélim., I, p. 161.
(4) *Ibid.*, p. 356.
(5) *Ibid.*, p. 453.
(6) *Ibid.*, p. 731.

Après avoir considéré la morale comme partie intégrante de la sociologie, Comte en fit une sixième science supérieure à la sociologie et, quand celle-ci devint une religion, il n'y avait plus aucun motif pour ne pas lui adjoindre la morale. Tout avait préparé le but suprême, puis tout se confondait avec lui, la morale comme le reste.

On constate sans discuter avec la logique du sentiment, mais il est permis de discourir à son sujet et de se demander s'il y a, s'il peut y avoir une morale individuelle. La réponse évidemment ne saurait être que négative. Le néant n'étant rien ne saurait avoir une qualité quelconque. Mais comme il y a la collectivité, celle-ci est quelque chose, bien que constituée par un ensemble de négations.

L'individu n'étant rien comme le déclare Comte, *ni statiquement, ni dynamiquement*, et la morale devant être l'attribut de quelque chose il faut bien qu'elle soit l'attribut d'une collectivité, la cité par exemple, à laquelle on assigne une véritable cons-cience. Par contre, la concience personnelle est comme une hallucination de l'individu. Ce point de vue est celui du socialisme qui fait de la cité un organisme naturel, dont chaque individu fait par-tie intégrante. Cette doctrine peut se targuer d'une illustre origine, car elle procède d'Aristote. « A son dire la cité est une production de la nature un ζῶον, un vivant qu'il faut étudier par l'analyse

expérimentale comme tous les êtres animés » (1).
« Là, dit M. de Greef, est la grande révolution
doctrinale à laquelle nous aboutissons avec ce précurseur incomparable de la sociologie positive,
pensée fondamentale qui relie le monde grec à la
pensée moderne la plus avancée » (2). Dans ce
ζῶον d'Aristote il est facile de reconnaître l'humanité de M. Comte, conception métaphysique au
premier chef, puisqu'elle n'est point un fait d'observation, que c'est d'elle qu'il fait procéder tous
les humains, et, qu'à ce titre, elle en serait la cause
bien certaine. Comte, lui aussi, est un métaphysicien tout comme un autre, mais sans le savoir et
certainement sans le vouloir. Et l'humanité, au
dire de celui qui l'a créée, jouant le rôle de providence pour les simples mortels, est, soit dit en
passant, entachée de finalité. C'était le moment
d'invoquer les conditions d'existence, car si l'argument vaut contre la providence de Dieu, il vaut
aussi contre la providence de l'Humanité.

La logique rationnelle ne se serait vraiment pas
prêtée à des contradictions pareilles.

L'auteur du Cours et de la Politique positive
était, comme on le voit, imbu de socialisme sans
s'en douter, et quelques-uns de ses commenta-
teurs ne s'en sont pas doutés davantage, parce
qu'ils s'en sont tenus à certaines assertions con-

---

(1) Espinas, *Sociétés animales.*
(2) *Le transformisme social,* p. 57.

traires à la doctrine. Quant à lui, il n'avait accordé qu'une chose au socialisme, savoir le principe essentiel d'où dérive tout le reste : la négation de l'individualité et l'affirmation exclusive de la collectivité. La négation statique et dynamique de l'individu devait imprimer à la morale un caractère exclusivement social. En voici la preuve sans réplique : « L'homme n'est au fond qu'abstraction pure ; il n'y a de réel que l'humanité, surtout sous le rapport intellectuel et moral » (1). « Ce n'est pas l'individu, c'est la cité qui est raisonnable et libre ; religieuse et législative, industrieuse, savante et artiste » (2). « L'entité individuelle âme doit être remplacée par le groupe social : élite ou Etat » (3). « Le citoyen est immergé dans la cité comme l'animalcule dans l'animal » (4). En un mot ce que la cellule est dans le corps vivant, l'individu l'est dans la cité qui remplace, ici, l'humanité de Comte, collectivité qui a plus d'envergure. Donc tout procédant de la collectivité l'individu n'a qu'à obéir dans l'ordre civil, administratif, moral, religieux, scientifique, artistique. Quand ces belles conceptions seront réalisées avec certaines autres qui leur correspondent : « L'âme humaine ploiera sous le poids des félicités » (5). Croyez-le si vous le pouvez, si votre innocence s'y prête.

---

(1) Comte, *Cours.*
(2-3-4) Izoulet.
(5) *Ibid.*

Laissant de côté tout ce qui est indépendant de l'éthique, nous devons conclure que la morale individuelle se résume dans l'obéissance à peu près absolue ou absolue à une certaine collectivité, ce qui constitue une servitude, un esclavage. « Le souverain pouvoir des corps organisés régit les composants individuels avec une règle de fer », comme l'a dit Huxley. Tel est bien le tableau que nous offre la morale biologique, et il faut bien avouer que la morale sociologique de Comte ne nous donne pas plus de liberté. Dans les deux cas c'est la suppression de l'être responsable que nous sommes, de science certaine, car de ceci l'évidence est immédiate. Comme l'a dit M. Bouillier, s'inspirant de Kant : « L'homme est sa loi à lui-même (autonomie de la *raison*); il l'a porte au dedans de lui, imprimée dans sa propre essence ». Si la morale possède un caractère exclusivement social nous sommes conduits, nécessairement, à cette conclusion que la morale ce sont les mœurs, et, quant à la concience personnelle, on ne saurait logiquement en tenir compte, si tant est qu'elle existe. Le mieux est de la considérer comme un hors-d'œuvre et de n'en parler jamais. Comte qui a beaucoup disserté sur la morale n'a jamais fait usage des mots de conscience et de remords, attitude en rapport direct avec de nombreux actes de sa conduite privée. La morale, étant socialisée, repose sur une collectivité de faits, et il est naturel qu'on ait cherché à en faire une science spéciale, après l'avoir distinguée de la sociologie, et avant de l'avoir confondue avec la religion. Tel est le cas de la doctrine comtiste. Pour elle l'humanité seule existe et elle est dirigée par ses lois propres qui sont impératives pour tous ces fantômes d'êtres, pour ces entités, pour ces abstractions qui sont désignés sous le nom d'individus. Il en est pour notre espèce comme pour les autres animalités qui ont plus ou moins chacune leur grand être. Tous les membres de chaque espèce se ressemblent entr'eux, aucun ne s'élève au-dessus de ses semblables, et pour que l'analogie fût poussée jusqu'au bout, dans l'intérêt de la systématisation, tous les hommes aussi devraient se ressembler, exprimant, chacun pour son compte de la même manière et également, l'impulsion commune provenant de l'humanité, vaste organisme dont tous les hommes font partie ou devraient faire partie, et auquel se rattachent quelques animaux supérieurs, comme supplément nécessaire sans doute, puisqu'il existe. C'est beaucoup d'honneur pour MM. les Singes, car c'est eux évidemment que la chose concerne.

Le moment me paraît venu de faire appel à l'expérience qui ne nous montre point la collectivité pensant, voulant, sentant, agissant, se conformant à une morale déterminée ou la foulant aux pieds. Mais nous voyons tous ces actes émanés surtout des individus eux-mêmes, les uns dans une mesure plus ou moins restreinte, les autres avec une puissance exceptionnelle. Alors ils peuvent devenir les conducteurs des peuples en leur ouvrant largement les voies du progrès. Qu'ont fait ces hommes-là ? Ils ont, d'après Comte, pensé pour ceux qui ne pensaient point et qui évidemment constituent le grand nombre. L'explication me paraît heureuse, mais il y en a simultanément une autre provenant de la même source : ces hommes-là ont eu la bonne chance, pour eux et les autres, d'éprouver en eux-mêmes l'impulsion progressive provenant de l'humanité elle-même. Nous pouvons donc observer les phénomènes qui se passent en nous, à moins de les avoir éprouvés sans les apercevoir.

Pour Comte la morale, ayant remplacé la sociologie, comme terme suprême de la hiérarchie, est devenue la science par excellence et l'art principal.

Il y a lieu par conséquent de se poser la question suivante : si la science des mœurs existe pour les espèces animales supérieures (ici mœurs, et habitudes se confondent), il est permis d'admettre aussi, pour l'homme, une science des mœurs ne se différenciant pas non plus des habitudes sociales, dans leur action et réaction mutuelles. D'où la conséquence qui s'impose d'admettre corrélativement que tous les faits quelconques aient au point devue scientifique une valeur égale. Ces faits sont liés étroitement aux lois qui régissent la nature humaine, et celle-ci ne peut que s'y conformer sans même s'apercevoir qu'elle y est étroitement obligée. En effet, quand il s'agit de lois naturelles, il n'y a point d'idéal à mettre en balance avec les impératifs de notre organisation. A ce point de vue, il n'y aurait qu'à se conformer à la règle donnée par les Stoïciens : « Ζῆν ὁμολογουμένως φύσει » (vivre conformément à la nature) (1).

Il y a deux manières très opposées de comprendre ce que doit être l'action de l'homme dans la vie. Pour Çakyamouni (le Bouddha), ce principe d'action est un immense amour pour toutes les créatures humaines. Il paraît également être la règle morale principale du Christianisme, qui ne s'est produit, dans le monde, que plus de six cents ans après le Bouddha — Pour le Stoïcisme, Dieu, qui est la raison universelle, est aussi le père commun des hommes qui sont tous frères et égaux entre eux, membres d'une même famille : l'humanité ; d'où le devoir d'aimer Dieu et les hommes. Il faut vivre selon la nature, ce qui est vivre selon la raison et selon Dieu qui se confond avec la nature. A ces paroles, Cicéron a apporté sa contribution : « Le fondement du droit est le penchant naturel que nous avons à nous aimer les uns les autres. *Caritas humani generis.*

On connaît l'opinion de Comte. Je citerai encore comme conforme à la même opinion celle de

(1) Ils l'ont prise dans un tout autre sens que je ne parais la prendre.

Hartmann : « L'individu doit être dévoué absolument au Tout qui seul existe. L'existence propre des individus est illusoire ».

Telle est la première manière de comprendre l'action de l'homme. Voici la seconde.

D'après Hobbes : *Bellum omnium contra omnes*, la guerre de tous contre tous. Telle est du moins la loi de la nature, mais l'utilité commune exige l'ordre et la paix entre les hommes. D'où la nécessité d'une puissance absolue entre les mains d'un chef et de l'obéissance absolue de la part des sujets. Quant à Darwin, je me contenterai de citer quel est, d'après lui, pour les hommes comme pour les animaux, le principe fondamental de l'action : La bataille pour la vie — Il me suffirait, relativement à la morale utilitaire, en tant qu'elle peut-être exclusivement personnelle, de rattacher cette morale à celle qu'a formulée Darwin, avec tant de force et tant d'éclat. (Le dit éclat faiblit depuis les travaux de Vriès.)

S'il s'agit d'une science dite positive, qu'avons nous à faire ou plutôt qu'a-t-on fait pour la constituer ? On a observé, puis établi des rapports de concomitance ou de succession. Alors la science a été organisée dans ses données essentielles, sauf l'interprétation de la nature.

Si la morale est aussi une science positive, nous n'avons qu'à observer les faits et constater les rapports qui les unissent. Il est évident qu'en tenant compte des espèces sociales, ce que Comte

n'a jamais fait, nous avons deux sciences morales,
ou plutôt deux sciences des mœurs. On pourrait
comprendre qu'il y en eût une troisième avec un
égoïsme modéré, par exemple si on admettait que
l'utilité générale comprend aussi la majeure partie des intérêts particuliers, ou bien encore en
faisant tempérer la bataille pour la vie par les
instincts sociaux d'amour ou de sympathie.

Les sciences positives ne faisant point de réponses multiples sur les mêmes questions, il est
évident que si, par hasard, la morale est une en
elle-même, les sciences des mœurs étant multiples, ces sciences-là ne sauraient s'identifier avec
la morale. Celle-ci répond à un idéal dont les éléments se trouvent dans la raison humaine, tandis
que les sciences des mœurs ne sont que des résul-
tantes généralisées des pratiques qui sont en rapport avec les espèces sociales.

Ceci nous prouve que nous sommes, ici, en présence d'autre chose que de phénomènes et de rapports constants. C'est ce que Comte n'a pas
compris, puisqu'il a mis la morale tout en haut de
la hiérarchie des sciences positives (ce qui signifie
naturelles, dans sa pensée comme dans celle de
Saint-Simon). Si elle en était une, elle devrait présenter, à ce titre-là, un caractère sur lequel le fondateur de la religion démontrée a beaucoup insisté,
savoir celui de la prévision exacte des phénomènes
que les lois positives nous donnent toujours. D'où
il suit que, cette caractéristique manquant, ce

qu'elle ne fait jamais pour les sciences dites positives, l'éthique de Comte, unie ou non à la sociologie, ne fait point partie de ces dernières.

Si la morale est une affaire de collectivité, comment se fait-il que « la morale personnelle soit le
premier fondement nécessaire de toutes les autres » (1) ?

Comment se fait-il que : « la morale générale
soit d'abord personnelle, puis sociale, l'importance fondamentale de la première étant déjà reconnue par les anciens » ? (2) que : « étant donnés
trois degrés de la morale universelle : personnelle,
domestique et sociale, le premier soit la base primordiale de tout le développement moral » ?
Mais ici arrive l'assertion suivante qui nous montre, sur ce chef, l'unité de la pensée de Comte :
« développement moral, et à ce titre radicalement
soustrait à l'arbitrage de la prudence personnelle
pour être désormais imposé pleinement à l'ensemble des prescriptions publiques » (3). L'individu n'a qu'à se conformer passivement aux préceptes d'action morale qui lui sont imposés par
qui de droit. Sa personne n'est plus qu'une argile
malléable entre les mains du pouvoir spirituel,
car : « l'homme proprement dit n'existe que
dans le cerveau trop abstrait des métaphysiciens

---

(1) *Cours*, IV, p. 101, et *Cours*, V, p. 154.
(2) *Politique positive*, III, p. 59.
(3) *Cours*, VI, p. 739.

et il n'y a au fond de réel que l'humanité » (1).

« En morale, jusqu'au cas purement individuel, tout doit être rapporté non à l'homme, mais à l'humanité » (2).

L'individu n'est plus qu'un simple fantôme dont : « l'éducation morale a pour caractère général d'habituer l'homme à se subordonner à l'humanité, jusque dans ses moindres actes (purification physique comprise) » (3).

Evidemment rien n'y manque.

Après la question fondamentale en morale du libre examen, Comte aborde celle de l'égalité, qu'il considère comme liée à la liberté illimitée de la conscience. C'est à ce titre que j'aborde le sujet.

Ce principe ou ce dogme n'implique nullement l'égalité essentielle de toutes les intelligences, conception qu'il faut laisser à ceux qui ne pensent point. Pour ceux qui pensent, ils n'y voient et ne peuvent y voir que l'égalité de tous les droits devant la loi. Pareille pensée ne pouvait être celle du créateur de la religion positive, puisqu'il déclare, en maints endroits du Cours, que la notion de droit est anarchique et révolutionnaire, que l'homme n'a point de droits, qu'il n'a que des devoirs, que son seul droit est toujours de faire son devoir (4). Comte n'a pas compris la nature

---

(1) *Politique positive* I, p. 334.
(2) *Cours*, VI., p. 739.
(3) *Politique positive* I, p. 98.
(4) *Cours*, IV, p. 54.

de l'égalité dont il s'agit. Il a fait d'ailleurs à cette occasion une observation exacte et, qu'à ce titre, je crois devoir mentionner. « Le progrès continu de la civilisation, loin de nous rapprocher d'une égalité chimérique, tend au contraire à développer entièrement des différences intellectuelles essentielles » (1). Oui, sans doute, et il s'agit de faits individuels dont la grande valeur possible se trouve par cela même constatée.

De même que Comte a reconnu que le principe de la liberté de conscience a eu sa valeur propre, à un moment donné, en tant qu'anarchique, parce qu'il fallait dissoudre l'ancien système politique, de même il a attribué la même valeur et la même efficacité au principe de l'égalité. Toutefois il est nécessaire de rappeler ici qu'il ne s'agit point pour Comte de l'égalité devant la loi, celle qu'implique l'égalité des libertés, mais de l'égalité des Intelligences.

Je passe maintenant à la question de la souveraineté du peuple, qui n'a jamais été comprise, par les gens un peu teintés de raison, que dans le sens de souveraineté de la nation, prise dans l'intégralité de ses éléments constitutifs, et nullement dans celui de la souveraineté du prolétariat (2). Ceci posé, Comte prend la parole : « Le

____

(1) *Cours*, IV, p. 54.

(2) Il était réservé à Comte d'annoncer la prochaine venue d'une dictature prolétarienne. Nous n'y sommes point encore ; y marchons-nous ?

dogme de la souveraineté du peuple est la seconde conséquence générale, non moins nécessaire, du principe de la liberté illimitée de conscience, ainsi finalement transporté de l'ordre intellectuel à l'ordre politique. Ce dogme révolutionnaire et anarchique, en s'exerçant, a aussi rendu des services transitoires. La consécration de la souveraineté du peuple a seule pu permettre la libre succession préalable des divers essais politiques, qui aboutiront à l'installation d'un véritable système de gouvernement, avec son double ordre de souveraineté ».

Je conteste absolument que le dogme ou principe de la souveraineté du peuple soit une conséquence directe et nécessaire de la liberté de conscience.

La conscience libre, par cela seul qu'elle existe, n'a point produit la souveraineté du peuple, et on a vu des nations, possédant cette souveraineté, se déshonorer par les actes de persécution auxquels elles se sont livrées contre ceux qui proclamaient la souveraineté de leur conscience.

Qui dit morale dit règle des mœurs, qui dit règle dit loi à laquelle l'homme est tenu de conformer et sa conduite individuelle, tout d'abord, et sa conduite sociale ou collective, ensuite. La science ayant trait surtout aux généralités de la nature, il s'ensuit que ce terme ne peut s'appliquer qu'à des collectivités de phénomènes ou d'êtres.

Si l'homme n'était qu'un simple prolongement

de la nature animale, comme le prétendent Comte
et toutes les écoles matérialistes dont il s'imagine
se distinguer, il est manifeste que la morale se
réduirait à la science des mœurs, ce qui est un fait
d'évidence chez les animaux. C'est ainsi qu'on a
dit : « que la morale et le droit ne sont que des
habitudes collectives... Ihering a rendu un grand
service à la morale en y intégrant définitivement
l'étude des mœurs... Les faits de la morale, ce sont
les mœurs, les coutumes, les prescriptions du
droit positif, les phénomènes économiques à caractère juridique » (1). Dans ces conditions, il y a
science des mœurs, évidemment, mais il n'est pas
moins certain que la morale individuelle, basée
sur la conscience de la personne, n'existe plus,
car par définition elle ne saurait être l'objet d'une
science particulière.

MORALE ET RELIGION

Etant donné le caractère insuffisant, par trop
élémentaire, de la religion quand elle existe chez
les primitifs, on est porté à se rallier à l'opinion
suivante de M. Guizot, telle qu'on la trouve exprimée dans ce passage de son *Histoire de la Civilisation* : « Il est évident que la morale existe indépendamment des idées religieuses », ce qui ne

---

(1) Durkheim. *Revue philosophique*, 1887, II. *La morale en Alle-
magne*.

signifie point qu'elles ne puissent exister simultanément. Il me sera permis sans doute d'invoquer
le grand saint Paul, suivant la parole de Comte, qui
en fait le véritable fondateur du Christianisme, et
qui le considère comme un de ses propres précurseurs. Certes, l'illusion n'est pas médiocre.

« Quand les Gentils qui n'ont point de loi font naturellement les choses qui sont selon la loi, n'ayant
point de loi ils se tiennent lieu de loi à eux-
mêmes. Ils font voir que ce qui est prescrit dans la
loi est écrit dans leurs cœurs, puisque leur conscience leur rend témoignage, et que leurs pensées
les accusent ou les défendent » (1). La conclusion
est la même que chez M. Guizot.

Donc pour Saint-Paul, la morale est une loi naturelle qui est gravée dans l'esprit de l'homme, et
dont l'analogie avec la loi révélée lui paraît manifeste.

Spencer, qui n'était point un élève de Comte,
quoi qu'en puissent dire Brunetière et certains autres, parle dans les termes suivants des populations primitives : « Certains de nos premiers ancêtres, s'ils n'ont pas une bienveillance active,
n'ont pas une malveillance active ; d'autres ont
des sentiments sympathiques très prédominants ;
d'autres associent à ces sentiments sympathiques
une conscience très nette du droit ; d'autres qui

---

(1) Epître de saint Paul aux Romains, chap. II, v. 14 et 15.

les manifestent encore nettement peuvent devenir très cruels dans l'occasion » (1).

« Les Papous, les Alfarous et les naturels des îles Dalrymple n'ont pas de chefs : les gens vivent si bien en paix, et si fraternellement entre eux, qu'ils n'ont pas besoin d'autre autorité que celle des décisions de leurs anciens. Les Todas n'ont pas non plus d'organisation militaire, ils sont pacifiques, doux et n'ont pas de chefs politiques. Il en est ainsi encore des Bodos et des Dhimals, qui ont des qualités aimables, sont honnêtes, véridiques, sans aucun esprit de vengeance, de cruauté ou de violence, et dont les chefs n'ont guère qu'une autorité nominale. Les Lepchas, dont parle Hooker, sont réellement aimables, et d'après Campbell très honnêtes, singulièrement oublieux des injures, enclins à se faire des concessions et des réparations mutuelles » (2).

Des considérations qui précèdent il me paraît se dégager une conclusion très nette, c'est que M. Guizot avait raison quand il disait que la morale peut exister, chez l'homme, indépendamment des idées religieuses. M. Comte, qui a toujours admis l'existence d'une morale, n'a jamais vu la nécessité, soit dans sa première manière (les publications de sa jeunesse), ni dans sa seconde manière (le *Cours*), de donner une religion quelcon-

---

(1) *Principes de sociologie,* I, p. 101.
(2) *Ibid.,* II, p. 98-99.

que comme terme et sanction de sa sociologie.
La première raison de dissidence avec son maître
Saint-Simon a été précisément les velléités religieuses que celui-ci commençait à manifester. Donc,
aux yeux de Comte, la sociologie, qui comprenait
d'abord la morale et qui lui est devenue inférieure
plus tard, pouvait exister en dehors de toute religion, et l'expression de pouvoir spirituel n'a été
d'abord appliquée qu'à des organes purement
scientifiques, en dehors de toute idée de sacerdoce.
Puis est survenue Clotilde Devaux. La passion
qu'elle inspira à Comte fut si vive qu'il en fut régénéré, c'est-à-dire qu'il naquit à nouveau, devint
un nouvel homme, suivant l'expression scriptu-
raire. Et alors le besoin d'adoration devint une
nécessité. De là, le culte adressé à la personne
qui avait conquis tout son être, et dont son esprit
systématique fit le symbole de l'humanité elle-
même. Ce qui revient à dire que, si la rencontre
accidentelle n'avait pas eu lieu, entre le futur pontife et le futur symbole, l'humanité n'aurait pas
eu les honneurs d'une déification.

La religion positive ou soi-disant telle n'est ni
une déduction, ni une induction du positivisme.
A une conception générale insuffisante et parfois
erronée des sciences naturelles, à une sociologie
singulièrement restreinte, car elle n'a point pour
base une étude approfondie des types sociaux, le
pape du nouveau culte a surajouté une religion
quelconque. Elle le glorifiait, lui, Clotilde et ses
propres œuvres ; que lui fallait-il de plus ?

La Religion comme la Morale doit avoir un caractère impersonnel basé sur sa nature propre. D'autre part, la Religion, sous la forme élevée qui se trouve dans le Christianisme, nous présente une dogmatique qui a pour but la réalisation d'une règle des mœurs ; et la conversion, la régénération n'ont pas d'autre sens que de signifier une vie nouvelle, des mœurs nouvelles, Or celles-ci, dont le dogmatique constitue l'Idéal, sont-elles si différentes des mœurs se rattachant à l'Idéal rationnel, ou si l'on veut à la loi qui est gravée, d'après saint Paul, dans la conscience humaine. Il y a là un fonds commun qui est de première importance.

Dans les deux cas aucun rapport avec les postulats de la science positive qui sont : « la réductibilité de tout phénomène à des forces mécaniques agissant selon des lois immuables ; l'impossibilité, pour un composé, de posséder des propriétés dont l'explication adéquate ne se trouverait pas, en droit, dans les éléments et les conditions dont il dérive ; en un mot la détermination des faits les uns par les autres, sans l'intervention d'aucune spontanéité. Que l'on considère les manifestations morales de la nature humaine à ce point de vue précis, et on obtiendra une science des mœurs qui n'aura rien de commun avec ce qu'on appelle la morale, puisqu'elle ne sera qu'une constatation et une systématisation des phénomènes donnés, alors que la morale est proprement

un commandement, l'énoncé d'un devoir être »...
Le problème des fins est le tout du problème
moral..... Plus nettement aujourd'hui que jamais
les sciences physiques n'enseignent que ce qui est
et non ce qui doit être... L'humanité en poursuivant le progrès moral veut s'adapter à quelque
chose de supérieur à elle. « Ce n'est pas la société
c'est la perfection qui est le modèle »... C'est par
delà toute réalisation visible de l'être, vers l'auteur même de l'être et de la perfection que l'homme
se tourne, plus ou moins consciemment, lorsqu'il
cherche l'objet auquel il doit adapter sa vie pour
lui donner vraiment un caractère moral..... Le
devoir n'est pas chose de science, mais de croyance.
Il implique un risque, un pari, une affirmation
que ne peuvent ébranler les plus évidents démentis de l'expérience. Il implique un acte de foi.....
La foi morale s'adresse à un idéal que l'on a coutume de désigner sous le nom de bien... Suprana-
turelles, en tant que le mot nature est pris dans
son sens strict et scientifique, les conditions premières de la vie morale répondent à l'idée que,
communément, les hommes se font de la religion.
La Religion est l'élan de l'âme qui, se retrempant
aux sources de l'Etre, conçoit un idéal transcen-
dant... La morale est l'effort de la raison pour formuler en termes intellectuels les créations d'une
vie supérieure... Religion et morale doivent concourir loin de s'exclure... Alors viendra tôt ou tard
une heure où la morale et la religion, démêlant

leur solidarité profonde s'étonneront de s'être com-
battues » (1). La Religion auxiliaire de la Morale.

LIBERTÉ MORALE

Il y a une question qui domine toute la morale
parce qu'elle en est le principe fondamental.
L'homme possède-t-il ou non la liberté de ses
actes propres, ce qu'on appelle le libre arbitre ?

Comte n'admettait point le libre arbitre chez
l'homme dont l'activité était, pour celui-ci comme
pour l'ensemble de la nature, soumise à des lois
nécessaires. Phénomènes et lois s'impliquent réciproquement et ce sont ces dernières qui invariablement régissent les phénomènes. Nous sommes, de par la nature, des êtres éminemment
sensitifs et, par cela seul, le sentiment est la
condition déterminante du plus grand nombre de
nos actes. D'où la conclusion que ceux-ci ne jouis-
sent d'aucune liberté proprement dite, car là où
le sentiment ne règne point, l'intelligence s'impose avec non moins de rigueur.

Or, Comte soumet à de très nombreux devoirs la
créature humaine ; il va même jusqu'à dire que
l'homme n'a point de droits et qu'il n'a que des
devoirs à remplir. Mais, après avoir refusé toute
valeur propre à l'individu, après l'avoir réduit à

____

(1) Emile Boutroux, *Revue des Deux-Mondes,* 1ᵉʳ septembre
1910.

l'état de négation pure, lui demander de se
dépenser en devoirs de tout genre envers ses
semblables, qui sont des entités comme lui-même,
n'a aucune espèce de raison d'être. Nous sommes
ainsi conduits à relever, chez Comte, une contradiction de puissante envergure.

Me plaçant au point de vue de l'observation
intérieure, laquelle est l'évidence même, et sans
laquelle toute mémoire serait radicalement impossible, je dis et maintiens que nous avons une
conscience très nette de la liberté de nos actes.
Or, cette conscience ne se manifestant nulle part
ailleurs dans la nature, l'existence d'un pareil fait
serait absolument incompréhensible, si l'homme
n'était qu'une simple résultante des vitalités qui
le précèdent.

D'après les considérations dans lesquelles je viens
d'entrer il me paraît qu'il est permis de conclure :

1° Qu'il y a une morale individuelle, qui
n'est point une science, mais un idéal formulé par
la raison dans la conscience personnelle. Cet idéal
s'exprime par des règles, s'imposant à l'intelligence par cela seul qu'elles s'affirment, règles
ayant trait et à nous-mêmes, pris individuellement, et à nos semblables, et constituant le
devoir et le droit : devoir de justice et devoir de
solidarité relative, d'une part ; et, d'autre part, le
droit qui est propre à notre nature, comme à celle
de tous les humains, et qu'il nous faut comprendre et respecter toujours, chez nous comme chez

les autres. Indépendamment des sanctions extérieures l'idéal, formulé par la raison, a aussi une
sanction particulière dans la conscience, sous la
forme d'une approbation intime ou du remords,
suivant que nous nous sommes acquittés ou non
des devoirs qui nous sont imposés. J'ajoute que la
prévision certaine, qui est, au premier chef, la
caractéristique de la science, n'est plus qu'une
prévision incertaine, purement aléatoire, quand il
s'agit de la morale individuelle ;

2º Qu'il y a une morale collective pouvant offrir
un caractère plus ou moins rigoureux et qui n'est
autre que la science des mœurs. Celle ci s'étudie
dans le présent et le passé, mais ne se prête point
à la prévision certaine des sciences naturelles. Et,
s'il en est ainsi, n'est-ce point la preuve que nous
sommes en présence d'un ou de plusieurs éléments nouveaux qui jouent, pour ainsi parler, un
rôle perturbateur ?

Pareils faits ne sont-ils point la démonstration
que la science de l'homme individuel, et même de
la collectivité humaine, répugne à cette application
intégrale des méthodes propres aux sciences
naturelles, ce qui est le principe fondamental de
toute doctrine positiviste ?

Au point de vue de la méthode objective, Comte
serait conséquent avec lui-même ; mais lorsqu'il
a accepté la méthode subjective, il s'est contenté
d'en supprimer tout ce qui le gênait, et, par cela
seul, l'observation intérieure et son témoignage

décisif en faveur de la liberté morale. Je dis que
ce témoignagne est décisif, parce qu'on ne saurait
admettre que, dans un milieu soumis absolument
à un déterminisme rigoureux, on puisse concevoir une évolution quelconque d'où procéderait la
notion de liberté. Nous ne pouvons la tenir du
Cosmos, ni de nous-mêmes, si notre nature propre
dérive directement de celui-là. Or la conscience
de cette liberté existe-t-elle ou non ?

Dans l'ordre logique une négation n'est pas une
réfutation. Mais l'inconséquence n'est pas loin.
L'individu étant soumis à une nécessité inéluctable, il est évident qu'il n'est d'aucune manière
responsable d'actes qui lui sont imposés par les
conditions générales de sa nature. Un fait considéré par le vulgaire comme moral ou immoral est,
en réalité, purement et simplement amoral, et ne
doit-être l'objet d'aucune sanction. Or Comte
admet la moralité des actes d'amour et l'immora-
lité de ceux qui sont contraires à ce principe
universel de l'existence humaine. Pour ces
derniers, il est vrai, il n'y a aucune sanction, mais
pour les individus plus ou moins nombreux qui
ont pratiqué le principe susdit, il y a une sanction,
une récompense qui consiste dans l'union subjective avec la déesse Humanité. C'est une bien
haute récompense pour des gens qui n'en méri-
tent aucune.

Le devoir implique la responsabilité et par conséquent la liberté, le droit ne l'implique pas

moins, à mon humble avis; d'où la conséquence
que la liberté humaine est le principe fondamental de la morale. Comte s'est débarrassé du droit
en le niant d'une manière absolue, mais par contre il a donné une extension abusive à la notion
de devoir, et il a dû reconnaître, lui, qui se refu-
sait à admettre la liberté chez l'homme, que celui-ci n'en avait pas moins la responsabilité de
ses actes. C'est ainsi qu'il a pu dire : «Une préoccupation exclusive de la convergence tendrait à
détruire toute vraie dignité, en supprimant toute
responsabilité ». Et cependant, pour toute pensée lucide, il est bien manifeste que la responsabilité de nos actes a pour condition, *sine quâ non*, la
liberté morale. Point de liberté, point de responsabilité.

Nous retrouvons dans un tout autre ordre d'idées
cette notion de responsabilité indiquée par Comte
lui-même. Il a prétendu que la morale du Christianisme était superlativement égoïste parce qu'il
promettait le bonheur, dans l'autre monde, à ceux
qui se conformeraient à ses propres préceptes
dans celui-ci; et, néanmoins, il n'a pas hésité à pro-
mettre l'éternité subjective aux fidèles positivistes
qui, après avoir amélioré le grand Être, pendant
leur vie, s'uniraient à lui après leur mort objective.
Certes pareille récompense dépasse toute mesure,
puisqu'elle incorpore les dignes positivistes à la
divinité nouvelle que Comte a donnée pour successeur à l'ancienne. Jamais celle-ci n'a promis une

si merveilleuse destinée à ses élus. Le fait essentiel dans les deux cas, c'est la récompense d'une
vie méritante, et il n'y a de mérite que si on a bien
agi de soi-même, le sachant, le voulant et le pouvant, c'est-à-dire en étant libre d'agir différem-
ment.

Comte ne s'est point aperçu qu'il était en contradiction complète avec sa propre doctrine, en
tenant un langage qui n'était que l'expression du
sens commun. Celui-ci, d'ailleurs, ne fait que tra-
duire et nous imposer la notion pratique des res-
ponsabilités diverses accompagnant nos actes
concients et voulus.

DU BEAU

Comme je l'ai dit précédemment, c'est la question de l'Art que Comte a spécialement traitée
dans la *Politique*. Il y mentionne cependant le
Beau, mais l'ensemble du chapitre montre évidemment qu'il n'établit aucune différence entre le fait
d'idéaliser, celui d'exprimer l'idéal conçu et le sentiment ou l'esthétique proprement dite. Idéaliser
créer un type, exprimer ce type sont des opérations intellectuelles, pouvant être subordonnées,
il est vrai, comme évolution, à un fait de sensibilité qui est l'occasion et non la cause efficiente de
la création du type. Donc la part du sentiment est
incontestable, mais de là on ne saurait conclure
qu'on doive lui rapporter l'idéalisation ou le type

créé. Comte serait cependant conduit à cette conséquence par sa théorie du Bien. En effet, il le considère comme une émanation de l'affectivité ou de l'amour. Or l'affectivité est consécutive au jugement moral. A ce point de vue, il y aurait donc une différence essentielle à établir entre le Bien et le Beau, différence que Comte n'a point signalée, porté qu'il était à voir dans le Beau un élément du Bien. Suivant les propres paroles de Cousin : « En confondant le sentiment avec la raison dont il n'est que l'écho, on lui ôte son fondement et sa règle » (1).

Le Beau répond à un idéal particulier, à point de départ externe ou interne. L'art consiste dans l'expression du Beau et des sentiments qui peuvent s'y rattacher.

D'après Comte, la source de l'art est dans le sentiment, bien qu'il ait pour base la raison. Le sentiment, à son dire, suprême principe de toute notre existence, dans sa forme morale, devrait être l'origine du développement de l'art qui, pour lui, est un fait d'harmonie sociologique, caractère qui me paraît singulièrement manquer de précision. Et ce fait résulterait de la liaison nécessaire du système musculaire et du système nerveux. Nos mouvements d'abord involontaires, puis volontaires, traduisent nos impressions intérieures surtout morales et réagissent sur elles. Tel serait

---

(1) V. Cousin, *du Vrai, du Beau et du Bien*, p. 142.

le *germe* de la vraie théorie de l'art, c'est-à-dire
du Beau. Si les mouvements musculaires sont le
germe de la théorie du Beau, pourquoi ne le seraient-ils pas aussi du Vrai et du Bien? L'idéalisation, la conception intellectuelle des types n'ont
aucun rapport imaginable avec le mouvement
musculaire comme dérivation ou évolution. On
peut en dire autant, bien entendu, du Vrai et du
Bien. Ce *germe* est une pure rêverie.

D'après Comte, le sentiment étant le principe
suprême de toute notre existence et, par conséquent, l'esprit étant le serviteur du cœur, il s'ensuit
que le Vrai, le Bien, le Beau lui sont subordonnés.
C'est ainsi que le Bien procède du cœur et que
l'amour est son principe. Dans ces conditions, le
Beau, lui aussi, doit procéder du cœur d'où viennent les grandes pensées.

A cette doctrine, j'ai toujours une réponse identique à faire. L'intelligence emploie le même procédé dans trois cas, savoir un jugement qui, en lui-
même, n'est ni un sentiment du vrai, ni un sentiment moral, ni un sentiment du Beau, mais qui
est apte à susciter en nous l'un de ces sentiments,
suivant la différence des cas.

Comte, à propos d'art, ne pouvait manquer de
signaler, d'une part, les hautes destinées que le
positivisme réservait à celui-ci, et d'autre part, le
rôle éminent que remplissaient à cet égard les
trois éléments essentiels du pouvoir modérateur,
savoir les prolétaires, enclins par nature à accepter

la doctrine nouvelle, les femmes qui sont, au premier chef, les interprètes du sentiment ou de
l'amour, et le sacerdoce.

Ici, pour la postérité que nous sommes, au jour
présent, s'est déjà ouvert un brillant avenir esthétique, car, ne l'oublions pas, à la fin du xixᵉ siècle,
l'Europe occidentale est devenue positiviste. C'est
le grand Pontife lui-même qui en a prévenu son
Eglise. Quand les besoins sociaux l'exigeront, les
principaux membres du sacerdoce deviendront de
véritables poètes, l'office purement philosophique
cessant alors de réclamer le service des plus hautes intelligences.

Et cependant leurs attributions ordinaires sont
plus scientifiques qu'esthétiques, mais il y a une
identité fondamentale des deux aptitudes que jadis
on jugeait différentes entre elles. Le génie scientifique et le génie poétique ne se distinguent réellement, d'après Comte, que par la diversité de leurs
combinaisons, concrètes et idéales chez l'un, abstraites et réelles chez l'autre. On passerait aisément d'un genre à l'autre.

Le grand pontife, le suprême organe de l'humanité, sentait-il par hasard sommeiller en lui le
génie d'un Homère, d'un Virgile, d'un Dante, d'un
Tasse, d'un Corneille ? Mais sans doute, pour ce
qui le concerne, la condition voulue, savoir les
besoins sociaux de son époque, ne l'ont pas poussé
à mettre au jour d'éminentes créations épiques ou
dramatiques.

Après Comte, son successeur, M. Pierre Laffitte, ne s'est sans doute jamais trouvé non plus dans une nécessité pareille, et c'est ce qui explique pourquoi nulle épopée ou toute autre œuvre artistique de haut vol n'est sortie de sa main puissante au même titre que celle du maître, car l'esprit de l'humanité reposait sur lui.

Il y a d'ailleurs une autre interprétation qu'on est libre de choisir : Comte avait été doué par la nature d'un jugement faux et là où il voyait de l'identité il y a une diversité profonde. Il est resté ce qu'il était; M. Pierre Laffitte est resté ce qu'il pouvait être, et on ne peut voir dans ces vues risquées sur l'avenir, auquel le temps présent donne un démenti formel, que l'application de la logique du sentiment, qui nous vaut toutes ces rêveries plus ou moins esthétiques. Le système une fois constitué, il n'y avait plus qu'à le présenter sous le jour le plus favorable et à en dire des merveilles.

LE MOI HUMAIN

La nature humaine est, d'après Comte, un simple prolongement de la nature animale; il déclare qu'il n'y a « aucune différence essentielle, entre les deux, que celle du degré plus ou moins prononcé que peut comporter le développement de facultés nécessairement communes à toute vie animale ». Cet auteur ne reconnaît dans le genre humain qu'un état certain de complexité supérieure ; aussi rejette-t-il le moi et l'unité à laquelle il se rattache. Il n'admet pas davantage l'idée directrice de Muller, comme explication de la Vie, qui aurait aussi besoin d'explication sous le même rapport. Comte rejetait les explications et toutes les causes. Dans la circonstance, en niant la liberté morale chez l'homme, il a supprimé, d'un trait de plume, la morale qu'il a prétendu identifier avec l'amour. Or, la morale ou la conception et la pratique volontaire des règles de la conduite, perçues par la Raison, est précisément la véritable caractéristique de l'être humain qui, par cette éminente faculté, régit les instincts qui n'obéissent qu'à eux-mêmes dans le règne animal proprement dit. Celui-ci d'ailleurs n'est pas seulement un ensemble de facultés diverses, car il a son unité dans l'idée directrice qui rend compte de l'ensemble harmonieux que présente l'être vivant.

Ici nous nous trouvons en présence du double dynamisme de l'Ecole de Montpellier. Je la signale et ne la discute point.

Ainsi il n'y aurait point chez l'homme, et il n'y a point chez tous les autres êtres animés (pas plus pour le règne végétal évidemment que pour le règne animal) d'unité proprement dite, mais il y a un consensus, c'est-à-dire une harmonie, harmonie qu'on ne saurait concevoir, d'après les principes de Locke, comme un fait spontané de la matière originelle. Un chef-d'œuvre de Beethoven ou de

Mozart est aussi un fait d'harmonie transcendante ; mais derrière ce fait il y a la conception, il y a le sentiment et, en un mot, la réflexion, comme disait Locke quand il différenciait les opérations de l'esprit de celle des organes des sens. Un consensus, une harmonie, œuvre de l'inintelligence, c'est-à-dire du pur hasard, est un jugement absurde, mais qui ne saurait surprendre de la part de Comte.

Je viens de donner un aperçu sommaire de la philosophie de Comte qui me remet en mémoire ce que me disait un jour mon collègue Valat, au sujet de son ancien ami. Lui ayant fait une objection relativement à une opinion de celui-ci, mon collègue me répondit simplement : Auguste Comte ignorait la Philosophie.

Le temps me paraît avoir consacré le jugement de M. Valat.

CHAPITRE III

COMTE SOCIOLOGUE

LA FAMILLE

Le point de départ de la sociologie est évidemment la famille humaine : le père, la mère et les enfants, de même que le point de départ de la famille est l'individu. D'après Comte, l'individu ne peut être le principe de la Société parce que celle-ci, étant une collectivité, doit être composée d'éléments ayant le même caractère. D'où il faudrait conclure, que la famille étant une collectivité, elle ne saurait avoir l'individu pour point de départ. Il aurait mieux valu s'en tenir à ce que l'auteur a dit dans un autre endroit : La famille est l'intermédiaire entre l'individu et la société. Il y a là un aveu que l'individu n'est pas une simple négation.

Le pourquoi de la constitution de la famille est sans conteste l'attrait des deux sexes, l'un pour l'autre, puis, comme complément, l'affection instinctive des parents pour leurs enfants. Tel est le début incontestable de l'organisation sociale, mais il y a évidemment plus encore puisque les familles, après avoir été plus ou moins isolées, finissent par se grouper entre elles et constituer des tribus, des cités, puis de véritables nations. Est-il survenu ici un fait nouveau, chez l'homme, ou bien cède-t-il à une tendance instinctive, à une extension du sentiment d'affection qui a déterminé la constitution de la famille ? Comte, qui devait faire un jour du sentiment le principe universel, la raison d'être de toutes choses, n'a vu, dans le groupement des hommes entre eux, qu'une extension pure et simple de l'amour familial. Dans beaucoup de groupements primitifs, existant encore sous leur forme originelle, on peut admettre qu'il en a été ainsi, parce que les peuplades organisées en tribus sont généralement pacifiques, mais celles qui sont devenues guerrières, ou par nature ou par les nécessités de l'attaque, trouvent dans l'organisation en société une utilité de premier ordre. D'ailleurs, il y a, dans les organisations de cette nature, une collaboration qui s'établit entre les individus et qui les met sur la voie du progrès industriel, véritable idéal à réaliser pour toute société, sous les normes supérieures de la liberté et de la justice, soit entre les nations, soit entre les individus d'un même peuple. Dans l'union sociale, il y a donc une question d'utilité incontestable dont il faut tenir compte.

Ce point de vue de l'utilité nous met en présence de la question d'égoïsme, que notre auteur considère comme la faculté prédominante parmi les sentiments humains. Cela posé comme incontestable, chez l'animal et dans ce que M. de Quatrefages appelait le règne humain, il ne faut attribuer à l'égoïsme ce premier rang que par ce que l'observation des phénomènes le lui assigne. Les faits de cet ordre sont plus fréquents que tous ceux qui impliquent, à un degré quelconque, l'affection pour autrui et le sacrifice de soi-même. Telles sont les mœurs chez l'animal, et telles sont les mœurs qui doivent exister chez l'homme, en vertu de la nature des choses, si le règne humain, comme l'affirme Comte, est bien réellement le prolongement du règne animal. De là cette grande loi de la bataille pour la vie, proclamée par Darwin, qui s'applique, généralement, aux relations individuelles et à celles de peuple à peuple. Cette loi est une question d'utilité bien ou mal comprise, et pas autre chose.

Comment Comte, qui prétend fonder une philosophie en la basant sur les lois de la nature, et qui, dans l'espèce, devrait conclure de l'animal à l'homme, comment, dis-je, Comte a-t-il pu justifier, vis-à-vis de la donnée fondamentale de sa doctrine, la substitution de l'amour aux rivalités et luttes de la force égoïste. On ne pourrait accepter pareille substitution que si la chose se fût déjà accomplie par un progrès naturel qui mettrait en doute la prédominance native de l'égoïsme. Or il n'en est rien et le conflit des intérêts règne toujours en maître sur les destinées humaines. Comte

a vu dans l'amour un idéal qu'il a voulu universa-
liser. Malgré les démentis incessants de l'observation, il a prétendu remplacer le fait brutal, la
loi victorieuse du plus fort, par l'idéal le plus
élevé qu'il pût lui-même concevoir. C'est ainsi
qu'il a été conduit à en faire la base de la morale
ou plutôt la morale tout entière.

Le déterminisme de la nature devrait sans doute
dominer aussi le monde social, dont il ne donne
point l'explication complète, tandis que nous
assistons ici à un singulier spectacle. Au lieu de
s'en tenir aux faits les plus nombreux, à ceux qui
dominent, dans la pratique générale de la vie,
nous voyons un savant, d'une espèce toute particulière, qui prend l'exception pour la règle et
prétend en faire la loi de la nature.

Comment Comte a-t-il pu s'éloigner ainsi de
l'observation proprement dite ? Il a sans doute nié
toute psychologie subjective, sous le spécieux
prétexte qu'elle était imposible, mais il a admis
néanmoins une psychologie objective. Par leur
manière d'agir, on peut reconnaître ce que pensent
nos semblables. Oui sans doute, mais délaissant
sa propre méthode objective et ayant cru qu'il
pouvait, à l'exemple de Gall, faire jouer un rôle
de premier ordre à l'hypothèse dans la physiologie cérébrale, il admit, sans preuves suffisantes,
que nous avions dans la partie moyenne du cerveau un puissant organe d'altruisme qui, par son
importance, étant données ses dimensions, l'em-

porte nécessairement sur l'organe qui est le siège de
l'égoïsme. Ce puissant organe découvert par Gall
et reconnu pour tel par Comte a été, depuis lui,
particulièrement attribué par d'autres savants au
système moteur.

A propos de l'égoïsme, Comte a jugé l'occasion
favorable pour lancer une bordée de plus contre
la métaphysique. C'est elle en effet qui a inventé
l'utilitarisme, à ce qu'il prétend. Or il déclare lui-
même qu'il faut étudier la science non pour elle-
même, mais pour l'utilité que l'humanité peut en
recueillir. Dans certaine lettre à Valat, déjà citée,
il est très formel à cet égard. Ce caractère utilita-
riste a été signalé par Fouillée.

La coopération des hommes les uns avec les
autres, par la division des emplois et l'échange
des services, rentre évidemment dans la donnée de
l'utilitarisme, et Comte lui-même a reconnu que
les avantanges de cette coopération devaient amoindrir les sentiments de sympathie et d'affection
qui, à l'origine, avaient déterminé le groupement
des sociétés humaines. L'amour principe universel
l'est donc à un moindre degré que l'auteur ne
la prétendu, puisque l'expérience nous le montre
soumis à une véritable restriction. Il bat en retraite devant un fait d'utilité pure.

Dans les combinaisons sociales proprement
dites, le sentiment de la coopération, jusqu'alors
accessoire, devient donc prépondérant, et l'instinct sympathique, malgré son indispensable per-

sistance ne peut plus former le lien principal. Sans doute l'homme est, en général, assez heureusement organisé pour aimer ses coopérateurs, quelque nombreux et quelque lointains qu'ils puissent être. Mais un tel sentiment, dû à une précieuse réaction de l'intelligence sur la sociabilité, ne saurait certainement, par sa nature, avoir jamais assez d'énergie pour diriger la vie sociale (1).

Décidément le principe universel ne l'est pas suffisamment. Il est inférieur à sa tâche. Donc il n'est point universel.

L'amour étant supposé principe universel, il est celui du mariage comme de tout le reste. Il est donc, en premier lieu, la raison d'être de la société. Celle-ci ayant son point de départ dans la famille, avant d'aller plus loin, en Sociologie, il faut déterminer la valeur propre des éléments qui la constituent. Le premier de ces éléments est le mariage lui-même, qui ne doit exister qu'entre un seul homme et une seule femme. C'est la monogamie qui a succédé à la polygamie des anciens chez les peuples les plus civilisés.

Il doit exister une inévitable subordination naturelle de la femme envers l'homme, dont tous les âges de la civilisation reproduisent, sous des formes variées, l'ineffaçable caractère... « Chimériques déclamations révolutionnaires sur la prétendue égalité des deux sexes, la saine philosophie biologi-

____

(1) Comte, *Cours*, IV, p. 420.

que démontrant directement, soit par l'examen anatomique, soit par l'observation physiologique les différences radicales, à la fois physiques et morales, qui, dans toutes les espèces animales, et surtout dans la race humaine, séparent profondément l'un de l'autre ». « Rapprochant, autant que possible, l'analyse des sexes de celle des âges, la biologie positive tend finalement à représenter le sexe féminin, principalement chez notre espèce, comme nécessairement constitué, comparativement à l'autre, en une sorte d'enfance continue, qui l'éloigne davantage, sous les plus importants rapports du type idéal de la race »... « La sociologie montrera d'abord l'incompatibilité radicale de toute existence sociale avec cette chimérique égalité des sexes ». « Evidente infériorité relative de la femme relativement à l'activité spéculative »... « Quant aux fonctions quelconques de gouvernement, fussent-elles réduites à l'état le plus élémentaire, et purement relatives à la conduite générale de la simple famille »... « En second lieu, dans le système réel de notre vie affective, les instincts personnels dominent nécessairement les instincts sociaux, qui ne peuvent jamais devenir les moteurs habituels de l'existence effective »... « Heureuse destination sociale éminemment réservée au sexe féminin. Quoique ce sexe participe inévitablement, à cet égard comme à l'autre, au type commun de l'humanité, il est incontestable que les femmes sont, en général, aussi supérieures aux hommes par un plus grand essor spontané de la sympathie et de la sociabilité qu'elles leur sont inférieures quant à l'intelligence et à la raison » (1).

« Il ne faut point sans doute regarder la disposition trop vulgaire à commander comme le signe d'une vraie vocation de gouvernement qui doit être infiniment rare, à cause de l'éminente prépondérance qu'elle exige. C'est ainsi, par exemple, que les femmes, en général si passionnées pour la domination, sont d'ordinaire si radicalement impropres à tout gourvernement, même domestique, soit en vertu d'une raison moins développée, soit aussi par la mobile irritabilité d'un caractère plus imparfait » (2).

Voici, une fois de plus l'Amour, aux prises avec l'Intelligence. Le premier est la faculté dominante du sexe inférieur et la seconde du sexe supérieur. Mais si l'Amour est la faculté essentielle, primordiale de l'humanité, s'il constitue le principe universel, et que ce soit la femme qui le représente, c'est à elle incontestablement qu'appartient la primauté. Il y a là une contradiction évidente mais qui doit disparaître plus tard, lorque Clotilde Devaux aura accompli son œuvre, en régénérant son adorateur. Alors l'apothéose de la femme surgit.

Lorsque Comte fut devenu un homme nouveau,

---

(1) *Cours de philosophie positive*, IV, p. 405-406-407-408.
(2) *Ibid.*, IV, p. 438.

il avait nécessairement modifié son point de vue primitif, il le reconnaît lui-même, bien que ses admirateurs orthodoxes se refusent d'en convenir. Il faut pour eux qu'il ait été invariablement, d'un bout à l'autre de sa carrière philosophique, l'homme d'une seule idée, ne pouvant être que la création d'une religion nouvelle : le culte de ce fantôme abstrait qu'il appelle l'humanité.

Comte, régénéré par Clotilde, fut donc un homme nouveau que l'amour, l'amour pur, qui lui était inconnu, avait complètement transformé.

Le mari n'est plus le chef de la femme, comme à l'époque où certaine épouse s'adonnait à la métaphysique.

Ayant un rôle privé et public des plus élevés, la femme doit être nourrie par son mari, ou à défaut de l'époux et des parents, la société doit garantir l'existence matérielle de chaque femme. Suppression des dots et successions féminines. Affranchissement universel du travail extérieur et libre renonciation à toute richesse.

D'autre part le système d'éducation générale destiné aux prolétaires devra être étendu aux deux sexes.

Organes spontanés du sentiment, qui seul préside à l'unité humaine, les femmes constituent l'élément le plus direct et le plus pur du pouvoir modérateur destiné à moraliser, de plus en plus, l'empire nécessaire de la force matérielle. A ce titre elles sont chargées comme mères et puis comme épouses, de l'Education morale de l'humanité.

Les femmes n'ont toutes au fond qu'une même mission : celle d'aimer. Quelle sera la récompense naturelle de leur destinée ? La nouvelle doctrine universelle peut seule instituer dignement le culte à la fois public et privé de la femme. Ce sera le premier degré permanent du culte fondamental de l'humanité, qui sera finalement le centre général du Positivisme, tant philosophique que politique.

Le culte de la femme ne put être qu'ébauché au moyen âge. Le positivisme dispose autant l'esprit que le cœur à organiser dignement, dans toute la vie réelle, soit privée, soit publique, le culte à la fois individuel et collectif du sexe affectif par le sexe actif. Le genou de l'homme ne fléchira plus que devant la femme. Chaque femme deviendra pour chaque homme la meilleure personnification de l'humanité. L'imperfection morale du sexe actif lui prescrit de développer, par un exercice assidu, les affections tendres qui sont, chez lui, trop inertes. Rien ne peut mieux remplir cette importante fonction qu'une pratique familière, à la fois privée et publique du culte féminin. C'est ce culte féminin, d'abord privé, puis public, qui peut seul préparer l'homme au culte réel de l'humanité, car la prière humaine doit finalement avoir surtout en vue l'humanité. Clotilde a été l'occasion et est devenue le fond et

le résumé de toute la doctrine de Comte sur la
femme. Il est inlassable sur ce chapitre et ne
saurait élever trop haut ce que jadis il appréciait
si peu. En voici de nouvelles preuves. « Comme
mère d'abord, et bientôt comme sœur, comme
épouse surtout, enfin comme fille, accessoire-
ment comme domestique, sous chacun de ces
quatre aspects naturels la femme est destinée à
préserver l'homme de la corruption inhérente à
son existence pratique et théorique... Le pouvoir
matériel est concentré chez les grands ou les
riches ; le pouvoir intellectuel appartient aux
sages et aux prêtres ; le pouvoir moral réside
parmi les femmes. Dans l'État et dans la famille le
second et le troisième constituent un pouvoir
unique, sous le titre de spirituel destiné surtout à
modifier le pouvoir matériel ; la femme étant placée
au premier rang de la sociocratie, comme offrant
la meilleure personnification du Grand Etre. La
supériorité de la femme devient évidente quand
on considère la disposition spontanée du sexe
arrivant à faire toujours prévaloir la morale.

« Les femmes sont des Etres intermédiaires
entre les hommes et l'Humanité ».

Non seulement la contradiction de la pensée de
Comte est flagrante entre le premier et le second
jugement porté sur le sexe féminin, mais son rêve
amoureux, car il a toujours Clotilde devant ses
yeux, dépasse toute limite, et il en vient à s'imaginer une parthénogenèse générale chez la femme,

chez cet élément essentiel du pouvoir spirituel, chez cet être dont la suprématie est incontestable sur tous les autres êtres, chez cet être intermédiaire entre l'Humanité et l'homme, entre le remplaçant du Dieu traditionnel (auquel il est très supérieur) et l'homme. Pareille hypothèse biologique (la parthénogenèse) rapproche plus encore la femme de l'Humanité, puisque celle-ci, d'une façon inexplicable, a été le point de départ du genre humain. C'est une conception systématique, ce qui pour Comte a la valeur d'une démonstration. Il commença d'ailleurs par la présenter comme une simple hypothèse, mais cette hypothèse finit par devenir l'objectif à poursuivre et à atteindre, ainsi qu'il a été dit précédemment.

Ainsi la suprématie de la femme est chose certaine. Elle occupe une place intermédiaire entre l'Humanité (Divinité positiviste) et l'homme lui-même. L'Humanité sera l'objet d'un culte public et la femme d'un culte privé consistant dans l'intime adoration du sexe affectif, car il fournit la meilleure personnification d'un ensemble fondé sur l'Amour. C'est un complément de l'adoration fondamentale de l'Humanité s'adressant à la mère, à l'épouse ou à la fille, que la sœur peut également remplacer, ainsi que la domestique.

Je viens de donner un exemple des transformations que la pensée de Comte a pu subir, en choisissant le sujet où sa pensée première a été singulièrement altérée. L'Etre inférieur devient l'être

incomparable qui joue ou qui est appelé à jouer le
premier rôle dans l'histoire du genre humain, et
cela au nom de la logique du sentiment qui finit
par se substituer à toute autre.

Pareil exemple donne lieu à une remarque incidente. Dans sa première manière, Comte nous représente l'homme comme un simple prolongement du
règne animal. Mais l'apothéose de la femme l'a
conduit à en faire la meilleure expression de l'Humanité, véritable déesse qui semble engendrer le
genre humain, bien qu'il ne lui soit uni que subjectivement. Cette abstraction a inspiré à Comte
autant de Grands Etres du genre animal qu'il y a
d'animalités distinctes. Chaque espèce est subordonnée à sa déesse particulière. Malheureusement
l'ensemble de ces petits grands êtres ne peut offrir
le développement progressif dont jouit notre propre
Grand Etre ou l'Humanité, parce qu'ils ne peuvent
lutter avec avantage contre la concurrence que
leur fait cette dernière. C'est ainsi que le progrès
n'existe point, pour nos frères inférieurs, dont
décidément nous ne procédons point; nous n'en
sommes point le prolongement, car, s'il en était
ainsi, ce serait le Grand Etre des singes qui serait
devenu celui des hommes.

Je reviens à la femme.

« La théorie positive de la force morale, qui est
destinée à modifier le règne spontané de la force
matérielle, est constituée par le concours nécessaire
des trois éléments sociaux qui restent en dehors

de l'ordre politique proprement dit. Les femmes constituent la source domestique du pouvoir modérateur, dont les philosophes (pouvoir spirituel) deviennent l'organe systématique et les prolétaires la garantie politique... L'état définitif de l'humanité s'annonce ainsi comme pleinement confor· me à notre propre nature où le sentiment, la raison et l'activité correspondent exactement aux trois éléments nécessaires de l'alliance régénératrice... En fondant l'ensemble de la saine philosophie sur la prépondérance systématique du cœur, on appelle aussitôt les femmes à former une partie essentielle du nouveau pouvoir spirituel. Pour la spiritualité positive, elles constituent la représentation la plus naturelle et la plus pure de son principe fondamental... Sans sortir de la famille, elles doivent, à leur manière, participer au pouvoir modérateur avec les philosophes et les prolétaires. Elles cons· tituent en un mot les prêtresses spontanées de l'Humanité. Leur office consiste surtout à cultiver le principe affectif de l'unité humaine dont elles offrent spécialement la plus pure personnification... Les philosophes, à moins d'être indignes de leur propre mission, sentiront le besoin personnel d'aller souvent retremper leur âme à cette source spontanée de la vraie sociabilité... Devoir naturel de douce remontrance habituelle de l'élément féminin, envers les deux autres éléments du pouvoir modérateur, pour les ramener au principe fondamental confié à sa garde spéciale, en redressant

chez chacun d'eux les vices auxquels il est enclin.
Les femmes rectifieront chez les philosophes l'abus
du raisonnement. L'action féminine redresse fré-
quemment chez le peuple l'abus de l'énergie.

« Supérieures par l'amour, mieux disposées à
toujours subordonner au sentiment l'intelligence
et l'activité, les femmes constituent spontanément des êtres intermédiaires entre l'Humanité et
les hommes. Le Grand Être leur confie spécialement sa providence morale. Telle est leur sublime
destination ».

La primauté de la femme est maintenant nettement établie. Elle représente éminemment l'amour
universel, principe fondamental de l'Humanité, et,
prêtresse de cette Humanité, elle est le tuteur naturel, le bon génie du prolétariat et du pouvoir
spirituel qu'exerce le sacerdoce positiviste (les philosophes).

« Dans le mariage, le fait capital pour la femme
n'est point la maternité, mais d'être la compagne
de l'homme. La principale destination du mariage
est de compléter et de consolider l'éducation du
cœur, en développant les plus pures et les plus
vives de toutes les sympathies humaines ».

Telle est la théorie positive du mariage et de la
famille où la question de la propagation de l'espèce
ne joue qu'un rôle fort accessoire. Qu'en pensent
les naturalistes surtout qui ne voient dans l'espèce
humaine que le simple prolongement du règne
animal ? Décidément ici plus de continuité et *Na*-

tura fecit saltus. « L'union fondamentale du mariage doit être exclusive et indissoluble. Point de divorce. Devoir du veuvage éternel, complément de la vraie monogamie qui est surtout destinée à perfectionner le cœur humain ».

La théorie du mariage est indépendante de toute destination physique; son efficacité personnelle et sociale serait réalisable dans une union qui resterait toujours aussi chaste que le lien fraternel. Quand la maternité survient, le positivisme attribue à la mère la principale direction de l'ensemble de l'éducation domestique. En effet, l'éducation est nécessairement confiée au pouvoir spirituel, que la femme représente nécessairement au sein de la famille. Les femmes reprendront mieux qu'au Moyen Age la présidence générale d'une éducation où la morale dominera toujours. L'éducation des sentiments doit dépendre essentiellement des mères. Quant à l'éducation morale, les philosophes ne devront s'en emparer que dans les dernières années qui précèdent la majorité.

Entre les passages du Cours où il est question de la femme et l'analyse de la Politique positive que je viens de faire, il s'est passé de bien graves événements, au moins par leurs conséquences théoriques, pour opérer une pareille transformation, chez la femme, qui n'a plus d'infériorité que sous le rapport de la spéculation, mais qui étant devenue un être intermédiaire entre le Grand Etre et l'homme, une prêtresse spontanée de l'Humanité, l'incarnation de l'amour universel (principe suprême de l'Humanité), elle participe pour sa part au pouvoir spirituel placé sous son angélique tutelle, est devenue le vrai symbole de l'Humanité, et, à ces titres divers, a la surintendance de l'éducation domestique. Évidemment nous sommes en présence d'une situation sans analogie avec la première manière de Comte.

Il reste à faire une dernière observation relativement aux femmes. Elles ne doivent jamais être prises collectivement, parce que, au dire de Comte, le sentiment ne comporte qu'une évolution individuelle. Nouveau motif d'une supériorité vraiment écrasante de la femme sur l'homme, qui ne possède aucune valeur personnelle, puisqu'il n'a aucune réalité comme individu ; à ce titre il n'est qu'une abstraction pure, et doit être toujours envisagé collectivement.

J'ai de la peine à croire que le pontife suprême de l'humanité eût la pensée de s'appliquer à lui-même une règle pareille, qui aurait réduit le prétendu fondateur du positivisme à bien peu de chose. Exceptionnellement il devait, comme les femmes, ou plutôt comme Clotilde, être une expression grandiose de l'humanité. Cela étant, je demande ce qu'on doit penser d'un genre humain qui, à une exception près, est composé de deux éléments, l'un abstrait, savoir le sexe fort, l'autre réel et constitué par des individus, savoir le sexe faible.

Après avoir fait la part du dithyrambe sur la femme, il faut indiquer aussi la part qui revient à l'homme. Celui-ci possède l'intelligence, à un degré médiocre, bien que plus élevé que chez la femme. Néanmoins cette faculté a besoin d'être stimulée par le sentiment, sous forme de penchants de la vie animale, et aussi, dans une moindre mesure, par les affections sympathiques. D'une manière générale l'homme est fait surtout pour la spéculation et l'action. A lui revient et la direction extérieure de la famille (il possédait la direction intérieure quand la femme en avait été déclarée incapable) et tout ce qui concerne le gouvernement des sociétés organisées. De plus, étant donnée la faiblesse relative de notre intelligence, nous avons besoin d'être dominés par l'ensemble des instincts personnels, seuls vraiment susceptibles d'imprimer, à la vie sociale, une impulsion constante et un cours régulier.

A ceci je réponds : les instincts de l'homme, ses passions, ses intérêts, ses sentiments proprement dits sont en eux-mêmes parfaitement légitimes, mais ils doivent tous être dirigés par les règles de la morale que nous devons à l'exercice correct de la raison humaine, que le sentiment complète, mais ne domine point. Et ce que je dis de l'homme, je le dis aussi de la femme, tout en lui accordant une supériorité ordinaire dans l'ordre affectueux.

La famille est une union des êtres, comme le dit

Comte, la société une association. Au point de
vue de l'union, il y a deux ordres de relations
nécessaires : savoir la subordination des sexes et
ensuite celle des âges, dont l'une institue la famille
et l'autre la maintient. « L'esprit du mariage consiste toujours dans l'inévitable subordination
naturelle de la femme envers l'homme, dont tous
les âges de la civilisation reproduisent, sous des
formes variées, l'ineffaçable caractère, et que la
nouvelle philosophie politique saura définitivement
préserver de toute tentation anarchique, en lui
ôtant à jamais ce vain caractère religieux qui ne
peut plus servir aujourd'hui qu'à la compromettre,
pour la rattacher immédiatement à la base inébranlable fournie par la connaissance réelle de
l'organisme individuel et de l'organisme social...
Chimériques déclamations révolutionnaires sur la
prétendue égalité des deux sexes ». La femme
doit accepter avec reconnaissance la domination
pratique de l'homme, afin de mieux développer sa
supériorité morale.

« Relativement à l'homme, indispensable fonction modératrice à jamais dévolue à la femme.

» Subordination des âges dans la famille ; l'absolue égalité fraternelle doit être au fond aussi
transitoire que les autres ».

LA RELIGION

L'histoire nous montre qu'en sociologie la religion possède, comme lien social, une considérable

importance. Comment Comte l'a-t-il appréciée et quel rôle lui fait-il jouer?

Ici, comme toujours, il faut faire intervenir l'influence de Clotilde, à un moment donné. Quand cette influence n'existait point, Comte, soit par tradition de famille, soit à cause de l'influence majeure exercée sur lui par de Maistre, ne peut se lasser d'exalter l'organisation du catholicisme, chef-d'œuvre de la sagesse humaine, qui battait son plein à l'époque du Moyen âge. Mais, en même temps qu'il exaltait l'organisation, il condamnait, en termes sévères, la doctrine. Or, la doctrine est précisément ce qui constitue l'élément religieux du catholicisme, comme du judaïsme, comme du protestantisme. L'organisation n'est pas une religion, mais une administration, fait accessoire bien que nécessaire. Comte l'a-t-il jamais compris?

Dans la première manière, il y avait sans doute un pouvoir spirituel, tout d'abord exclusivement scientifique, formé d'académiciens et n'ayant, par cela même, rien de sacerdotal. Ce pouvoir, émané exclusivement de la doctrine philosophique de Comte, n'ayant alors aucun caractère religieux, devait sans doute, comme influence intellectuelle et morale, remplacer, à brève échéance, le christianisme, le judaïsme, le mahométisme, en imitant d'ailleurs le plus possible l'organisation du catholicisme, mais point sa dogmatique.

Je rappellerai à ce propos la loi fatidique des trois états. Au début la religion, puis la métaphysique, puis l'état positif. Celui-ci est le point final des destinées de l'humanité. C'est le terme suprême et définitif du progrès. Or, cette loi qui appartient, comme on peut le savoir si on le veut bien, à Saint-Simon, a été promulguée avant le *Cours*, à l'époque où le Maître, ayant des tendances religieuses, Comte cessa d'être son disciple. Aussi le *Cours* est-il étranger à toute religion, et il y est même déclaré que, par sa nature, toute religion est nécessairement surnaturelle. Puis, après le *Cours*, survient Clotilde dont l'amour régénère, transforme Comte qui l'adore. Pour lui, elle devient le symbole de l'humanité toute entière qui se transforme en Divinité. D'où la nécessité d'un culte concomitant à la doctrine nouvelle, dont les sciences naturelles ou autres, transformées toutes ensemble en œuvres d'amour, constituent la dogmatique. Celle-ci, la chose est certaine, a son début dans la *Politique*.

ÉCONOMIE POLITIQUE

LA PROPRIÉTÉ

Comte, rejetant le communisme, malgré le caractère sentimental qu'il lui attribue, s'exprime ainsi sur le principe fondamental de la propriété :

« Aucune propriété ne pouvant être créée, ni même transmise par son seul possesseur, sans une indispensable coopération publique, à la fois spéciale et générale, son exercice ne doit jamais être purement individuel. Toujours et partout, la communauté y est intervenue pour le subordonner aux besoins sociaux. L'impôt associe réellement le public à chaque fortune particulière, et la marche spéciale de la civilisation, loin de diminuer cette participation l'augmente continuellement, surtout chez les modernes, en développant davantage la liaison de chacun à tous. Un autre usage universel prouve que la communauté se croit même autorisée à s'emparer de la propriété toute entière. Nos communistes ont très bien réfuté les juristes quant à la nature générale de la propriété... Il faut admettre aussi la critique fondamentale des économistes, dont les maximes métaphysiques interdisent toute régularisation sociale des fortunes personnelles » (1).

« Dans tout état normal de l'humanité, chaque citoyen quelconque constitue réellement un fonctionnaire public, dont les attributions plus ou moins définies déterminent à la fois les obligations et les prétentions. Ce principe universel doit certainement s'étendre jusqu'à la propriété où le positivisme voit, surtout, une indispensable fonction sociale, destinée à former et à administrer les capitaux par lesquels chaque génération prépare les travaux de la suivante.

« Sous ces divers aspects, le principe fondamental du communisme est absorbé par le posi-

____

(1) *Politique positive*, I, p. 155.

tivisme. En le fortifiant beaucoup, la nouvelle philosophie l'étend davantage, puisqu'elle l'applique aussi à tous les modes quelconques de l'existence humaine, indistinctement voués aux services continus de la communauté » (1).

Un auteur connu a écrit les lignes suivantes qui mettent suffisamment en relief le rôle sociologique de l'individu, abstraction pure et simple, au dire de Comte qui n'admet de réalité que dans l'Humanité.

« ... Dangereuse tendance du communisme à comprimer toute individualité. On oublie ainsi la prépondérance naturelle de l'instinct personnel, et on méconnaît l'un des deux caractères fondamentaux de l'organisme collectif, où la séparation des fonctions n'est pas moins nécessaire que leur concours. L'individualité est indispensable à notre nature sociale, afin d'y permettre la variété d'efforts simultanés qui la rend si supérieure à toute existence personnelle. Le grand problème humain consiste à concilier, autant que possible, cette libre division avec une convergence non moins urgente. Une préoccupation exclusive de cette dernière condition tendrait à détruire toute activité réelle » (2).

La réflexion que je viens de citer me paraît on ne peut plus exacte et elle ne peut être que pro-

---

(1) *Ibid.*, p. 156.
(2) *Politique positive*, I, p. 158.

fitable à quiconque cherche à approfondir la question.

L'activité individuelle est le point de départ de toute société, et il serait inadmissible que l'on arrivât, dans l'évolution de celle-ci, à ne plus tenir compte du fait premier. Si l'affection est la raison d'être de la famille et, ensuite, dans une certaine mesure, de la cité, il y a un autre élément, savoir l'utilité que nous constatons dans la coopération de caractères variés. Et, de l'aveu de Comte lui-même, c'est précisément cette dernière qui devient la raison dominante des phénomènes sociaux. L'amour ou sympathie ne joue plus qu'un rôle secondaire. D'où il s'ensuit que l'individu est devenu un facteur de premier ordre et, par conséquent, possède une incontestable valeur propre. Ce n'est point une négation, ce n'est point une abstraction.

Il y a plus. Nous avons à nous demander, maintenant, si nous ne sommes ici en présence que d'une valeur d'utilité, n'ayant de prix que relativement à l'ensemble du corps social, à l'humanité elle-même, soit prise au sens restreint, soit prise dans le sens religieux imaginé par Comte. Il y a, nous le savons, deux manières très différentes d'entendre la morale ou règle des mœurs, suivant qu'on n'admet que des devoirs chez l'homme, comme l'a prétendu Comte, ou suivant qu'on reconnaît en lui, non seulement des devoirs, mais aussi des droits. Les premiers impliquant

une liberté qui est la seule raison d'être de la
responsabilité de nos actes, ce que notre auteur
n'a point compris. Les seconds impliquant le respect de la conduite de nos semblables, quand elle
ne dépasse point la mesure de la stricte justice.
Celle ci est la règle de nos rapports réciproques.

La règle utilitaire en morale n'a qu'une valeur
relative, car elle ne vaut que lorsqu'elle se conci-
lie avec le droit et le devoir, qui sont des termes
incompréhensibles quand on ne voit, dans le règne
humain, que le prolongement, la continuation du
règne animal. Ceci revient à dire que l'homme est
un être moral, qualité infiniment précieuse puisque nous n'en connaissons pas d'autre exemple
dans la nature.

A un moment donné de l'histoire de notre globe,
par une raison ou un mécanisme quelconque, cet
homme vient prendre une place au sein de l'animalité préexistante. Il doit subvenir à sa subsistance et se livrer à des travaux variés dont le résultat, lorsqu'il dépasse les besoins immédiats de
l'existence, constitue une réserve à laquelle on a
donné le nom de capital. A qui appartient ce capital?

Quand un citoyen travaille pour le gouvernement, qui lui donne des moyens de vivre ainsi
qu'à sa propre famille, il est évident que le béné-
fice du travail exécuté revient à la société que le
gouvernement représente; mais à la condition
toutefois que l'œuvre accomplie soit équitable-

ment rémunérée. Ainsi peut être constitué un certain capital, au prix d'efforts personnels dont la société est tenue de respecter le résultat. Elle n'a d'autres droits, vis-à-vis de chacun, que la part exigée par la justice. La protection accordée à chaque citoyen et les autres avantages collectifs dont il bénéficie doivent être aussi reconnus et justifient le paiement de l'impôt. Mais il faut que celui-ci n'ait rien d'exagéré, cas auquel il devient injuste, autrement dit inique. La justice, qui est la règle entre citoyens, devra exister aussi entre le gouvernement et les divers membres du corps social. L'histoire ne donne pas toujours des leçons pour la conduite à tenir. Elle nous montre aussi des choses dont l'imitation serait condamnable. Par exemple, la confiscation qui n'est qu'un vol peu déguisé, pratiqué par un pur abus de la force collective, au détriment du droit individuel.

Quelle est la pensée de Comte sur cette question capitale? Elle est d'une clarté parfaite et en harmonie avec le dogme de la collectivité possédant tous les droits et de l'individualité n'ayant que des devoirs à pratiquer.

« L'impôt associe réellement le public à chaque fortune particulière, et la marche générale de la civilisation, loin de diminuer cette participation l'augmente continuellement chez les modernes, en développant davantage la liaison de chacun à tous. Un autre usage universel prouve que, dans certains cas extrêmes, la communauté se croit même autorisée à s'emparer de la propriété toute entière. Quoique la confiscation ait été abolie provisoirement en France, cette unique exception, due à l'abus récent de ce droit incontestable, ne saurait longtemps survivre aux souvenirs qui l'inspirèrent » (1).

« Le positivisme systématise le principe spontané du communisme sur la nature sociale de la propriété ».

Décidément le citoyen n'est qu'un simple fonctionnaire de la collectivité, travaillant pour elle essentiellement et pour le plus grand bien de l'humanité en général, c'est-à-dire du Grand Être, qui, un jour ou l'autre, l'appellera dans son sein et l'y fera jouir (2), comme récompense de son absolu désintéressement, de l'Eternité subjective.

Nous en revenons donc à l'individualité non être qui n'a aucun droit et qui ne vit que pour accomplir ses devoirs.

Le passage que je viens de citer établit nettement les choses. Nous sommes ici en présence d'une doctrine d'un socialisme très net, dont Comte donne la théorie. Et il la donne tellement nette, tellement précise qu'on peut être surpris de ce qu'il déclare ailleurs n'être point socialiste, ce qui a suffi pour le faire croire à d'autres, mais non à tous.

---

(1) *Politique positive*, I, p. 155.
(2) *Ibid.*, I, p. 155.

Le fond du débat est une question de pure sociologie. La famille s'est formée pour le bien de l'individu, pour son bonheur domestique et pour une
collaboration certaine du mari et de la femme. La
peuplade, la cité se sont organisées pour des raisons d'utilité et, dans une certaine mesure de sympathie, mais ce qui domine est la collaboration,
acte utilitaire, et, de l'aveu de Comte lui-même,
je le répète, c'est celle-ci qui va remplacer généralement la sympathie dans l'évolution économique des sociétés.

D'où la conclusion péremptoire que la société
est faite pour l'homme et non pas l'homme pour
la société.

La double question sociologique de droits et de
devoirs nous remet en présence de la morale proprement dite qui est constituée par ces deux éléments essentiels.

Il n'est point douteux qu'à l'origine la propriété
du sol avait un caractère collectif ou commun. Il
est, de plus, généralement admis que la propriété
des objets mobiliers, tels que outils, armes, vête-
ments, fruits de la chasse et de la pêche devait
simultanément être individuelle. La propriété du
sol, elle, n'a point été le fruit du travail mais d'une
occupation, violente ou non, dont a profité la
famille ou la tribu. Plus tard, il arriva, avec des
habitudes sédentaires, qu'on partagea le sol de la
tribu entre les diverses familles, tout en réservant
une partie plus ou moins importante pour l'usage
collectif.

Cette propriété du sol se transmettait héréditai-
rement dans la descendance à titre collectif et non
individuel. Le chef de la famille la représentait, et
il ne pouvait rien aliéner de ce qui lui était transmis. La coutume dans la race Aryenne, chez les
groupes Grecs et Romains, s'est associée intime-
ment à la notion religieuse. Les dieux du foyer,
leur culte, le patrimoine, sont des termes étroitement, indissolublement unis (1). D'une manière
générale, excepté pour la partie du sol demeurée
indivise, l'usufruit primitif se convertit en propriété de famille. Le travail ne figure point comme
raison d'être de la propriété du sol, mais on le
trouve dans l'hérédité pour la propriété mobilière.

Nous sommes en présence, pour la propriété du
sol, d'une solution positive qui de la tribu nous
conduit à la famille, et finalement à l'individu.
C'est ainsi que nous constatons que le client, ce
serf d'un autre âge, mis en jouissance d'une partie
du sol, finit par en devenir le propriétaire, étant
parvenu à se détacher complètement du patron ou
chef de la Gens, à Rome, et des Eupatrides en
Grèce. Mais ce fait de la propriété personnelle ne
fut définitivement consacré, comme un droit *naturel et imprescriptible*, que par la Révolution
Française. On sait que Louis XIV n'y voyait qu'un
usufruit consenti par la puissance royale et toujours révocable. La Sorbonne, si mes souvenirs me

____

(1) Fustel de Coulanges.

sont fidèles, partageait cette manière de voir. Nous avons commencé par un socialisme communiste presque complet et sommes arrivés, *pour ce qui nous concerne,* au terme d'une longue évolution par une série d'étapes successives. L'Individu à l'origine placé à la périphérie a fini par occuper le centre économique. Le processus s'est fait en sens inverse de la donnée première de la collectivité. Mais on aurait tort de s'imaginer que l'évolution s'est produite d'une manière ininterrompue dans une même direction, comme il en aurait été, nécessairement, pour toute fatalité physique. Après l'esclavage survinrent le colonat romain de l'époque impériale, puis le colonat de la monarchie franque, puis le servage de l'époque féodale où se produisit le retour aux communautés de familles (1). Puis survinrent les corporations.

Comte a changé plusieurs fois de point de vue en bien des choses. Ainsi en est-il pour l'économie politique sur laquelle son langage offre de grandes discordances. Il s'en tenait probablement à A. Smith et à Say, lorsque, aux jours de sa jeunesse, il écrivait à Saint-Simon, son véritable père spirituel : « La seule politique raisonnable, c'est l'économie politique ». Elle n'a point eu jusqu'ici de base réelle : « Lui en donner une est ce qu'on peut faire aujourd'hui de plus important pour les progrès de la science. Or ce but me paraît rempli

____

(1) Doniol.

par votre idée fondamentale : la propriété est
l'institution la plus importante de toutes, et elle
doit être constituée de la manière la plus favorable
à la production. Toutes les vérités acquises en
économie politique me semblent pouvoir se rattacher à cette belle idée, et, par là, elle fournit les
moyens de faire enfin la véritable science politique fondée sur les observations économiques. La
morale est une science à faire tout comme la politique. La morale comme la politique me paraît
devoir être entée sur l'économie politique, car je
pense que les règles morales, comme les institutions politiques, doivent être jugées d'après l'influence qu'elles exercent ou peuvent exercer sur
la production ». Dans ce temps-là, comme on le
voit par la base qu'il donne à la morale, Comte
est un utilitaire de première grandeur.

Dans le *Cours* et la *Politique* Comte tient un
tout autre langage : « L'ensemble des travaux des
économistes manifeste, évidemment, les caractères
les plus décisifs des conceptions purement métaphysiques, à l'exception de ceux dûs à Adam
Smith. L'économie politique n'est qu'une prétendue science. L'esprit général de l'économie politique conduit essentiellement, aujourd'hui, à ériger
en dogme universel l'absence nécessaire de toute
intervention régulatrice quelconque, comme constituant, par la nature du sujet, le moyen le plus
convenable de seconder l'essor spontané de la
société. « Il est certain que l'analyse économique

ou industrielle de la société ne saurait être positivement accomplie, abstraction faite de son analyse intellectuelle, morale et politique ».

Henri Marion, dans son intéressante et remarquable étude sur Locke (1), met à juste titre en lumière le côté économique de ce grand philosophe : « Par ses *considérations sur les conséquences de la diminution de l'intérêt et de l'augmentation de la valeur de l'argent,* il rendit un grand service à son pays et fut, sinon le fondateur, au moins le précurseur de la science économique. Ses arguments agirent sur l'opinion d'une manière lente, mais sûre... » « Plusieurs idées, aujourd'hui courantes et fondamentales, dans la théorie de la monnaie, ont été démêlées par lui le premier ».

Dupont de Nemours s'exprime ainsi sur les origines de la première école d'économistes, celle des Physiocrates : « Les économistes français, fondateurs de la science moderne de l'économie politique (Quesnay, de Gournay, Turgot), ont eu pour précurseurs le duc de Sully, qui disait : le labourage et le pâturage sont les mamelles de l'État; et le marquis d'Argenson de qui est la belle maxime : pas trop gouverner ». Quesnay fut secrétaire perpétuel de l'Académie de chirurgie et médecin consultant du roi Louis XV. Long-

____

(1) J. Locke, *Sa vie et son œuvre, d'après des documemts nouveaux,* p. 64.

temps avant la naissance de Comte, il conçut l'idée positive que l'organisation de la société est soumise, comme celle de l'individu lui-même, en ce qui touche son développement et sa conservation, à des lois immuables et qui, par cela même, ne doivent pas être contrariées par une intervention quelconque. De là la célèbre formule due à de Gournay : *Laissez faire, laissez passer.*

Avant Gournay, dit E. Daire, rien n'était plus vague que la notion du juste et de l'injuste, et la détermination des droits naturels et imprescriptibles de l'homme n'avait été traitée par aucun philosophe. En ceci Daire se trompait fort, car il n'avait lu évidemment ni Hubert Languet ni le célèbre philosophe Locke. Mais, Quesnay ayant traité les questions susdites, il est évident, d'une part, que son analyse industrielle de la société a pu être positivement accomplie, puisqu'il n'en a point négligé l'analyse intellectuelle et morale. Turgot, l'un des hommes les plus éminents de son siècle, appartenait à la même école des Physiocrates et, s'inspirant du principe de Locke que *la liberté est le fondement de tout le reste,* consacra sa vie à la cause de la libre concurrence des intérêts et à celle du libre examen dans les idées. Il reconnut d'ailleurs que les lois nécessaires de la nature sont modifiées par des éléments nouveaux, tels que la raison, les passions, la liberté. On voit par l'exemple donné par Turgot que l'analyse économique et industrielle de la société a été accompagnée de son analyse intellectuelle, morale et politique. Comte l'ignorait sans doute, comme tant d'autres choses dans l'histoire du passé.

Dans le cas présent, le nom de Physiocrates donné à Quesnay et à son école aurait dû bien disposer l'Ecole positive, qui avait inventé la physique sociale, à l'égard de la Physiocratie. Quesnay a pensé, en effet, que puisque la nature extérieure est soumise à des lois, il devait en être de même pour le travail agricole, seule source de l'industrie d'après lui. On peut se demander comment Comte a pu rejeter, dans l'espèce, une simple application de sa doctrine générale. En effet, à son dire, tous les phénomènes sont régis par des lois, donc ceux du travail agricole ou industriel proprement dit doivent l'être également. Mais, dans le cas présent, si la liberté de l'industrie lui est éminemment favorable, il va de soi que sa règle ou sa loi doit être une liberté complète. D'où la formule de Gournay : *Laissez faire, laissez passer.*

Il sera bientôt question de la formule du gouvernement donnée par le Grand Pontife : Le gouvernement a pour mission de contenir et de diriger. Comment concilier pareille définition, qui nous montre les gouvernements conduisant les peuples à la lisière, avec le *Laissez faire, laissez passer*, qui est, qui ne saurait être que de l'anarchie pure et simple. Nos opinions, nos pensées, nos sentiments, nos règles de conduite nous viennent d'en haut, et procèdent directement de l'Humanité, notre mère commune. Il n'y a donc qu'à nous y conformer. Ne point le faire serait mettre en doute tout le système, ce qu'à l'Humanité ne plaise.

La formule de Gournay était faite pour scandaliser Comte et lui a donné l'occasion de porter, sur l'économie politique, le langage suivant, aussi sévère qu'injuste : « L'économie politique a également son mode spécial de systématiser l'anarchie ; et les formes scientifiques qu'elle a empruntées, de nos jours, ne font, en réalité, qu'aggraver un tel danger, en tendant à le rendre plus dogmatique et plus étendu. Car cette prétendue science ne s'est point bornée, quant au passé, à critiquer, d'une manière beaucoup trop absolue, la politique industrielle des anciens pouvoirs européens, qui, malgré ses inconvénients actuels, avait certainement exercé longtemps une influence utile, et même indispensable, au premier développement industriel des sociétés modernes. Il y a bien plus : l'esprit général de l'économie politique, pour quiconque l'a convenablement apprécié, dans l'ensemble des écrits qui s'y rapportent, conduit essentiellement, aujourd'hui, à ériger en dogme universel l'absence nécessaire de toute intervention régulatrice quelconque, comme constituant, par la nature du sujet, le moyen le plus convenable de seconder l'essor spontané de la société ».

Sous ce rapport, comme à tout autre, Comte était un étatiste renforcé.

Comte a reproché à Destutt de Tracy d'avoir traité de l'économie politique dans la quatrième partie de son ouvrage d'Idéologie, entre la logique et la morale. Ne demandait-il point que les économistes, pour être vraiment complets fissent une analyse intellectuelle, morale et politique de la société ? Or, c'est précisément ce que Destutt de Tracy a tenté de faire, bien qu'il ait donné une base ruineuse à l'économie politique, en lui attribuant pour origine exclusive le besoin. Celui-ci est évidemment la condition de toute valeur et de toute utilité, mais du besoin ne peuvent naître ni la liberté ni la justice. Quoi qu'il en soit, le reproche formulé par Comte est mal fondé. Passant à A. Smith, il en parle en termes les plus louangeurs, car ce dernier a considéré la sympathie comme le mobile unique de nos actions et la loi du devoir. Ce principe exclusif de la conduite humaine, Comte le lui a ou non emprunté, et en a fait le grand usage que chacun sait. Il n'a point mentionné d'ailleurs que ce maître illustre a plaidé, mieux que personne, contre les monopoles et en faveur de la liberté du commerce.

Que penser de l'affirmation suivante : « Du reste, l'histoire contemporaine de cette prétendue science confirme, avec une irrésistible évidence, sa nature métaphysique » ? Effectivement, l'économie politique a marché de concert pendant le xviiie siècle avec la philosophie critique ; elle a reconnu des droits à l'individu, au lieu de les considérer comme le symbole le plus caractérisé de l'anarchie.

Cette économie politique a admis chez l'individu une valeur propre et non l'unité fictive d'une collectivité quelconque, simple matière à réprimer et à diriger dans toutes ses voies. « D'où la conclusion positiviste, sinon positive, que l'économie politique, comme toutes les autres parties de la philosophie révolutionnaire (critique), a également son mode spécial de systématiser l'anarchie ». Quant à sa nature métaphysique elle n'est pas moins douteuse puisqu'elle déplaisait à M. Comte dont on connaît l'habitude en cas pareil.

Il est bien manifeste que dans cette étude sociologique je n'ai eu qu'un but restreint, savoir montrer en termes généraux comment Comte comprenait cet ensemble de connaissances relatives au travail humain, que ce travail soit agricole, et visant par cela même exclusivement les productions du sol (Quesnay), soit industriel proprement dit. J'ai tenu à signaler les graves conséquences qui résultent du positivisme poursuivant sa carrière d'extermination de l'individu, au point de vue du travail comme à tout autre. La pensée est demeurée la même sur toute la ligne : la collectivité et rien que la collectivité, sauf les contradictions signalées.

LE GOUVERNEMENT

POUVOIR TEMPOREL

Le gouvernement est constitué par deux éléments : le pouvoir temporel et le pouvoir spirituel.

« Il y a une tendance élémentaire de toute société humaine à un gouvernement spontané. Cette tendance nécessaire est en harmonie, dans notre nature individuelle, avec un système correspondant de penchants spéciaux, les uns vers le commandement, les autres pour l'obéissance. Ces derniers sont les plus fréquents » (1).

« La force de cohésion sociale désignée sous le nom de gouvernement doit contenir et diriger » (2).

« Dès le début de ce traité, j'ai moi-même caractérisé les fâcheuses conséquences intellectuelles de l'esprit de spécialité exclusive qui domine aujourd'hui. Si d'une part, en effet, la séparation des fonctions sociales permet à l'esprit de détail un heureux développement, impossible de toute autre manière, elle tend spontanément, d'autre part, à étouffer l'esprit d'ensemble, ou, du moins, à l'entraver profondément.... ».

« La spécialité croissante des idées habituelles et des relations journalières doit inévitablement tendre à rétrécir de plus en plus l'intelligence,

---

(1) *Cours*, IV, p. 430.
(2) *Cours*, IV, p. 437.

quoique en l'aiguisant dans un sens unique... Si l'on a justement déploré de voir un ouvrier exclusivement occupé, pendant sa vie entière, à la fabrication de têtes d'épingle, la saine philosophie ne doit pas moins regretter l'emploi exclusif et continu d'un cerveau humain à la résolution de quelques équations ou au classement de quelques insectes » (1).

Que les savants se le tiennent pour dit.

« La destination sociale du gouvernement me paraît surtout consister à prévenir et à contenir, autant que possible, cette fatale disposition à la dispersion fondamentale des idées, des sentiments et des intérêts, résultat inévitable du principe même du développement humain et qui, si elle suivait sans obstacle son cours naturel, finirait par arrêter la progression sociale sous tous les rapports importants. Cette conception constitue la première base positive de la théorie du gouvernement caractérisé, en général, par l'universelle réaction nécessaire, d'abord spontanée, puis régularisée, de l'ensemble sur les parties. La nature d'une telle action indique assez qu'elle ne doit pas seulement être matérielle, mais aussi et surtout intellectuelle et morale. Ceci montre déjà la double nécessité distincte de ce qu'on nomme le gouvernement temporel et le gouvernement spirituel... C'est donc la prédominance de l'esprit d'ensemble

____

(1) *Cours*, VI, p. 429-430.

qui constitue nécessairement le caractère véritable
du gouvernement » (1).

« La force dispersée et concentrée constitue le
fondement naturel de l'existence humaine. « C'est
sur le seul principe de coopération que repose la
société politique proprement dite. Il suscite naturellement le gouvernement qui doit la maintenir
et la développer. Cette puissance est essentiellement matérielle puisqu'elle résulte toujours de la
grandeur ou de la richesse. Mais l'ordre social ne
peut jamais avoir d'autre base immédiate. « La
domination spontanée de la force constitue au
fond le seul pas capital qu'ait encore fait, depuis
Aristote jusqu'à moi, la théorie positive du gouvernement ».

» Cette force a besoin d'être complétée et réglée
par l'intelligence et l'influence morale. Il faut de
plus un régulateur social.

» Tous les dogmes essentiels de la métaphysique révolutionnaire conduisent à la négation indéfinie de tout vrai gouvernement. Cela est surtout
sensible pour le dogme de l'égalité, le plus essentiel et le plus actif après celui que je viens d'exa-
miner (le dogme de la liberté illimitée de conscience et qui, d'ailleurs, est en rapport nécessaire
avec lui), d'où devait évidemment résulter la pro-
clamation immédiate, quoique indirecte, de l'éga-

---

(1) *Ibid.*, p. 430-431.

lité la plus **fondamentale** : celle des intelligences » *(1)*. « Pareil dogme tend, à son tour, à empêcher toute véritable réorganisation, lorsque, pro-
longée outre mesure, son activité destructive,
faute d'aliment convenable, se dirige aveuglément
contre les bases mêmes d'un nouveau classement
social » (2). « Il est évident que les hommes ne
sont ni égaux entre eux, ni même équivalents, et
ne sauraient, par suite, posséder dans l'association
des droits identiques » (3).

Ainsi donc de cet ensemble de citations il résulte
que, conformément à l'opinion de Hobbes, le gouvernement est fondé sur la force, ne pouvant avoir
d'autre base immédiate; que sa fonction essentielle
est de réprimer et de diriger, d'où la nécessité
d'un autre pouvoir issu de l'intelligence et de l'influence morale qu'on désigne sous le nom de spirituel, qui joue le rôle de régulateur social, et qui
n'est autre chose que la religion positive.

Comte, on le sait suffisamment, s'est inspiré
essentiellement, non de la dogmatique du catho-

---

(1) *Cours*, IV, p. 52.
(2) *Ibid.*, p. 53.
(3) *Ibid.*, p. 54.

Après : *droits identiques*, Comte énonce la réserve suivante :
« Sauf, bien entendu, le droit fondamental, nécessairement commun
à tous, du libre développement normal de l'activité personnelle,
une fois convenablement dirigée ». C'est dans la queue (ou les
quatre derniers mots) qu'est le venin. En effet, c'est le pouvoir
spirituel qui doit diriger notre conduite. A ce point de vue nous
abdiquons ou devons abdiquer complètement entre ses mains. Tel
est notre devoir strict. Or, l'homme n'a que des devoirs.

licisme, qu'il prétend remplacer à tous égards,
par son propre système, mais de l'esprit même et
de l'organisation de ce qu'il appelle le chef-d'œuvre de la sagesse humaine. Vers la fin de sa vie,
il s'est préoccupé de se rapprocher de plus en plus
de cet idéal, d'une part, et du fétichisme de l'autre.

Ces deux considérations réunies (la force et la
direction intellectuelle et morale) sont en rapport
avec l'humilité du rôle qu'il assigne à l'individu
qui n'aurait, d'après lui, aucune valeur ni statique
ni dynamique. N'étant qu'une simple négation, il
n'y a qu'à ne lui rien attribuer en propre, ou, si on
le fait, ce ne sera après tout qu'une contradiction
de plus et à laquelle il n'y a pas lieu de s'arrêter.
L'individu d'ailleurs ne possède aucune liberté
morale, étant soumis, comme les animaux ses frères aînés, à des lois nécessaires qui le dominent et
règlent toute son activité, dans l'ensemble comme
dans le détail. Accorder des droits particuliers à
un être pareil est absurde puisque la liberté morale
lui manque, et qu'une affirmation de ce genre ne
peut avoir qu'un caractère anarchique et révolutionnaire. Mais comme, à tort ou à raison, on
admet l'utilité d'une morale ou règle de la conduite, et que Comte a fait jouer un rôle considérable à la pseudo-morale qu'il a inventée, il a jugé
à propos de n'attribuer à l'individu que des devoirs
à remplir. — Et cependant qui dit devoir dit
liberté, qui dit liberté dit droit.

On sait l'hostilité déclarée de Comte pour le

protestantisme. Il implique le droit individuel à
la liberté de conscience, vis-à-vis du pouvoir spirituel qu'était et qu'est encore le catholicisme. De
plus cette liberté de conscience ne tarda guère à
avoir son écho dans l'ordre politique pour y constituer le droit naturel au gouvernement soit directement, fait très rare, soit indirectement, par l'intermédiaire de représentants.

Le pouvoir temporel toujours partiel, suivant
l'expression de Comte, est appelé d'après lui à
s'exercer dans des limites très restreintes, après
avoir traversé une phase dictatoriale devant durer
une génération au moins, dirigée par d'éminents
prolétaires, tandis que le pouvoir spirituel est
appelé à régner sur toute la planète. Dans de
telles conditions, le souverain pontife de l'humanité aura une autorité morale plus grande que
celle d'aucun pape du moyen âge et le sacerdoce
universel pourra mieux modifier le gouvernement
national, car le régime positif rendra le gouvernement de plus en plus spirituel, de moins en moins
temporel. Tandis que dans l'ordre final les Etats
orientaux n'auront pas une étendue normale supérieure à celle que nous offrent maintenant la Tos-
cane, la Belgique, la Hollande (1), après la pro-

---

(1) Il y aura 70 républiques dans le territoire occidental comprenant 300.000 familles par Etat. Le patriciat occidental sera constitué par 2.000 banquiers, 100.000 commerçants, 200.000 manufac-
turiers, 400.000 agriculteurs. Mais pourquoi ne pas nous indiquer
aussi le nombre des prolétaires qui y avaient peut-être quelque

chaine décomposition des Etats actuels de la
Grande République Occidentale (La France) sera
partagée en 60 républiques indépendantes. Il n'y
surgira jamais d'autorité temporelle susceptible
d'y commander partout. Il en résultera la permanence désormais inaltérable de la paix universelle
et la fin du régime colonial. Le système parlementaire et sa conséquence le suffrage universel seront
abolis à jamais. Les prolétaires doivent demeurer
étrangers au mouvement politique, mais la création de clubs leur est très favorable, car, au lieu
de propager le goût et de développer l'exercice de
ce qu'on appelle les droits politiques, nos clubs
tendront bientôt à détourner profondément d'une
vaine intervention temporelle, en appelant nos
prolétaires à leur principal office social, comme
auxiliaires essentiels du nouveau pouvoir spirituel
contre le temporel, ceux de l'âge moderne n'ont
point d'attraits pour les droits politiques.

Et dire que toutes ces belles choses devraient
être déjà réalisées d'après les vaticinations du
suprême pontife.

« Il me paraîtrait injuste de ne point indiquer,

---

droit, après avoir exercé le pouvoir suprême, sous forme dictatoriale, pendant une génération au moins. Quoi qu'il en soit, Comte
annonce dans le *Catéchisme positiviste* (p. 183) la réduction des
grands Etats actuels à de simples cités convenablement escortées.
Le rêve s'accentue.

Et cependant, en présence de ces sérieuses balivernes, on ne peut
s'empêcher de songer au temps où Comte se proposait de mettre
en pratique la méthode d'observation.

chez la portion la plus avancée de l'Ecole révolutionnaire une sorte de contradiction qui l'honore
beaucoup, comme étant en réalité éminemment
progressive. Il s'agit surtout de l'important principe de la centralisation politique, dont la haute
nécessité n'est aujourd'hui bien comprise que par
cette école, malgré l'évidente opposition d'une
telle notion avec les dogmes d'indépendance et
d'isolement qui constituent l'esprit de la doctrine
critique » (1).

L'Ecole révolutionnaire a hérité de la monarchie absolue et du catholicisme le principe de
la centralisation, qui est pour ainsi dire l'A B C
du despotisme. Tous les esprits libéraux le con-
damnent comme étant l'instrument d'une détesta-
ble politique. Il ne suffit point à Comte de supprimer l'individu, l'usage des libertés locales est, ou
serait une gêne pour le pouvoir central. Donc ces
libertés doivent avoir le même sort que l'individu.

« Le principal problème humain consiste à faire
graduellement prévaloir la sociabilité sur la personnalité, quoique celle-ci (l'aveu est précieux à
recueillir) soit spontanément prépondérante » (2).
Il semblerait par conséquent que l'évolution ou le
développement devrait se faire dans le sens indiqué si formellement par la nature. Tel n'est point
l'avis de Comte qui annonce une dictature positi-

---

(1) *Cours*, IV, p. 67.
(2) *Catéchisme positiviste*, p. 8.

viste comme étant un préalable nécessaire au
triomphe du positivisme, et qui se réjouit de
l'heureuse crise (1851) qui vient d'abolir le régime
parlementaire et d'instituer une république dictatoriale. Les conditions de la liberté et de l'ordre
public vont concourir à transférer révolutionnai-
rement le pouvoir central à quelques éminents
prolétaires, tant que durera l'interrègne spirituel.
« De son vain début parlementaire uniquement
propre à la tradition anglaise, notre république
passe spontanément à la phase dictatoriale, seule
vraiment française, bien qu'elle convienne également aux autres nations catholiques ». La situation républicaine actuelle permet et exige la dictature... « Le vote universel a étendu aux prolétaires les vices intellectuels et moraux propres au
régime parlementaire... J'ose assurer, au nom
du passé et de l'avenir, dont je suis maintenant
l'unique interprète, qu'aucun dictateur ne conservera la tendance monarchique ».

On n'éprouvera, sans doute, aucune surprise à
la lecture des lettres de Comte à l'empereur Nico-
las, qu'il proclame le seul homme d'Etat de la
chrétienté. On ne sera pas surpris davantage qu'il
ait envoyé un ambassadeur, disons mieux, un légat
au général des Jésuites, pour lui offrir son alliance
contre les protestants et les libres-penseurs. Cette
compagnie ne considère-t-elle point aussi l'Individu comme étant un véritable cadavre ou un
simple bâton dans la main d'un vieillard, *velut*

cadaver aut baculum in manu senis, ce qui équivaut sensiblement à la négation pure et simple.

Je reprends mes citations... « La Convention, l'unique assemblée française dont le souvenir doive rester, eut l'admirable conception du mouvement révolutionnaire... « Haute incapacité politique des Girondins.... Les prétendus droits humains sont de nature antisociale. « Nul n'a de droit que de faire toujours son devoir... « Il faut remplacer les droits humains toujours subversifs par des devoirs universels ».

Le pouvoir temporel est constitué principalement par des industriels, par des banquiers, quelques grands de la terre, qui ne seraient ni industriels ni banquiers, pourraient y figurer. Le pouvoir spirituel a eu, suivant les époques, des compositions différentes. Ainsi, à l'origine, lors des premiers écrits, il était exclusivement formé d'éléments empruntés aux académies scientifiques. Par exemple, l'Institut. Plus tard, ces savants firent place à d'autres qui étaient, en même temps, membres du sacerdoce positif, et même médecins ou exerçant la médecine. Puis, grâce à Clotilde, le sexe féminin tout entier fut adjoint au sacerdoce comme étant, par l'amour qui domine essentiellement son existence, l'expression directe de la déesse Humanité. Un autre élément doit aussi réclamer sa place, savoir les prolétaires, mais ils sont plutôt une base solide et un point d'appui qu'autre chose. D'ailleurs ils tendent sans cesse à améliorer nos meilleurs instincts.

Après avoir combattu, incidemment, nombre d'idées de Comte, il faut maintenant lui opposer un ensemble qui a sa raison d'être dans l'histoire et qui relève de l'intelligence elle-même.

Le premier terme de la société civile est l'individu, d'où procède la famille, et de celle-ci surgira la société. Supprimer ce premier terme, telle est l'œuvre absurde de Comte, qui détruit ainsi le fondement de tout le reste. Le conserver, c'est respecter le germe dont la famille doit sortir. Ce germe a une spontanéité propre qui doit évoluer dans les sens multiples où il est appelé par la raison et le sentiment, en se conformant à une discipline particulière qui doit s'imposer en s'affirmant. Tel est le point de départ dans la constitution de la famille, qui n'est qu'un ensemble d'individus. Cet ensemble constitue, plus tard, la cité, puis l'Etat. L'un et l'autre sont tenus de laisser à chacun de ceux qui en font partie le libre jeu de sa spontanéité naturelle. Et, d'autre part, chaque individu doit respecter, chez son semblable, le droit que celui-ci possède comme lui-même et au même titre, savoir comme être moral. Le respect du droit commun par tous, l'Etat compris, c'est la justice.

La propriété a pour principes fondamentaux le travail et l'hérédité. Le principe de la société politique est le consentement des individus et sa fin est la conservation de ce que chacun possède : la vie, la liberté et les biens. Pour remplir cette mis-

sion, l'Etat doit donc obéissance aux lois naturelles, lui aussi, et s'il manque à ce devoir, qui est
la raison de son institution, il se met en état de
guerre avec la société.

La politique libérale étant brièvement exposée
dans les quelques considérations que je viens de
développer, il est impossible de ne point signaler
en France le rôle initiateur qu'il faut, à ce point
de vue, attribuer à la réforme du xvie siècle. C'est
ainsi que pour compléter ma réfutation je vais faire
appel au *Vindiciæ contrà tyrannos* d'Hubert Languet et à l'œuvre principale du philosophe Locke.

Quelques années après la Saint-Barthélemy,
parut le *Vindiciæ contrà tyrannos* d'Hubert Languet, ami intime de Duplessis-Mornay. Je vais
donner un aperçu de l'ouvrage.

Les hommes libres par nature sont impatients
de la servitude, et n'ont accepté d'obéir au commandement d'un autre homme que par un motif
d'une grande utilité pour chacun d'eux. Aussi les
rois ne doivent point s'imaginer qu'ils l'emportent
sur leurs semblables par une certaine supériorité
de nature. Ils n'existent que par le peuple et pour
le peuple. La fin unique, le but exclusif du gouvernement, c'est l'utilité publique, si bien que la
dignité royale n'est point un honneur mais une
charge, une servitude publique. Les hommes en
créant les rois et les empereurs, avec le devoir de
veiller aux intérêts du peuple, ne leur ont point
donné leurs propres biens, mais ils leur en ont

confié la défense, et les souverains ne peuvent les réclamer qu'à titre de voleurs. La royauté n'est point un héritage, ni une propriété, ni un usufruit, mais une fonction et une procuration. Il est évident, par *le droit naturel*, que les rois ne sont pas les destructeurs, mais les directeurs de la République. En établissant le prince, il intervient un pacte sacré entre lui et le peuple, pacte tacite ou formulé. Le prince promet d'être juste, le peuple de lui obéir s'il tient sa promesse. Le peuple n'est donc obligé que sous condition, tandis que le prince l'est absolument. Donc, la totalité du peuple (ou ceux qui la représentent) est certainement supérieure au souverain.

La raison est l'âme de la loi, qui est la raison des sages prenant un corps. Une chose n'est point juste parce qu'elle a été décrétée par la volonté royale, mais cette volonté est juste lorsqu'elle rend des arrêts qui sont justes par eux-mêmes. La volonté du peuple doit elle-même se conformer à la raison.

Le prince n'est que le ministre du peuple; s'il emploie la fraude et la violence, il s'ensuit qu'il s'est rendu coupable envers son supérieur; et on peut employer contre lui tous les moyens que le droit et la force autorisent. On peut en appeler aux armes, mais avant de rien entreprendre il faut attendre l'ordre de ceux qui représentent tout le peuple. Il n'y a point de prescription contre les droits du peuple, et sa liberté originelle demeure entière.

Comme l'ont dit également les hommes de 89, les droits de la liberté sont imprescriptibles. A l'égard de la tyrannie, le droit à l'insurrection serait donc toujours ouvert dans le cas de tyrannie. « Si ce grand droit social, a dit M. Guizot, ne pesait pas sur la tête des pouvoirs mêmes qui le nient, depuis longtemps le genre humain, tombé sous le joug, aurait perdu toute dignité comme tout bonheur » (1).

Hubert Languet n'a eu certainement aucune influence sur la Révolution française, mais la question change du tout au tout lorsqu'il s'agit de Locke (2).

Dans la déclaration d'indépendance des Etats-Unis d'Amérique, on ne voit généralement, en France, qu'un simple écho des principes formulés par nos grands écrivains du xviiie siècle. La vérité vraie est que la liberté est pour nous, fils de la tradition impériale romaine en politique et en religion, une importation étrangère de provenance anglo-saxonne et protestante. Je vais donner un compte rendu sommaire de l'ouvrage de Locke sur *le Gouvernement civil*.

Comme l'avait fait Hobbes avant lui, comme le fera Rousseau après lui, Locke part de l'hypothèse d'un certain état de nature antérieur à la

---

(1) Guizot, *Washington,* p. **xv.**

(2) Dans les *Etudes politiques* publiées en 1874 (éditées par Germer-Baillière), j'ai donné un compte rendu de l'œuvre d'Hubert Languet et de celle de Locke.

société, état qu'il fait consister dans une liberté parfaite ne pouvant reconnaître d'autres limites que l'action analogue de volontés égales. Nous sommes loin de cette sauvagerie originelle, que suppose Hobbes, où l'homme est un véritable loup pour son semblable : *homo homini lupus*.

Quels sont maintenant les caractères de l'état de nature? « L'état de nature a la loi de nature qui doit le régler... » La raison, qui est cette loi-là, enseigne à tous les hommes qu'étant tous égaux et indépendants, nul ne doit nuire à un autre. Cette loi est aussi intelligible et aussi claire à une créature raisonnable que peuvent l'être les lois positives des sociétés et des Etats. L'état de nature est donc l'exercice spontané de la raison, au lieu d'être le règne de l'instinct aveugle et des passions brutales.

Un autre caractère de la liberté, c'est d'être inaliénable. Un homme, n'ayant point de pouvoir sur sa propre vie, ne peut se rendre esclave de qui que ce soit, ni se soumettre à un pouvoir absolu et arbitraire.

Un autre caractère de la liberté, c'est d'être un droit égal pour tous les hommes. La raison nous enseigne donc que nous sommes non seulement indépendants, mais aussi égaux. Chacun a un droit égal à sa liberté.

Un autre caractère de la liberté, c'est la faculté de possession et d'appropriation de certains biens. L'homme, dans l'état de nature, est seigneur absolu de sa personne et de ses possessions, égal au plus grand et sujet à personne. Le travail de son corps et l'ouvrage de ses mains sont son bien propre. Bien que la nature ait donné toutes choses en commun, l'homme, néanmoins, étant le maître de sa propre personne, de toutes ses actions, de tout son travail, a toujours en soi le grand fonde-ment de la propriété.

Chacun est né avec deux sortes de droits. Le premier est celui qu'il a sur sa personne, de laquelle seule il peut disposer. Le second est celui qu'il a, avant tout autre, d'hériter des biens de son père ou de ses frères. Car les enfants ont le droit de jouir des biens de leur père pour leur subsistance.

Dans la famille, le pouvoir des pères et des mères sur les enfants doit cesser à un certain moment. L'âge qui amène la raison amène aussi la liberté.

J'arrive à la société politique : « Tous les hom-mes étant rois, tous étant égaux, et la plupart peu exacts observateurs de l'équité et de la justice, la société civile n'a été formée à l'origine que pour procurer à tous sûreté et protection efficace. Aussi n'y a-t-il d'autre fin à un gouver-nement que de conserver à chacun ce qui lui appartient. Il n'y a vraiment de société politique que là où chacun des membres de la communauté s'est dépouillé de son pouvoir naturel, et l'a remis entre les mains de la société pour qu'elle

en dispose suivant les cas particuliers. Les hommes sortent de l'état de nature et entrent dans
une société politique lorsqu'ils créent et établis-
sent des juges et des souverains sur la terre.
Comme le pouvoir exécutif et le pouvoir judiciaire, le pouvoir législatif dans la société n'est
qu'un droit transmis, communiqué. Tous les
commencements paisibles des gouvernements ont
eu pour cause le consentement des peuples. Ainsi
le principe de la société politique est le consentement mutuel, la convention; son but exclusif,
le bien de ses membres; son fonctionnement, la
délégation faite par chacun d'eux des pouvoirs
législatif, judiciaire, exécutif.

» Le pouvoir politique se subdivise en législatif, exécutif et confédératif; des trois, le pouvoir suprême est le législatif, mais il ne saurait
avoir un caractère arbitraire sur la vie et les
biens d'un peuple, car un homme n'a de pouvoir
que jusqu'où s'étendent les lois de la nature pour
la conservation de sa personne et de celle du
genre humain. C'est tout ce qu'il donne et qu'il
peut donner à une société, et par ce moyen au
pouvoir législatif; de sorte que le pouvoir législatif ne peut avoir plus que cela. La suprême
puissance n'a point le droit de se saisir d'aucune
partie des biens propres d'un particulier, sans
son consentement. Si quelqu'un prétendait avoir
le pouvoir d'imposer et de lever des taxes sur le
peuple, sans le consentement du peuple, il vio-

lerait la loi fondamentale de la propriété des choses et détruirait la fin du gouvernement.

» Quand les législateurs s'efforcent de ravir et de détruire les choses qui appartiennent en propre au peuple, ils se mettent en état de guerre avec le peuple qui, dès lors, est délié de toute espèce d'obéissance à leur égard et a droit à recourir à ce commun refuge que Dieu a destiné, pour tous les hommes, contre la force et la violence. Qui jugera si la puissance législative passe l'étendue de son pouvoir? C'est le peuple qui doit juger de cela.

» Les rois entre les mains desquels se trouve ordinairement le pouvoir exécutif ont dû être, à l'origine, des chefs d'armée. On les a choisis sans limiter leur pouvoir, à cause de la confiance qu'on avait dans leur droiture et leur honnêteté. Mais jamais il n'était monté dans l'esprit de personne que la monarchie fût de *droit divin*. Lorsque le prince se met au-dessus des lois, il est permis d'en appeler au Ciel contre sa tyrannie, comme contre celle des législateurs. La monarchie absolue est incompatible avec la société civile. »

Locke distingue trois formes principales dans la société politique : la démocratie, l'oligarchie, la monarchie héréditaire ou élective.

LE POUVOIR SPIRITUEL

L'HUMANITÉ (1)

« La famille et la patrie sont les deux êtres collectifs dont la succession normale devait spontanément préparer la conception et le sentiment de l'humanité qui devient la commune patrie ou la famille universelle ».

Le Cours, dans son ensemble, ne parle de l'humanité qu'en lui attachant le sens de genre humain. Mais dans la *Conclusion générale du Discours préliminaire sur l'ensemble du positivisme* le langage du grand pontife devient tout autre :

« A son principe affectif, à sa base rationnelle et à son but actif le positivisme doit joindre un centre unique qui embrasse, à la fois, le sentiment, la raison et l'activité. Cette condition se trouve entièrement remplie par la convergence naturelle de tous les aspects positivistes vers la grande conception de l'Humanité qui vient éliminer irrévocablement celle de Dieu, pour constituer une unité définitive, plus complète et plus durable que l'unité provisoire du régime initial.

» Le caractère propre de ce nouveau Grand Etre

---

(1) Je n'aborde directement pareille question qu'à cause du rôle considérable que lui a fait jouer Comte en sociologie, après lui avoir donné une signification aussi nouvelle qu'aventurée. En effet, l'Humanité étant devenue le principe du pouvoir spirituel, il m'était impossible de la passer sous silence, le pouvoir temporel faisant chétive figure à côté de lui.

(de cette *Déesse*, terme qui est employé ailleurs) est d'être nécessairement composé d'éléments séparables, et la raison comme l'amour participe à cette condensation finale. De même l'activité. Ainsi l'Humanité condense les trois caractères essentiels du positivisme : son moteur subjectif, son dogme objectif et son but actif...

» L'Humanité est l'être le plus relatif et le plus perfectible... La foi positive condense l'ensemble des lois réelles autour de l'être collectif qui règle immédiatement nos destinées, d'après sa propre fatalité, modifiée par sa providence... A la vérité cet être immense et éternel n'a point créé les matériaux qu'emploie sa sage activité ni les lois qui déterminent ses résultats... L'Humanité est notre commune mère... à elle nous devons l'ordre naturel des choses... Le Grand Etre dans sa pleine maturité prendra possession de son domaine planétaire, en y développant toutes les améliorations compatibles avec l'ordre universel (1). »

« Chacun des vrais éléments de la Suprême puissance comporte deux existences successives : l'une objective, toujours passagère, où l'homme est appelé à servir directement le Grand Etre ; l'autre subjective, naturellement perpétuelle, où son service se prolonge indirectement par les résultats qu'il laisse à ses successeurs. A propre-

---

(1) *Polit. positive*, I, p. 329 et suiv.

ment parler, chaque homme ne peut presque jamais devenir un organe de l'Humanité que dans cette seconde vie. La première ne constitue réellement qu'une épreuve destinée à mériter cette incorporation finale qui ne doit ordinairement s'obtenir qu'après l'entier achèvement de l'existence objective. Ainsi l'individu n'est point encore un véritable organe du Grand Etre, mais il aspire à le devenir comme être distinct. Incorporé à l'Etre Suprême, il en devient vraiment inséparable, et ne demeure plus assujetti qu'aux lois supérieures qui régissent directement l'évolution fondamentale de l'Humanité. Celle-ci augmente surtout en vertu de la perpétuité subjective des dignes serviteurs objectifs. Ainsi les existences subjectives prévalent nécessairement, de plus en plus, tant en nombre qu'en durée, dans la composition totale de l'Humanité. L'homme sert donc comme être pendant sa vie proprement dite, et comme organe après sa mort individuelle. Ce qui transforme finalement sa vie objective en une vie subjective. « Quoique essentiellement formé d'existences, il ne fonctionne directement que par des agents objectifs qui sont des êtres individuels (des négations !) de la même nature que lui, seulement moins éminents et moins durables. Chacun de ces organes personnels devient donc capable de représenter à quelques égards le Grand Etre après y avoir été dignement incorporé. Le culte des hommes vraiment supérieurs forme ainsi une partie essentielle du culte de l'humanité. Même pendant sa vie objective, chacun d'eux constitue une certaine personnification du Grand Etre.

« L'existence du vrai Grand Etre est toujours soumise à l'ensemble de l'ordre naturel dont elle constitue le plus noble élément.

« Il y a lieu, pour constituer le pouvoir spirituel, de fonder une société plus générale et plus noble qui se superpose à la société politique, comme celle-ci le fut d'abord à la société domestique. Telle est la principale destination de la vraie religion. Une telle construction devient le principal effort du Grand Etre.

» Trois sociétés humaines : la famille, la cité, l'Eglise. Celle ci distincte de la cité ou Etat.

» Le sacerdoce complète la constitution naturelle du gouvernement politique en lui fournissant un régulateur continu, sans pouvoir davantage le dominer qu'en être dominé.

« Le pouvoir matériel est concentré chez les grands ou les riches ; le pouvoir intellectuel appartient aux sages ou aux prêtres ; et le pouvoir moral réside parmi les femmes : ils reposent respectivement sur la force, la raison et l'affection. Les deux pouvoirs intellectuel et moral se combinent de manière à constituer un pouvoir unique qui, sous le titre de *spirituel*, est destiné surtout à modifier le pouvoir matériel.

» En nommant l'un des pouvoirs *temporel,* on indique assez l'*éternité* de l'autre.

» Le domaine territorial du pouvoir spirituel est universel et le domaine territorial du pouvoir temporel est toujours partiel. »

C'est cet être imparfait, qui n'est ni immense, ni éternel, qu'on offre à l'amour et à l'adoration du genre humain ! Celui-ci n'est d'ailleurs que la généralisation abstraite de faits parfaitement réels. L'originalité du grand pontife du positivisme consiste éminemment, sous ce rapport, à prétendre donner une réalité majeure à ce qui n'est obtenu que par une abstraction. Nous en avons l'aveu dans le passage suivant : « La science abstraite pouvait seule fournir la première conception générale de l'humanité. Quelque réel que soit le nouvel Etre suprême, sa nature collective exige beaucoup d'abstractions préalables. »

Mon intention est de ne parler que d'une manière incidente de la religion de l'Humanité, que Littré considère comme n'ayant aucun rapport avec la première manière de son maître. La tendance actuelle est d'admettre l'unité fondamentale de la pensée de Comte depuis ses premiers essais jusqu'à la Synthèse subjective. Le Cours ne serait, en conséquence, que la préparation de la Synthèse subjective et la Méthode objective que le terme initial de la Méthode subjective qui, en réagissant sur la première, l'absorbe en se l'assimilant. La systématisation est désormais complète et l'unité du point de vue universel est assurée. En effet, il est impossible de l'obtenir en se placant au point de vue objectif. Comte le déclare en propres termes. Il oublie de dire que c'est ce qu'il cherchait d'abord.

Maintenant une réponse à ceux qui ne voient dans le positivisme de Comte qu'une évolution naturelle et unique, de son premier à son dernier mot.

« Quoique profondément préparée par ma fondation philosophique, la construction religieuse n'aurait pu dignement surgir si je n'avais pas, en temps opportun, subi personnellement une intime régénération morale, sous une sainte impulsion féminine... C'est ainsi que le digne concours du cœur avec l'esprit fit enfin surgir, au sein de l'anarchie moderne, le dogme fondamental de l'Humanité, seule base possible de la religion universelle.

» Faute d'une stimulation directe et continue, le sentiment ne trouvait point consacré, dans le positivisme, son ascendant normal d'où dépendait une synthèse complète, seule décisive, même mentalement, afin de s'élever de la philosophie à la religion. Ce complément nécessaire résulta d'une angélique inspiration trop tôt développée par la mort. Quelques mois après cette effusion fondamentale, mon cours public de 1847 marqua l'irrévocable avènement du positivisme religieux, en condensant nos sentiments, nos pensées et nos actions autour de l'Humanité, définitivement substituée à Dieu. »

Ainsi donc, d'après Comte, sans Clotilde *la construction religieuse n'aurait pu surgir*, car il lui était nécessaire de subir *personnellement une intime régénération morale*, car le sentiment ne trouvait point consacré dans le positivisme son ascendant normal, d'où dépendait une synthèse complète, seule décisive pour s'élever de la philosophie à la religion.

D'où l'on voit, sauf à fermer les yeux à l'évidence, que, sans la régénération morale due à l'impulsion féminine, la construction religieuse n'aurait point surgi. C'est à l'influence de Clotilde qu'est due l'apparition de l'Humanité au sein de l'anarchie moderne, et, avec l'Humanité, celle de la religion universelle. Dans le second passage que je viens de citer, il manquait au sentiment une stimulation directe et continue, pour s'élever de la Philosophie à la Religion. Ce complément nécessaire résulte pour Comte d'une angélique inspiration, survenue après la mort de Clotilde, et développée par cette mort. Aussi l'irrévocable avènement du Positivisme religieux ne se produisit que dans le Cours de 1847.

C'est ainsi que fut révélée à Comte l'incontestable suprématie de la femme.

Le rêve de Comte sur le Grand Etre, on le voit, se continue.

Cependant il y a une vue logique certaine dont il y a à tenir compte à l'auteur de la Politique positive. N'en a t il point appelé à l'Histoire

comme leçon et comme méthode? Et les Annales
du Passé, comme celles du Présent, ne témoi-
gnent-elles point dans le genre humain d'une
incontestable vitalité de la pensée religieuse?
Comte arrivé à la Sociologie ne se sent pas au
bout de sa tâche. Alors il la couronne par la
morale, mais, ceci fait, l'œuvre d'unité cherchée
n'est pas encore atteinte, et, grâce à la mort de
Clotilde, il lui faut plus encore. Il lui faut mettre
une religion au sommet de la hiérarchie encyclopédique : « Inanité des synthèses objectives,
irrévocable présidence du point de vue humain
en cosmologie; il est seul apte à tout lier. Il faut
seulement que la rationalité comme la dignité
des spéculations abstraites se trouvent toujours
garanties d'après la *fusion finale de la Science et
de la Religion.* » De ce passage je rapproche le
suivant : « Mais, malgré nos prévisions scientifiques, il faut également reconnaître que le moderne ascendant de l'objectivité (c'est-à-dire la
raison d'être du Positivisme) pousse actuellement
à l'Idiotisme, en comprimant la spontanéité mentale, sous prétexte de réalité ».

Pénétré comme on le sait de l'esprit du Catholicisme, Comte eut la prétention de refondre la
science et de lui donner un caractère définitif.
La Religion, telle qu'il la concevait, ayant ce
caractère, il fallait bien l'étendre à la science
elle-même, puisque science et religion ne faisaient plus qu'un : l'infaillibilité, ce chef-d'œuvre

si admiré de systématisation, régnait définitivement sur l'ensemble des manifestations de l'Intelligence. C'était du Catholicisme, sans doute,
mais le christianisme en était absent. Dieu avait
disparu, mais il était, et combien heureusement,
remplacé par cet être à la fois abstrait et concret, comme disait M. de Blignières, et en tout
cas fort équivoque qu'on appelle l'Humanité,
mère des humains, essentiellement composé par
des morts, et qui compte dans son sein, avec les
hommes qui ne sont point des individus, les
femmes qui sont des individus, plus un certain
nombre d'animaux supérieurs, lesquels sont des
individus qui ont faussé compagnie à leurs propres Grands Etres. Quoi qu'il en soit, il fallait
un Dieu ou une Déesse et on en avait une. C'était
l'essentiel.

Incontestablement Comte avait bien compris,
par tradition de famille ou autrement, la valeur
sociologique des Religions, qui ont été, et qui
sont encore, un lien puissant de fraternité entre
les Hommes. Renoncer à l'ancien Catholicisme,
en bannir toute la dogmatique et en conserver
le plus possible comme organisation générale du
culte et absolutisme, dans le gouvernement des
âmes, tel fut l'Idéal poursuivi et pleinement
réalisé par le nouveau Pape de la Religion sortie
de ses lobes cérébraux moyens (1). Dans de

_____

(1) C'est là, d'après lui, que siège le sentiment.

pareilles conditions, il est de pleine évidence
que le Droit n'existe point pour l'Homme et, par
cela même, pas de libre examen, pas de liberté
de pensée. Il n'a qu'à accepter intégralement les
opinions, les idées quelconques émanées du Pouvoir spirituel qui a conçu une dogmatique nouvelle,
laquelle doit être aveuglément acceptée ; faute de
quoi l'excommunication est prononcée. Prééminence morale de ce pouvoir spirituel sur le Pouvoir temporel, qui est déchargé du souci de
l'Instruction publique, et qui, dans le cas de
faute commise par lui, est rappelé à l'ordre par
son confrère, qui est chargé des intérêts les plus
sérieux de l'Humanité.

Comte attribue donc à l'Humanité, sa création
personnelle, tout un ensemble de qualités, qui
en font un être très éminent et où on ne saurait
reconnaître l'autre humanité dont il parlait dans
sa première manière. Dieu n'ayant jamais créé
quoi que ce soit, puisque l'existence lui est
refusée, il s'agit de se rendre compte de la
genèse de ce Grand Etre qui doit tenir sa propre
place. Provient-il de l'Homme ou l'Homme provient-il de lui ?

La première question ne peut recevoir qu'une
réponse négative, puisque d'une part l'Humanité
est notre mère commune, et que, d'autre part,
un être immense et *éternel* ne saurait avoir une
origine aussi inférieure que le premier homme ou
les premiers hommes. Ce fait seul, d'ailleurs, lui

interdirait non seulement l'immensité, mais il
serait de plus exclusif de l'éternité. De pareils
attributs ne sauraient appartenir qu'à Dieu lui-
même, tel que nos ancêtres l'ont compris, et
toute la différence consiste en ce que le père
éternel est remplacé par une mère jouissant
aussi de l'éternité et de l'immensité. A vrai dire,
cette conception merveilleuse se réduit à une
différence de sexe.

Cette Déesse nous crée-t-elle de toutes pièces
ou s'y prend-elle autrement? Voici la réponse :
« La famille et la patrie sont des préambules
nécessaires de l'Humanité, sans attribuer d'éléments véritables à cet être indivisible dont nous
ne pouvons contempler jusqu'ici que l'Enfance
et l'adolescence. » Pareils états préslables se con-
cilient fort mal avec l'éternité et l'immensité.

« Quand la maturité du Grand Etre sera complète, on admirera sa providence directe envers
ses dignes serviteurs ».

Poursuivons : « L'Humanité est l'ensemble
continu des êtres convergents, êtres passés,
futurs et présents qui concourent librement à
perfectionner l'ordre universel. Elle consiste
essentiellement dans l'ensemble des morts,
tandis que les vivants, toujours nés ses enfants,
deviennent ordinairement ses serviteurs, à moins
qu'ils ne dégénèrent en parasites. Le Positivisme
incorpore au Grand Etre tous nos libres auxiliaires animaux (autant de grands petits êtres

qu'il y a d'espèces animales), tandis qu'il écarte d'indignes parasites humains. Comment se représenter cette humanité existant depuis l'homme et comprenant les espèces animales nos auxiliaires, car pour converger ces divers êtres doivent exister? Il est manifeste que c'est eux qui sont les pères de l'Humanité.

» L'Homme est l'élément indivisible et le produit nécessaire du Grand Etre. » *Politique positive,* IV, 185. Élément et produit est-ce conciliable?

« L'Humanité est un être actif et intelligent. Ceci nous explique la possibilité de sa Providence envers ses serviteurs.

S'il s'agissait de Dieu lui-même, on nous dirait que la Providence n'existe point.

« Tout être devant se former de ses semblables, l'Humanité se décompose d'abord en cités, puis en familles, jamais en individus ». Ceux-ci n'en sont-ils point les éléments?

L'Individu étant une négation pure et simple pour Comte, il est évident que l'Humanité ne saurait être composée d'individus, c'est-à-dire d'abstractions. Comment se fait-il que, d'après un autre passage, elle consiste essentiellement dans l'ensemble des morts qui en s'unissant entre eux donnent lieu à son existence. Ces morts objectivement individuels, avant leur décès, ne sont-ils plus des individus lorsqu'ils sont mis en possession de l'existence subjective qui leur est propre, dit-on ? Ce serait pour des négations proprement dites une bien haute récompense que de se fusionner dans le Grand Etre, comme le font d'ailleurs nos auxiliaires animaux. Heureusement qu'il m'est permis de citer le passage suivant : « A proprement parler, chaque homme ne peut presque jamais devenir un organe de l'Humanité que dans la seconde vie (*post mortem*). La première ne constitue réellement qu'une épreuve destinée à mériter l'incorporation finale qui ne doit ordinairement (pendant sa vie objective, chacun des hommes supérieurs constitue une certaine personnification du Grand Etre) s'obtenir qu'après l'entier achèvement de l'existence objective. Ainsi l'individu n'est point encore (dans ce bas monde) un véritable organe du Grand Etre, mais il aspire à le devenir comme être distinct.

» Voilà par conséquent l'individu qui est devenu quelque chose, qui a une véritable valeur, et qui aspire à devenir un véritable organe de l'Humanité, comme être distinct. Celle-ci est donc non seulement un être composé, mais dans sa composition les éléments ne peuvent pas ne point avoir une valeur propre, qui est celle d'individus jouant le rôle d'organes distincts, et qui sont de la même nature que le Grand Etre (« êtres individuels de la même nature que lui »). Resterait à expliquer le passage suivant : « Tout être étant formé de ses semblables, l'Humanité se décompose d'abord en cités, puis en familles, mais jamais en individus. » On nous disait tout à l'heure qu'elle était essentiellement constituée par l'ensemble des morts.

Tout cet ensemble de pseudo-définitions de l'humanité est un véritable imbroglio. Quoi qu'il en soit, l'Individu me paraît prendre sa revanche. Il est d'ailleurs probable que l'existence subjective qu'on lui accorde, après la mort, implique et l'activité et l'intelligence, qui sont des caractères propres à l'Etre suprême. En effet : « Le principal privilège de notre nature consiste en ce que chaque individualité se perpétue indirectement par l'existence subjective, si son essor objectif a laissé de dignes résultats. »

« L'Etre suprême en tant que réel a une nature relative et modifiable... Soit, mais alors ni l'immensité ni l'éternité ne lui sont propres, car ce sont deux absolus qui ne peuvent appartenir au Grand Etre, qui n'est point un absolu.

« Loin de le supposer parfait, nous étudions avec soin ses imperfections naturelles afin de les corriger autant que possible ». Comprend-on bien la possibilité d'adorer un être assez imparfait pour qu'on s'applique avec soin à rechercher les imperfections qui lui sont propres pour y mettre un terme ? Il eût été encourageant pour l'homme objectif de savoir si l'Humanité elle-même s'associe aux efforts que nous faisons ; « pour la corriger et l'améliorer. »

ÉDUCATION GÉNÉRALE

D'après Comte il n'y a qu'un seul système d'éducation universelle : celui du Catholicisme dans le moyen âge. On ne saurait accorder ce titre à la prétendue éducation universitaire que les métaphysiciens ont fait graduellement prévaloir, dans tout l'Occident, depuis la fin de cette grande époque. Ce prétendu système universel n'a jamais compris les prolétaires. Le positivisme, lui, constituera, par son enseignement, la prépondérance du cœur sur l'esprit d'une manière plus solide qu'elle ne l'a été sous le régime catholique, sans comprimer jamais le véritable essor spéculatif. La culture spontanée du sentiment se développera constamment par un triple exercice habituel : personnel, familial et social.

Une telle éducation, comme l'existence qu'elle doit préparer, subordonnera toujours l'intelligence à la sociabilité, en prenant celle-ci pour but, l'autre pour moyen. Elle est surtout destinée à disposer les prolétaires à leur noble office social de principaux auxiliaires du pouvoir philosophique ou spirituel, et aussi à leur faire mieux remplir leurs fonctions spéciales.

De la naissance à la majorité l'ensemble de cette éducation comprend deux parties générales, l'une donnée au sein de la famille et finissant à la puberté, ayant pour but la culture esthétique;

l'autre systématique consistera en une suite publique de cours scientifiques, sur les lois essentielles des divers ordres de phénomènes servant de base à la coordination morale. Au temps de l'émancipation légale chaque prolétaire se trouvera ainsi préparé, d'esprit et de cœur, à son office public et privé. Dans la première partie l'enfant sera naturellement fétichiste et on ne combattra point ses dispositions spontanées. Dans la seconde partie le jeune homme suivant la loi d'évolution deviendra polythéiste. Quant à l'éducation théorique les études scientifiques du prolétaire doivent se rapporter, comme celles du philosophe, d'abord à notre condition inorganique, ensuite à notre propre nature personnelle et sociale, pour constituer la double base rationnelle de notre conduite. Deux années seront consacrées aux mathématiques et à l'astronomie, ainsi qu'à la physique et à la chimie, mais il y aura pour le premier groupe deux leçons par semaine, et une seule pour le second. La biologie sera condensée en quarante leçons pendant la cinquième année. La sixième année on consacrera aussi quarante leçons à l'étude directe de la sociologie statique et dynamique. Dans la septième année il se fera une exposition méthodique de la morale.

Dans les deux dernières années étude, à titre de complément poétique, de nos deux principales langues anciennes : le grec et le latin.

L'évolution philosophique de l'individu (comme

celle de l'espèce) passera du polythéisme antérieur à un monothéisme non moins spontané, par la réaction croissante de l'esprit de discussion sur la prépondérance primitive de l'imagination. Puis un déisme, plus ou moins vague, dégénérera en une sorte d'athéisme finalement remplacé par le vrai positivisme, sous la lumineuse impulsion des conceptions biologiques et surtout sociologiques.

On peut craindre l'insuffisance des trois cent soixante leçons en sept ans, pour embrasser convenablement un tel ensemble d'études fondamentales. Mais il ne faut pas en juger par l'extension actuelle des cours correspondants, qui tient à leur spécialité habituelle, et surtout à l'empirisme dispersif de la plupart des professeurs, d'après notre déplorable régime scientifique. L'efficacité didactique du sentiment a été jusqu'ici ignorée parce que la culture de l'esprit coïncidait, depuis la fin du moyen âge, avec l'inertie du cœur. Il en sera tout autrement à l'avenir.

Il ne doit pas exister un autre enseignement organisé, du moins général. La dette sacrée, ainsi acquittée par la République envers les prolétaires, ne s'étend nullement aux classes qui peuvent aisément acquérir l'instruction qu'elles désirent. Au fond l'Etat ne doit l'instruction qu'aux prolétaires. Quant aux écoles spéciales, telles que l'Ecole polytechnique, le Muséum d'histoire naturelle, etc., ils n'ont de valeur capitale qu'à titre transitoire, comme toutes les bonnes créations de notre temps anarchique. Cette éducation générale ne saurait être organisée actuellement, le milieu social n'est pas suffisamment préparé. Il n'y a à conserver actuellement que l'école primaire et les grandes écoles spéciales. A cela près, il importe beaucoup que le pouvoir temporel, central ou local, abdique son étrange suprématie didactique, en établissant la véritable liberté d'enseignement par la suppression simultanée de tous les budgets théologiques et métaphysiques, en attendant qu'une doctrine universelle ait librement prévalu.

« C'est donc aux adultes qu'il faut maintenant s'adresser pour leur communiquer des convictions systématiques qui permettront, ensuite, la vraie rénovation de l'éducation proprement dite. Des articles dans la presse, des cours publics sont les moyens à employer, moyens qui doivent toujours rester indépendants d'un gouvernement quelconque. « L'avenir nous montre une coalition fondamentale entre les philosophes et les prolétaires ».

Comte a une façon très particulière de comprendre l'instruction publique. D'après lui elle n'est due par la société qu'aux prolétaires, et à titre d'instruction primaire, et comme éducation générale suivant son expression.

Une première observation à présenter, c'est que l'individu, prolétaire ou non, n'ayant que des devoirs à remplir, jamais de droits à exercer, n'a aucune espèce de droit sur le corps social, et que, par cela même, on ne saurait comprendre qu'un groupe d'individus, si considérable soit-il, puisse

exiger quoi que ce soit de la société prise dans
son ensemble. Ce qui n'est rien ni statiquement,
ni dynamiquement, passé à l'état collectif ne nous
offre qu'un ensemble de zéros, au lieu d'un seul, et,
dans les deux cas, on ne saurait comprendre des
droits à exercer ni des devoirs à accomplir. Si le
corps social a des devoirs à accomplir, vis-à-vis
des humains, il les doit à tous, et si il ne les doit
point à tous c'est qu'il ne les doit à personne.

Il y a ici une contradiction patente dans le système. Comment s'est-elle produite? D'une manière
très simple. Comte a admis un pouvoir spirituel
qui est composé de trois éléments : des femmes
(dont le cœur est la grande lumière éclairant les
positivistes), des prolétaires et des philosophes,
ou autrement dit du sacerdoce ayant passé par la
filière scientifique, telle que la comprenait le Grand
Pontife. Aux femmes on laisse leur spécialité propre, qui est l'amour, la sympathie, mais pour les
prolétaires on les assujétit à une éducation complète, partant des mathématiques et s'élevant, en
conformité de l'ordre hiérarchique, jusqu'à la sociologie et à son expression finale la religion positive
ou religion démontrée. De la sorte le pouvoir spirituel sacerdotal aura, dans le peuple, son point
d'appui et un protecteur puissant contre les velléités arbitraires du pouvoir temporel.

Il est manifeste que les prolétaires ne pouvaient
s'assimiler, en sept années, comprenant 360 leçons,
le cours de M. Comte, additionné par surcroît du

grec et du latin. Cela ferait 51 leçons par an. Le temps manquerait évidemment, et au point de vue de la durée générale, à celui du nombre des leçons, et aussi à cause des exigences de l'apprentissage, malgré les illusions du maître à cet égard. Mais il y a un bien meilleur argument que celui-ci; l'homme à la contradiction incarnée s'est chargé de nous le fournir. « La force intellectuelle est la moins intense de nos facultés caractéristiques, et qui, chez *la plupart* des hommes, ne sollicite aucun développement direct ». « *Presque tous* les hommes sont impropres par leur nature au travail intellectuel. Chez *la plupart* d'entre eux l'excitation intellectuelle n'est produite que par la stimulation de la vie organique ». N'est-ce pas le même maître qui a dit que « les hommes de génie formaient une rare exception, et qu'ils pensaient pour ceux qui ne pensaient point » ? Ce n'est point ceux qui ne pensent point qui mettent les hommes de génie à la tête de l'humanité, en poussant ces derniers dans les voies d'une évolution plus ou moins progressive.

Or, étant donnée l'insuffisance générale de l'intelligence chez l'homme, l'inaptitude manifeste chez la plupart de nos semblables à acquérir un développement direct, il s'ensuit l'impossibilité pour les prolétaires, comme pour la généralité, de s'assimiler le contenu d'un programme tel que celui de la hiérarchie des sciences, agrémenté des langues latine et grecque. Cette impossibilité s'impose à l'esprit comme une vérité du sens commun. Mais nous avons eu déjà de nombreuses preuves de son absence ordinaire chez Comte. Quant à l'appréciation de celui-ci sur les hommes de génie, qui seraient d'après lui les organes privilégiés des masses, dont ils rendraient claire la pensée obscure, elle est loin de lui être personnelle et il n'a fait que la corroborer par son propre dire. Quoi qu'il en soit, on n'ignore point l'opinion majestueuse qu'avait, à son propre égard le Grand Pontife de l'Humanité, et elle lui était bien permise étant donné certain délire des grandeurs, l'un des éléments de sa phrénopathie. Cela étant, on doit supposer qu'il n'a vu en lui-même que la manifestation éclatante d'une pensée qui n'avait pu trouver jusqu'alors sa véritable formule, mais qui devait nécessairement la trouver, en brisant ses enveloppes d'inconscience et d'ignorance. Tant et si bien que s'il n'avait point existé un autre se serait levé, parmi les hommes, pour occuper la place vide et écrire et le Cours, et la Politique positive, et la Synthèse subjective, et le Catéchisme positiviste.

On voit par ce qui précède que l'éducation générale de Comte n'en est point une, puisqu'elle ne s'applique point à toutes les classes de la société, étant réservée aux seuls prolétaires, c'est-à-dire à ceux qui sont les moins à même d'en profiter, si profit il y a. Comte ayant jugé utile ou même nécessaire, pour le pouvoir spirituel proprement dit, d'avoir un appui solide dans les classes popu-

laires leur a accordé d'heureuses dispositions naturelles, comme l'énergie, l'insouciance d'où l'imprévoyance, la sympathie pour le sacerdoce,
l'attrait qu'exerce sur elles le club, le cabaret, ce
salon du peuple, l'éloignement de l'épargne et de
la richesse proprement dite, ainsi que de tout ce
qui se rattache à la vie politique. Ce tableau ne
manque pas absolument d'exactitude, puisqu'il faut
en retenir l'imprévoyance ou incurie trop fré-
quente, le club et le cabaret, le cabaret surtout.
Sauf une réserve : on ne se fait pas une idée bien
nette, dans notre pays, d'un club où on ne fait pas
de politique.

Quoi qu'il en soit, il faut bien reconnaître que
l'expression d'éducation générale ne s'applique en
aucune manière à l'extension qui en serait due,
par le corps social, à chacun de ses membres, mais
à tout autre chose, savoir à la nature propre de
l'instruction donnée. Quant à celle-ci elle s'explique sans doute par le rôle protecteur du prolétariat vis-à-vis du pouvoir spirituel proprement dit,
représentant avec l'adjonction des femmes et l'intelligence et l'amour.

JURISPRUDENCE

On s'est étonné, à bon droit, de constater certaines omissions dans l'œuvre de Comte, œuvre à
laquelle il a voulu donner un caractère encyclopédique. Ces omissions, indiquées ou non par Lit-

tré, ont trait à la psychologie, à l'économie politique, à la jurisprudence. Il a pourtant traité avec plus ou moins de bonheur plusieurs éléments de ces questions diverses. Ainsi, pour le cas de la psychologie, il a condamné tout ce qui est observation directe de la pensée par l'individu qui la conçoit, mais il a admis une psychologie objective bien que pratiquant à son insu la subjective, pendant tout le cours de son existence. De même, il a construit, avec un succès plutôt négatif, une économie politique à l'occasion de la question de la propriété. Il a touché également à des questions fondamentales de la jurisprudence, savoir : celles du droit civil et du droit politique, mais n'a point abordé celle du droit international, qui se peut inférer d'ailleurs de l'économie générale de son système. Dans cette sorte de réserve vis-à-vis de la jurisprudence, il n'est peut-être pas inutile de rappeler qu'il avait pour les légistes la même antipathie que Saint-Simon (nouvelle imitation de la part de l'élève), et qu'il les traitait d'alliés des métaphysiciens, ayant exercé une fâcheuse influence sur les destinées de l'humanité.

L'amour universel s'appliquant, par cela même qu'il a ce caractère, au cosmos comme à l'humanité, il s'ensuit que l'homme est tenu d'aimer ses semblables et que, par conséquent, de peuple à peuple, comme de tribu à tribu, il n'y a lieu qu'à des effusions respectives de sympathie. D'où absence de conflits possibles, absence de toute application d'un droit international. Celui-ci, dépourvu de toute application, n'a pas de raison d'être.

Viennent ensuite le droit civil et le droit politique. Au point de vue du premier, j'ai déjà signalé de quelle manière Comte entend la propriété. En droit, pour lui c'est l'Humanité, prise dans l'acception qu'il lui a donnée, qui est le véritable possesseur, et en fait c'est le gouvernement temporel qui en a l'usage, comme chargé d'un véritable mandat. Tous les citoyens quelconques possédant des capitaux ne sont que des fonctionnaires, à ce point de vue, ayant la charge de faire jouir le prolétariat de leurs richesses par les occupations et travaux divers auxquels ils le convient. La preuve d'ailleurs de la participation supérieure du gouvernement à la propriété est l'impôt qu'il prélève sur celle-ci, d'une part, et la confiscation qu'il pratique de l'autre, lorsqu'il en reconnaît la nécessité. C'est ainsi que Comte entend le droit civil ou jurisprudence de l'Etat, relativement au principe de la propriété.

A ceci il y a deux réponses à faire. La première que la confiscation, pour tous ceux qui admettent un droit individuel, est un véritable vol n'ayant comme raison d'être que le droit du plus fort. La seconde que l'impôt est la rémunération que l'Etat est dans la nécessité absolue d'exiger pour les services généraux qu'il rend à la collectivité. Les services se paient avec les services, et les contri-

butions diverses ne sont autre chose que la condition indispensable de l'ordre à établir et à maintenir au sein de la communauté, qui, le cas
échéant, doit être aussi en mesure de se défendre
si on l'attaque soit du dedans, soit du dehors. On
ne saurait compter, pour remplir ces diverses
tâches sur l'amour universel, sur la sympathie que
chacun éprouve pour son prochain. Preuve en
soient les apaches dont nous avons de nos jours
une floraison exceptionnelle.

Quant au droit civil entre individus, Comte a dû
omettre d'en parler, puisque ceux-ci n'existent
point.

Reste à aborder la jurisprudence au point de
vue politique. Il est facile de comprendre ce qu'elle
doit être d'après ce qui précède. Une négation n'a
évidemment aucun droit à réclamer; elle n'a point
à intervenir, soit directement, soit indirectement,
dans le gouvernement du pays, qui, lui, est basé
sur la force matérielle. Ainsi il faut rejeter absolument même le régime parlementaire (intervention indirecte ou par mandataires). Comte se
déclare ouvertement pour la dictature républicaine. A ce propos il affirme que la dictature est
un régime particulièrement fait pour la France et
d'autres nations catholiques. Ici nous retrouvons
l'application du fameux principe que l'homme n'a
aucun droit et qu'il n'a que des devoirs. D'où
comme conséquence un régime qui s'impose au
temporel comme au spirituel. La dictature règne

dans un domaine comme dans l'autre avec sa condition propre : la centralisation. Le positivisme l'emprunte à l'école révolutionnaire qui a le mérite de la pratiquer. Ce qui vaut à celle-ci les éloges de Comte.

Je ne dirai qu'un mot de la jurisprudence religieuse. Elle se traduit, le cas échéant, par l'excommunication. Encore du catholicisme, encore du moyen âge.

Je terminerai l'examen de la question générale par quelques citations de M. Alengry :

« Montesquieu a étudié le droit des gens, le droit civil, le droit politique, en un mot toutes les institutions qui caractérisent les groupes d'hommes vivant en société... Les lois positives ne sont pas arbitraires, mais fondées sur la nature des choses... Il faut éclairer les lois par l'histoire et l'histoire par les lois... Aussi a-t-il tiré ses principes de la nature des choses... Il est initiateur, plus concret, plus près de la réalité que Comte. La sociologie a tout à gagner à faire de larges emprunts aux sciences juridiques ». Montesquieu n'a point méconnu l'évolution des institutions et des lois... S'il n'a pas créé d'une façon expresse la sociologie, s'il n'a pas pensé au mot, il a réalisé en majeure partie la chose » (1).

Comte, lui, a créé le mot, mais non la chose. Quel est l'homme qui, avec la pleine conscience

____

(1) Alengry, *op. cit.*, p. 394 à 401.

de ce qui a été décrit comme pouvoirs spirituel et temporel, consentirait à vivre sous un pareil régime ? Le seul mérite de son auteur est d'avoir distingué, mis à part, l'étude des sociétés.

LE PROGRÈS

L'antiquité n'a point connu à proprement parler l'idée du progrès. Toutefois Platon l'admet pour les idées, qui s'élèvent vers l'un, l'ineffable. La civilisation gréco-romaine nous a transmis la légende de l'âge d'or qu'on dirait être un fait similaire du paradis terrestre des Juifs. Dans les deux cas il y a décadence, il y a chute de l'humanité que le christianisme se propose de rappeler à son état normal. En Perse, on admet une lutte entre les deux principes du bien et du mal : Ormuzd et Ahriman, devant se terminer par la victoire d'Ormuzd. Entre ces dernières traditions on peut trouver une certaine analogie. Pour les stoïciens le monde est un feu qui s'allume, s'éteint, se rallume, etc.

L'histoire ancienne paraît donc assez peu favorable à l'idée du progrès telle qu'on l'a comprise depuis. Deux citations que je vais faire lui sont même décidément hostiles. D'après Polybe : « Tous les États, toutes les entreprises suivent la même marche ; toute chose s'élève, tend vers un certain état de perfection, enfin déchoit et tombe ». Voici maintenant le témoignage de Sénèque : « La chaîne

des événements obéit à une rotation éternelle ».
Polybe et Sénèque ont vraiment été les précurseurs de Vico, qui a pu s'en inspirer. En philosophie proprement dite, suivant la remarque de
Franck, l'idée du progrès se trouve formellement
exprimée dans le titre d'un des principaux ouvrages de Bacon : « *Du progrès et de l'avancement
des sciences divines et humaines* ». L'auteur y a
pour but, après avoir fait l'inventaire des connaissances de son temps, de montrer qu'elles
n'atteignent point à la hauteur de leur objet. Faute
d'avoir suivi la bonne route, l'esprit humain n'est
qu'au début de sa carrière, et à l'entrée du royaume
qu'il est appelé à conquérir par l'industrie et par
la science. Descartes (*Discours sur la méthode
6ᵉ partie, § 2*) professe la même opinion pour les
sciences naturelles et les applications qu'on en
peut tirer pour le perfectionnement des arts »(1).
Perrault serait, dit-on, le premier qui ait affirmé
que le progrès était nécessaire et ininterrompu
par cela même. D'après Pascal (Traité du Vide) :
« Non seulement chacun des hommes s'avance de
jour en jour dans les sciences, mais tous les hommes ensemble y font de continuels progrès à
mesure que l'Univers vieillit. Toute la suite des
hommes, dans le cours de tant de siècles, doit
être considérée comme un même homme qui sub-
siste toujours et qui apprend continuellement ».

---

(1) Franck, *Dictionn. philosophique.*

Leibniz, en vertu de sa loi de continuité, fait du progrès un principe qui domine tous les êtres, y compris l'univers. D'après lui les âmes raisonnables, d'abord dépourvues de sentiment et de conscience, ont passé à l'état d'âmes sensibles, puis se sont élevés à la dignité d'âmes raisonnables. Il se peut qu'avec le temps le genre humain parvienne à un tel degré de perfection que nous ne pouvons l'imaginer actuellement.

En plein xviii⁰ siècle, Vico (1) tenta de faire une véritable philosophie de l'histoire en la soumettant à des lois nécessaires, sinon constantes. Profondément versé dans la connaissance de l'antiquité, il était aussi un légiste consommé, à l'inverse de Comte. Vico reconnaît trois âges historiques : l'âge divin qui correspond au patriarcat, l'âge héroïque correspondant à l'aristocratie, et l'âge humain ou la civilisation correspondant à la démocratie d'abord, puis à la monarchie, quand la première se corrompt. Si la monarchie, elle-même, se corrompt, alors conquête par un peuple supérieur, ou retour par l'anarchie à la barbarie, où se reconstituerait à nouveau le patriarcat, puis l'aristocratie, etc. Tel est l'ordre immuable des destinées (2). De cette manière, conformément à ce que Vico appelle *la Science nouvelle,* est tracé le cercle éternel d'une histoire idéale, cercle parcouru

----

(1) Né en 1688, mort en 1744.
(2) *La Science nouvelle*, trad. de Michelet, II, liv. V.

par les histoires de toutes les nations, avec leur naissance, leurs progrès, leur décadence et leur fin (1). L'histoire est donc soumise à de véritables lois. C'est ainsi que Vico, suivant sa propre expression, saisit l'identité de substance de l'histoire générale de l'humanité, sous la diversité de ses formes. Au processus succède le regressus, au flux le reflux, aux *corsi* les *ricorsi,* à l'évolution la contre-évolution.

J'arrive à Turgot (2). Voici comment il s'exprime dans le second discours en Sorbonne (3) :

« Les phénomènes de la nature soumis à des lois constantes sont renfermés dans un cercle de révolutions toujours les mêmes. Tout renaît, tout périt ; et, dans ces générations successives par lesquelles les végétaux et les animaux se reproduisent, le temps ne fait que ramener, à chaque instant, ce qu'il a fait disparaître. La succession des hommes, au contraire, offre de siècle en siècle un spectacle toujours varié. La raison, les passions, la liberté produisent sans cesse de nouveaux événements. Les signes multipliés du langage et de l'écriture ont formé de toutes les connaissances particulières un trésor commun qu'une génération transmet à l'autre, ainsi qu'un héritage, toujours augmenté des découvertes de chaque siècle ; et le

---

(1) *Ibid.*, I, p. 411, 412.
(2) Né en 1727, mort en 1781.
(3) Discours prononcé le 11 décembre 1750.

genre humain, considéré depuis son origine, paraît aux yeux du philosophe un tout immense, qui lui-même a, comme chaque individu, son enfance et ses progrès (1).

« Malgré les changements perpétuels que l'ambition ou la vaine gloire imposent à la scène du monde, les mœurs s'adoucissent, l'esprit humain s'éclaire; les nations isolées se rapprochent les unes des autres; le commerce et la politique réunissent enfin toutes les parties du globe, et la masse totale du genre humain, par des alternatives de calme et d'agitation, de biens et de maux, marche toujours, quoique à pas lents, à une perfection plus grande ».

Cette idée du progrès dans l'histoire a été l'une des pensées dominantes de Turgot. Il n'a pas seulement abordé le sujet dans les passages du discours en Sorbonne que je viens de citer, mais aussi dans d'autres œuvres demeurées inachevées. Par exemple un ouvrage sur l'histoire universelle, le point de vue de Bossuet ne lui suffisant pas. Dans une première ébauche d'un plan sur ce sujet on trouve les lignes suivantes :

« L'histoire universelle embrasse la considération des progrès successifs du genre humain et le détail des causes qui y ont contribué. Le genre humain marchant toujours à la perfection » (2).

---

(1) C'est la pensée de Pascal exprimée en d'autres termes.
(2) *OEuvres complètes de Turgot*, t. II, édition Daire, p. 597.

Dans une seconde ébauche il a également pour objet les progrès de l'esprit humain. « Les progrès, quoique nécessaires, sont entremêlés de décadences fréquentes par les événements qui viennent y faire obstacle » (1).

Dans une troisième ébauche, il donne un autre plan de discours sur les progrès et les diverses époques de décadence des sciences et des arts » (2).

Il y a même encore quelques pensées et fragments sur le même sujet (3).

Or Turgot a été incontestablement le maître de Condorcet.

On voit par ce qui précède combien Comte était peu autorisé à attribuer à l'élève l'idée du progrès dans l'histoire et par l'histoire, c'est-à-dire l'une des pensées dominantes du maître, qui lui-même n'avait pas été le premier à la concevoir (4).

Les passages que je viens de citer ont un intérêt majeur. Turgot admet évidemment deux choses : 1° Le progrès est une loi de la nature ; 2° Cette loi ne s'exerce point d'une manière constante et par conséquent nécessaire, puisqu'il est dit quelque part : « Ailleurs les premières ténèbres ne sont pas encore dissipées ». C'est la part faite à l'état sauvage, qui est lui-même une preuve péremptoire de la non-nécessité absolue de la loi du progrès. Elle s'applique plus ou moins ou ne s'applique pas

---

(1-2-3) *OEuvres complètes de Turgot*, t. II, édition Daire.

(4) Une seule fois Comte a cité son nom en l'associant à plusieurs autres.

du tout. Les grandes civilisations de l'Inde et de la Chine nous montrent des progrès interrompus pendant une longue série de siècles. La marche en avant est susceptible de se transformer en une marche en arrière, ce qui constitue des périodes de décadence plus ou moins fréquentes. Il n'en est donc pas pour l'humanité comme pour la nature (2ᵉ discours en Sorbonne). Celle-ci est assujétie à des lois constantes, tandis que la succession des hommes, au contraire, offre de siècle en siècle, un spectacle toujours varié. La raison, les passions, la liberté, produisent sans cesse de nouveaux événements (*Ibidem*). Mais la résultante générale n'en est pas moins favorable au progrès général et la liberté morale est l'un de ses facteurs. Nous sommes par conséquent sur un tout autre terrain que celui des sciences naturelles, et l'expérience des siècles nous prouve que l'humanité n'est pas soumise au même genre de lois que les autres sciences. Telle est l'opinion de Turgot.

Condorcet était un ami intime de d'Alembert qui en fit un mathématicien, un ami intime de Turgot qui en fit un économiste et un philosophe. Ses rapports avec Voltaire ont été très suivis et très affectueux. J'ajoute, comme préalable, qu'il attribue à Machiavel d'avoir cherché dans l'étude approfondie des faits de l'histoire les règles propres à maîtriser l'avenir.

Je vais maintenant donner une analyse des idées de Condorcet.

*Discours de réception à l'Académie Fran-
çaise* (1) :

Chaîne ininterrompue de progrès et de reculs
entre le début des temps historiques et les temps
où nous vivons.

Parlant du moyen âge, qu'admirait tant Comte :
Les mœurs de ces temps malheureux furent dignes
d'un système profondément corrupteur. Les progrès, dans la politique et l'économie politique,
avaient pour première cause ceux de la philosophie générale ou métaphysique, en prenant ce
mot dans le sens le plus étendu.

Éloge de Luther et de la réforme protestante.

La superstition et la tyrannie sont la cause de
toutes les calamités qui ont pu troubler la marche
du progrès.

Le maintien des droits de l'homme est l'objet
unique de la réunion des hommes en sociétés
politiques.... Ces droits primitifs que l'homme
tient de la Nature et que toute constitution doit
lui conserver.

L'économie politique est une science qui doit
être soumise comme toutes les autres aux principes de la Philosophie et à la précision du calcul.
Les progrès de la politique et de l'économie politique avaient pour première cause ceux de la philosophie générale ou métaphysique.

____

(1) Les avantages que la société peut retirer de la réunion des
sciences physiques aux sciences morales.

Eloge de Locke et de sa philosophie. Le premier il fixe les bornes de l'intelligence.

Cette méthode (de Locke) devint bientôt celle de tous les philosophes, et c'est en l'appliquant à la morale, à la politique, à l'économie publique qu'ils sont parvenus à suivre dans ces sciences une marche presque aussi sûre que dans les sciences naturelles.

On apprit à employer la même méthode pour perfectionner celle des sciences physiques.

Les économistes réclament la liberté indéfinie comme le plus sûr encouragement du commerce et de l'Industrie.

On aperçoit déjà chez les Grecs les premières traces de cet art si vaste et si utile connu aujourd'hui sous le nom d'économie politique.

Dans la Grèce, l'homme avait le sentiment de ses droits s'il ne les connaissait point encore.

Le peuple grec a exercé sur les progrès de l'esprit humain une influence si puissante et si heureuse (Comte en fait une nation dégénérée). Socrate rappela la philosophie du ciel sur la terre... Il combattit les sophistes, couvrant de ridicule leurs vaines subtilités (Comte en fait un vulgaire sophiste)... Les droits que tous les hommes ont également reçus de la nature... Les publicistes ont vu que le maintien de ces droits était l'objet unique de la réunion des hommes en sociétés politiques, et que l'art social devait être celui de leur garantir la conservation de ces droits, avec la plus entière égalité... S'il existe une science de prévoir les progrès de l'espèce humaine, de les diriger, de les accélérer, l'histoire de ceux qu'elle a faits en doit être la base première. Néanmoins, la philosophie a dû proscrire cette superstition qui croyait presque ne pouvoir trouver des règles de conduite que dans l'histoire des siècles passés, et des vérités que dans les opinions anciennes... La nature a indissolublement uni les progrès des lumières et ceux de la liberté, de la vertu, du respect pour les droits naturels de l'homme.

Tels sont les principes d'Hubert Languet, de Locke et de tous ceux que combat Comte en tant que révolutionnaires. Or, il a proclamé Condorcet son père spirituel, parce que Saint-Simon lui en avait donné l'exemple. Ce titre convenait aussi peu à l'un qu'à l'autre.

La réunion de la philosophie et des sciences veut dire dans la pensée de Condorcet l'association, mais non la combinaison. C'est ce que n'ont compris ni Saint-Simon, ni A. Comte, qui ont voulu faire des sciences physiques et des sciences morales un tout homogène à la complexité près. « En appliquant la méthode de Locke à la morale, à la politique, à l'Economie publique (politique), tous les philosophes sont parvenus à suivre dans ces sciences une marche presque aussi sûre que celle des sciences naturelles ». D'où l'on voit qu'appartenant à l'école sensualiste Condorcet n'en différenciait pas moins les sciences propres à l'homme de celles qui sont propres à la nature. De même en est-il pour les passages suivants : « Cependant, on accuse Newton de renouveler les qualités occultes des anciens, parce qu'il s'était borné à renfermer la cause générale des phénomènes célestes (gravitation universelle) dans un fait simple, dont l'observation prouvait l'incontestable réalité. Et cette accusation même prouve combien les méthodes des sciences avaient encore besoin d'être éclairées par la philosophie ». « Mais la nature soit de cette loi de la gravitation universelle, soit de ces principes de mécanique, les conséquences qu'on peut en tirer pour l'ordre éternel de l'Univers, sont du ressort de la philosophie ». « Depuis l'invention de l'imprimerie jusqu'au temps où les sciences et la philosophie secouèrent le joug de l'autorité ». « Les progrès de la philosophie et des sciences ont étendu, ont favorisé ceux des lettres, et celles-ci ont servi à rendre l'étude des sciences plus facile et la philosophie plus populaire. Elles se sont prêtées un mutuel appui, malgré les efforts de l'ignorance et de la sottise pour les désunir, pour les rendre ennemies ».

Ignorance et sottise, voilà des mots bien durs ! A qui les appliquer ?

Condorcet a écrit dans les circonstances que l'on sait une *Esquisse d'un tableau historique des progrès de l'esprit humain*, et c'est très évidemment de cet ouvrage que Comte s'est inspiré, parce que l'auteur de l'Esquisse a particulièrement insisté sur la nécessité du progrès dont il a fait un tableau comprenant dix époques. Ces dix époques constituent une chaîne ininterrompue entre le commencement des temps historiques et le temps présent. Toutefois Condorcet reconnaît, qu'à partir de la troisième époque, le hasard des événements viendra troubler sans cesse la marche lente et régulière de la nature. Aussi son prétendu fils spirituel dira-t-il qu'entre la thèse à développer et les preuves qu'on en donne il y a une contradiction évidente. Et cependant il faut bien reconnaître que, dans le discours de réception à l'Académie, la chaîne ininterrompue est constituée de progrès et de reculs. Il paraît manifeste que l'*Esquisse* nous représente surtout un idéal à réaliser, c'est-à-dire quelque chose de non réel. Ce point de vue idéal se retrouve aussi d'une manière irrécusable lorsque Condorcet, se souvenant de l'homme de Pascal, a voulu écrire l'Histoire d'un peuple unique, sorte de résumé de l'humanité toute entière qui ne tient aucun compte des espèces sociales. Et c'est là une méthode dont le prétendu fils spirituel ne devait pas manquer de s'inspirer, car c'était la seule à son propre dire qui lui permît de faire une œuvre systématique. L'Histoire elle-même devenait matière à abstraction et il ne lui en fallait pas davantage pour aller de l'avant.

Encore une citation que je vais faire et qui paraît justifier l'opinion de Comte : « Le seul fondement de croyance dans les sciences naturelles est cette idée que les lois générales, connues ou ignorées, qui règlent les phénomènes de l'Univers sont nécessaires et constantes, et par quelle raison ce principe serait-il moins vrai pour le développement des facultés intellectuelles que pour les autres opérations de la Nature. Puisque des opinions formées d'après l'expérience du passé, sur des objets du même ordre, sont la seule règle de la conduite des hommes les plus sages, pourquoi interdirait-on au philosophe d'appuyer ces conjectures sur la même base. »

Dans ce passage je ne puis retrouver ni Locke, ni Condorcet lui-même. La corrélation doctrinale semble rompue. L'expression aurait-elle dépassé la pensée ?

Le progrès ininterrompu dans l'Histoire est un rêve à réaliser.

Sur presque tous les points Comte est en opposition flagrante avec les idées de Condorcet, dont la paternité spirituelle a besoin, si la chose est possible, d'un plus ample informé.

Herder postérieur à Turgot est contemporain de Condorcet. On trouve chez lui formellement exprimée la doctrine du progrès indéfini. Il s'inspire de conceptions optimistes et prétend, à l'exemple de Milton, justifier les voies de la Providence envers l'homme : « And justify the ways of God to man ».

De 1777 à 1787 Herder publia plusieurs volumes

sur la Philosophie de l'Histoire de l'Humanité.
Dès sa jeunesse, à ce qu'il rapporte, « il se deman-
dait souvent pourquoi si chaque chose en ce
monde a une philosophie et une science qui lui
sont propres, il n'y aurait pas une philosophie et
une science de ce qui nous touche de plus près :
l'Histoire du genre humain dans sa grandeur et
sa totalité. »

Le progrès d'après Herder est une loi naturelle,
nécessaire, rigoureusement déterminée et les oppo-
sitions qu'il rencontre sur sa route en sont le stimu-
lant. « C'est un triste point de vue que celui d'où l'on
n'aperçoit dans les révolutions de notre terre que
des débris sur des débris, d'éternels commencements sans fin... Chaîne dorée du perfectionnement, toi qui entoures la terre de tes replis et qui
t'étends à travers tous les individus jusqu'au trône
de la Providence, depuis que j'aperçus tes traces
et que je les suivis dans tes anneaux les plus déli-
cats, dans les sentiments de parent, d'ami et de
maître, l'histoire ne me paraît plus comme autre-
fois une suite ininterrompue de désolations dans
une terre sacrée » (1). « L'homme, au milieu de
ses passions, ne laisse pas de suivre des lois aussi
belles, aussi immuables que celles qui président
aux révolutions des corps célestes» (2). Ainsi, que

---

(1) Herder. Idées sur la Philosophie de l'Histoire de l'Humanité.
Traduction d'Edgard Quinet. T. II, p. 153-155-156. Herder naquit
en 1744 et mourut en 1803.
(2) *Ibid.*, T. III, p. 90.

l'Homme s'agite ou non, Dieu le mène toujours.

Un fait intéressant à signaler, c'est que Herder a été le précurseur de Kant et de Condorcet relativement à la doctrine des lois de l'Histoire et de leur caractère progressif. J'ajoute qu'en donnant un aperçu de certaines œuvres de Turgot j'ai donné précédemment la preuve certaine que Condorcet a suivi une voie largement ouverte par son maître et ami, et que par conséquent il n'a point eu la priorité que Comte lui attribue en toute ignorance de cause. Ce dernier qui n'avait probablement point lu Vico dont il parle, ni Herder qu'il mentionne aussi, avait quelque connaissance de Condorcet, père spirituel de son propre maître Saint-Simon, et voici comment il s'exprime à son sujet : « Cet auteur a vu nettement *le premier* que la civilisation est assujettie à une marche progressive dont tous les pas sont rigoureusement enchaînés les uns aux autres, suivant les lois naturelles que peut dévoiler l'observation philosophique du passé » (1).

Dans les sciences il y a des lois ou rapports invariables entre les choses quand les phénomènes se produisent dans des conditions identiques. Le déterminisme est rigoureux, et quand il survient des variantes on peut affirmer que les conditions ne sont plus les mêmes. La prévision du résultat des expériences est un fait incontestable

---

(1) Système de Politique positive, p. 133.

dans les sciences naturelles, toutes les fois que les
lois ou rapports ont été fixés d'une manière certaine. Or si nous ramenons la science de l'homme
à celles de la nature, pour en faire un tout homogène, ce que Saint-Simon et Comte après lui n'ont
pas hésité à faire, du moins au point de départ,
n'admettant d'autre différence qu'une complexité
plus grande, il va de soi que la prévision de l'avenir devient une conséquence certaine, inéluctable
d'un pareil point de vue. Mais il y a ici une espèce
nouvelle, et la preuve que cette espèce nouvelle
n'est point homogène à celles qui constituent le
reste de la nature, se trouve dans le passage déjà
cité de Turgot : « Les phénomènes de la Nature
soumis à des lois constantes sont renfermés dans
un cercle de révolutions toujours les mêmes... Le
Temps ne fait que ramener à chaque instant ce
qu'il a fait disparaître. La succession des hommes,
au contraire, offre de siècle en siècle un spectacle
toujours varié. La raison, les passions, la liberté
produisent un spectacle toujours varié. » Là où les
éléments sont homogènes, les rapports des choses
qui relèvent de la nature propre de celles-ci ne
sauraient varier dans des conditions identiques.
Comte en se plaçant au point de vue de l'homogénéité de tous les êtres naturels ne pouvait admettre que la prévision nécessaire des événements,
puisqu'il s'imaginait que l'observation s'appliquait
toujours à une nature des choses invariable. Dans
l'ordre humain il a donc prévu comme il pouvait

le faire en Physique et en Chimie, il a prévu, c'est-
à-dire prophétisé. Or comme aucune de ses prophéties ne s'est accomplie il est permis d'en conclure que l'ordre humain manque d'homogénéité
avec la physique et la chimie.

Comme confirmation de ce que j'avance, je rappellerai les détails dans lesquels je suis entré sur
la différenciation des lois de la Nature, détails que
j'ai empruntés au très remarquable ouvrage de
M. Xénopol (1). Cet auteur distingue dans l'ordre
des choses deux sortes de lois : les lois à répétition
et les lois à succession. De celles-ci Comte n'a pas
dit un seul mot, fidèle à son habitude de dogma-
tiser, de généraliser, de synthétiser sans analyse
préalable. Dans l'espèce il aurait pu constater,
comme l'a fait Xénopol, que l'essentiel, dans les
faits à répétition, c'est la reproduction du même
phénomène, et le changement que ces diverses
répétitions peuvent présenter n'est qu'un accessoire négligeable. Pour les faits de succession, au
contraire, l'élément principal n'est plus la partie
ressemblante mais la partie différentielle, ce qui
constitue la série historique. M. Comte n'a jamais
fait cette distinction aussi élémentaire qu'essentielle, et comme il y avait une catégorie de lois
où la prévision est un fait normal, pour l'esprit, il
en a conclu que partout où il y avait loi il y avait

---

(1) *La Théorie de l'Histoire*, par Xénopol, professeur de l'Université de Jassy.

lieu à prévision. D'où la conséquence que tout ce qu'il avait prévu n'est jamais arrivé.

Je passe à la loi des trois états.

Saint-Simon s'inspirant de Condorcet, qui lui a appris que l'on peut tirer de la connaissance du passé la prévision de l'avenir, déclare que ce n'est que par l'observation philosophique du passé que l'on peut acquérir une connaissance exacte des éléments du présent. Ainsi Saint-Simon a non seulement pour méthode l'observation, mais de plus elle repose sur l'Histoire qu'il divise en trois périodes : Une période préliminaire polythéiste qui va jusqu'à Socrate, une période déiste ou conjecturale qui va de celui-ci jusqu'à nos jours, et une période positive qui en est à ses débuts. C'est la loi des trois états. Maintenant Comte peut venir et se parer des plumes du paon avec une formule identique, au fond, et qui, pour lui, doit constituer la loi progressive de l'Histoire de l'Humanité. C'est ainsi que Comte, selon l'expression malheureuse de Littré, a créé la Philosophie de l'Histoire.

Quoi qu'il en soit, cette loi a encore un autre ancêtre.

« Avant de connaître, dit Turgot, la liaison des effets physiques entre eux, il n'y eut rien de plus naturel que de supposer qu'ils étaient produits par des êtres intelligents, invisibles et semblables à nous. Tout ce qui arrivait sans que les hommes y prissent part eut son dieu auquel la crainte et l'espérance firent bientôt rendre un culte, et ce culte fut encore imaginé d'après les égards qu'on pouvait avoir pour les hommes puissants, car les dieux n'étaient que des hommes plus puissants et plus ou moins parfaits, selon qu'ils étaient l'ouvrage d'un siècle plus ou moins éclairé sur les perfections de l'humanité. Mais quand les philosophes eurent reconnu l'absurdité de ces fables, sans avoir acquis néanmoins de vraies lumières sur l'histoire naturelle, ils imaginèrent d'expliquer les causes des phénomènes par des expressions abstraites, comme *essences* et *facultés,* expressions qui cependant n'expliquaient rien, et dont on raisonnait comme si elles eussent été des *êtres,* de nouvelles divinités substituées aux anciennes..... Ce ne fut que bien tard, en observant l'action mécanique que les corps ont les uns sur les autres, qu'on tira de cette mécanique d'autres hypothèses que les mathématiques pussent développer et l'expérience vérifier » (1).

Voici maintenant l'appréciation de Vacherot sur ce passage caractéristique : « N'est-ce pas la loi des trois états formulée avec une clarté et une précision qu'on retrouve à peine dans les livres d'Auguste Comte ? » (2).

---

(1) *Plan du second discours sur l'Histoire universelle : Les progrès de l'Esprit humain*, t. II, p. 656, édition Daire.

(2) Vacherot, *Revue des Deux-Mondes,* n° du 15 août 1880, dans son excellente réfutation de la loi des trois états dont voici la conclusion : « En résumé, cette loi ne trouve sa vérification ni dans la réalité historique, ni dans la réalité psychologique », M. Vacherot s'exprime ainsi, à l'occasion de l'Esquisse de Turgot : « On ne peut

La loi progressive des trois états est-elle une
loi nécessaire dans chacun de ses trois termes :
Théologie, Métaphysique, état positif. Une première objection à présenter, c'est que cet aperçu
synthétique du passé et de l'avenir de l'humanité
n'a pour point de départ que l'étude de certains
peuples plus civilisés que les autres, occupant
l'Europe occidentale, et que si Comte avait voulu
tirer une conclusion de recherches étendues à l'ensemble des populations de notre globe il n'aurait
pu aboutir à un système quelconque. Il en convient lui-même. Il a fait une analyse incomplète,
très incomplète, ce qui ne l'a pas empêché de conclure à une synthèse universelle, espèce d'idéal
non vérifié par l'observation, je veux dire démenti
par l'observation pour peu qu'on veuille bien la
généraliser. Une autre objection qui me paraît non
moins valable est la suivante : Comte a prétendu,
et il l'a dit à plusieurs reprises, que cette loi des
trois états s'appliquait à toutes les sciences positives. L'une de ces sciences, qu'il a donnée pour
fondement à toutes les autres, a pour nom les
mathématiques. Or celles-ci ont-elles jamais présenté une période théologique, une période métaphysique et une période positive consécutive aux

guère admettre que Comte ait ignoré la pensée et le langage même
du philosophe économiste ». Une preuve bien certaine que cette
supposition manque absolument d'exactitude, c'est que Comte attribue à Condorcet le rôle de Turgot relativement à l'Histoire. Il
devait, en réalité, n'avoir jamais lu les œuvres de ce dernier.

deux premières ? Je pourrai en dire autant de la mécanique.

Comme l'a dit M. Chauffard dans une Étude sur la Philosophie dite positive, « l'Histoire est loin de nous montrer les sciences biologiques, et la médecine en particulier, suivre, soit pour leur apparition dans le cercle des connaissances humaines, soit dans leur développement propre, l'apparition et le développement des sciences physiques et chimiques. Les sciences biologiques, au contraire, précèdent manifestement celles du monde inorganique... La longue histoire de la médecine est la démonstration vivante de ce fait... il serait aisé de montrer que les sciences morales et politiques de la sociologie n'ont pas une indépendance moindre. »

Non seulement cette loi dite progressive ne saurait être applicable à tout le genre humain, mais on a vu l'association de la Théologie sous sa forme déiste et de la Métaphysique. Le Christianisme en est une preuve suffisante. Mais on a vu bien mieux encore. Deux positivistes partis de la Théologie unir ensemble la Métaphysique (doctrine de l'Humanité) et l'état positif, d'abord, et revenir ensuite à la Théologie, sous sa forme première (retour de Comte au fétichisme) et à sa forme seconde améliorée (retour de Blignières au déisme catholique). Si la loi des trois états est une loi nécessaire, ce sont là des impossibilités radicales pour les individus comme pour les Sociétés elles-mêmes. A ce

dernier point de vue Comte s'est chargé lui-même
de donner un démenti catégorique à sa théorie de
la nécessité inhérente à sa fameuse loi du progrès
historique. N'a-t-il point aussi admis, pour les
Musulmans et pour d'autres encore, la possibilité
de franchir la période métaphysique pour arriver
plus vite à l'état positif ? Jusqu'à ce jour ni les
Musulmans, ni les non Musulmans ne paraissent
avoir sensiblement profité des facilités qu'on leur
accordait. Ne dirait-on pas que Comte a pris plai-
sir à se réfuter lui-même ? Il y a d'ailleurs parfaitement réussi. L'état positif associé à l'état fétichiste, c'est-à-dire l'union des contradictoires, tel
a été le dernier mot de Comte dans ce que Littré
a appelé pompeusement la Philosophie de l'Histoire. Maintenant la nécessité du progrès n'existe
plus puisqu'il est arrivé à son dernier terme. D'où
la conséquence possible de la grande époque critique à laquelle doit s'attendre le genre humain.
L'Humanité cessera d'être et avec elle l'homme
disparaîtra de ce monde qui lui-même deviendra
ce qu'il plaira aux lois astronomiques d'en faire,
par exemple de le réunir au Soleil, appelé lui-
même à des révolutions nouvelles. Si telle est la
doctrine suprême de la Philosophie positive, son
épine dorsale comme dit Stuart Mill, on ne saurait
certainement dire qu'elle affirme parce qu'elle a
observé. Je viens de montrer comment les prédécesseurs de Comte et lui-même ont compris la
question du progrès. En tant qu'il s'agit du pro-

grès intellectuel et moral, il me paraît répondre à un certain idéal qui jusqu'à présent n'a point existé d'une manière générale dans l'Humanité. A côté de ce progrès, mais n'ayant avec lui aucun rapport de simultanéité ou de parallélisme nécessaire, il y a des progrès scientifiques, économiques, d'organisations sociales diverses. Ce sont là des questions connexes, mais de convergence et de corrélation incertaines. C'est ainsi que, dans la seconde moitié du siècle précédent, et dans le courant de celui-ci, nous avons vu la science progresser merveilleusement et la moralité générale entrer dans une période de décadence s'accentuant de plus en plus. Entre les deux aucune corrélation directe.

Pareil sujet est donc susceptible de solutions diverses pour ceux que n'anime point l'esprit exclusivement systématique et par conséquent faux d'Auguste Comte. Il y a ici, ici surtout, à faire la différence des éhoses, et en particulier à reconnaître que le développement progressif a son point de départ dans des individus plus heureusement doués que les autres et même parfois qualifiés de génies. Ce sont eux qui donnent l'impulsion que la foule suit plus ou moins. Si le progrès était une loi nécessaire : chacun y contribuerait pour ce qui le concerne. Or nous savons précisément le contraire.

On constate ainsi, une fois de plus, combien Comte a eu raison de subordonner complètement l'individu à la collectivité.

D'après Schopenhauër, l'Histoire nous montre toujours la même chose sous des formes diverses. *Eadem sed aliter*, telle devrait être sa devise. Spencer admet deux séries : 1° des oscillations dans le sens du progrès suivies d'oscillations en sens inverse, avec un gain total dans la série des âges ; 2° un état d'équilibre ou d'arrêt du mouvement, auquel doit succéder une phase de désintégration ou de retour au point de départ primitif, c'est-à-dire une phase de déchéance absolue. Donc au progrès, avec les correctifs d'oscillations en sens contraire, succède le regrès. Après l'évolution la contre-évolution. L'optimisme originaire sombre dans le plus effroyable pessimisme.

Schelling, plus près de la vérité historique, reconnaît que le cours de l'Histoire n'a pas été celui d'un progrès continu. Hegel, ayant constaté que le progrès en série continue et linéaire n'existe point, fait voyager l'idée (sa donnée fondamentale) d'un peuple à l'autre, de telle sorte que si le progrès s'affaisse sur un point du globe il s'exalte sur un autre. De telle sorte que l'Humanité progresse toujours, fait qui implique son unité essentielle. Toutefois ce progrès, par aventure singulière, rompant avec tout le passé, a fini par fixer sa demeure définitivement dans l'esprit allemand, tandis que les autres nations doivent s'en tenir désormais aux degrés particuliers où l'esprit les a appelés. Nous voici loin de la philosophie de l'Histoire telle que Comte la comprenait. Pour lui, c'était le peuple parisien qui était devenu le cerveau de l'Humanité.

Au dire de Hartmann, il y a trois périodes d'illusion dans l'Humanité : la première est celle de la patrie terrestre, la deuxième est celle du Paradis, la troisième est celle du Progrès qui fait actuellement représenter la Nature et l'Humanité comme les éléments d'une évolution unique, D'après M. de Greef, un socialiste de la chaire : « Il y a dans l'humanité des régressions partielles et même générales qu'il est impossible de se dissimuler » (1). « Progrès et regrès sont des adaptations à des conditions nouvelles, à un état nouveau, soit supérieur, soit inférieur » (2).

Le progrès absolu, la loi nécessaire et invariable de l'Histoire, n'est qu'une idole à briser comme tant d'autres. Par une amère dérision, le seul progrès continu dans l'Humanité, d'après Bagehot, disciple de Darwin, a été celui de l'art de la guerre. M. de Greef aurait-il été dans le vrai en disant : « Le problème angoissant du progrès et de la décadence des sociétés ». En voici un qui reconnaît les contradictions intimes qui se montrent dans l'Histoire de l'Humanité.

---

(1) *Le transformisme social*, p. 121.
(2) *Ibid.*, p. 370.

La réfutation que je poursuis du système de Comte m'a conduit à étudier d'une manière générale, bien que sommaire, la question du Progrès. Quand on étudie cette question dans le domaine de l'Histoire, on est amené à reconnaître qu'elle a reçu des solutions variées suivant la nature des choses. C'est toujours l'homme qui est en cause sans doute, mais tantôt il s'agit d'un point de vue purement intellectuel, comme dans l'étude des sciences diverses, et tantôt au point de vue intellectuel et moral. Dans le premier cas, l'expérience est essentiellement en cause soit comme observation proprement dite, soit comme expérimentation, et alors on est en présence d'une évolution progressive soumise d'ailleurs à un déterminisme rigoureux : conditions identiques, résultats toujours identiques. L'esprit humain marche ainsi en toute sécurité et on ne peut prévoir de limites qui s'imposent à la science, si ce n'est celles qui dérivent de la sphère restreinte de notre intelligence. Elle ne saurait atteindre à tout, embrasser tout. Dans ces conditions, l'interruption du progrès n'est et ne peut être qu'un fait accidentel étranger à la science elle-même.

Dans le second cas, il y a un défaut de parallélisme rigoureux entre les développements de la science proprement dite et ceux de l'Intelligence appliquée à la morale, à l'esthétique, à la vie des sociétés. L'Idéal poursuivi est ici tout autre, et on

le voit s'obscurcir, presque s'effacer, chez les individus et chez les peuples que ces individus composent. J'ajoute que cet idéal varie comme nature
suivant qu'il s'agit de la raison, de l'esthétique et
de la morale.

CHAPITRE IV

UNITÉ DU SYSTÈME

Comte tenait essentiellement à l'unité de son
système et il a maintenu cette assertion, malgré
toutes les preuves du contraire, ce qui n'a rien de
surprenant de sa part, étant donnée une mentalité
telle que la sienne. Dans sa philosophie, il y a
évidemment deux choses à distinguer : le but et
le moyen. Le but, qui est de réformer, de régénérer la société, et le moyen, ou la science, qui doit
être refondue elle-même pour donner à la politique cherchée, ou physique sociale, une base inébranlable. Cela étant, parti du monde pour aller
à l'homme, il a dû faire et a fait de la méthode
objective. C'était son idée première, après avoir
été celle de son maître Saint-Simon, et il s'y est
conformé. Mais une fois arrivé à l'homme, pendant
le cours de son premier grand ouvrage, il comprend la nécessité de descendre de l'homme au
monde, ce qu'il appelle faire réagir la sociologie
sur les sciences naturelles. Alors il a recours à
une méthode subjective (en ce sens qu'elle a trait
au genre humain), complément indispensable,
dit-il, de la méthode objective.

Je crois avoir démontré qu'il y avait eu là un véritable défaut de logique, puisque le positivisme, en poursuivant son but de constituer la physique sociale, devait y arriver précisément par l'emploi de la méthode objective, la seule appropriée pour une physique méritant son nom. Or, c'est tout le contraire qui est arrivé. Puis la sociologie, obtenue par la méthode subjective, étant devenue une religion, s'assimile si bien les sciences naturelles, en les régénérant, mathématiques comprises, qu'elles deviennent toutes des œuvres d'amour, dont les lois constituent la dogmatique de la religion nouvelle. La Terre ou Grand Fétiche, l'Espace ou Grand Milieu, le Soleil, en un mot toutes les existences sidérales, sont aussi des manifestations de l'amour, principe universel.

On voit qu'il ne suffit point de dire, sans preuve aucune, que Comte avait, dès ses premières publications un but religieux qu'il a réalisé plus tard. Ce serait aggraver encore son défaut de logique, s'il en était ainsi, et le faire peser sur toute son existence, tandis que celle-ci est à l'abri d'un reproche semblable dans les jours de sa jeunesse et pendant une partie de sa maturité, quand il disait encore : « L'étude positive n'a pas de caractère plus tranché que sa tendance spontanée et invariable, à baser l'étude réelle de l'homme sur la connaissance préalable du monde extérieur. » Il était alors fidèle à son point de départ et «montrait que le monde humain se soude très étroite-

ment à l'animalité dont il est le prolongement ».
C'est ainsi que certains animaux supérieurs (les
singes sans doute) ont donné quelques manifestations de fétichisme. La soudure ne laisse évidemment rien à désirer.

La loi des trois états comme chacun sait constitue le progrès dans l'histoire de l'humanité. Cela
étant, il est naturel, puisque ce progrès est nécessaire, en tant que loi, de n'admettre qu'une série
qui peut présenter quelques oscillations en sens
contraire, mais qui ne sort jamais de sa direction
générale. Par cela même elle n'offre jamais de
régression vraiment sérieuse. On ne revient point
du positivisme à la métaphysique, ni de celle-ci
au théologisme, surtout dans sa forme la moins
acceptable, savoir le fétichisme. Or, Comte, dont
une nature bénigne avait fait un positiviste à 13 ou
14 ans, par le fait de sa folie redevint fétichiste,
puis, avec le retour à la santé, il est revenu par la
loi normale d'évolution au positivisme. Mais, on
ne saurait contester que dans la *Politique positive*
il ne revienne aussi complètement que possible au
fétichisme. On le voit adorer l'Humanité, le Grand
Fétiche, le Grand Milieu, le Soleil et la Lune, sans
parler de Clotilde et des femmes en général. Or
d'après la légende, sauf l'état psychopathique, nié
par les vrais positivistes, la santé de Comte était
parfaite.

Il n'y aurait donc pas de meilleure réfutation de
la loi des trois états que l'exemple donné par

Comte lui-même. Je me permets de dire, une fois de plus, que sauf l'unité de but, savoir le bonheur du genre humain, l'unité systématique est absente tout aussi bien que l'unité scientifique.

On sait que Saint-Simon admettait la complète unité de nature des sciences physiques et des sciences morales que, d'après lui, régissait souverainement la gravitation universelle. Donc, en partant de ce principe, il était évidemment autorisé à appeler la politique une physique sociale. Dans ces conditions les méthodes à employer, pour la connaissance de l'objectif et du subjectif, ne pouvaient être que l'observation préalable des phénomènes du Cosmos, suivie de la vérification expérimentale des hypothèses d'une part ; et, d'autre part, en raison d'une complexité plus grande, en tenant compte, en physique sociale, de l'histoire proprement dite. Dans ces conditions, il y a une unité systématique se confondant avec l'unité scientifique. On est généralement d'accord pour rejeter, dans l'espèce, la loi de gravitation donnée comme étant la loi unique, dans l'ensemble de la nature. Mais on a, comme chacun sait, tenté, du vivant même de Comte, de réaliser l'unité scientifique par la doctrine de la transformation des forces, réduite par certains à la transformation des phénomènes moteurs, en supposant que force et mouvement sont chose identique. Nous voici en présence, sous une autre dénomination, de la fameuse théorie du grand

Descartes relative aux tourbillons. Le Cartésianisme admettait la pensée, d'une part, et le mouvement avec ses effets mécaniques d'autre part, effets
mécaniques régnant sur tout, sauf sur la pensée.
De nos jours, comme je l'ai déjà dit, on ne s'est
point laissé arrêter par un aussi futile obstacle et
on a admis que celle-ci avait également son équivalent mécanique. Hypothèse non encore vérifiée.

A ce point de vue vraiment nouveau, il n'y a
plus aucun doute à émettre sur l'unité profonde
de l'unité systématique et de l'unité scientifique.
Tout est mouvement, tout est lois mécaniques,
tout est lois nécessaires, et alors, puisqu'il y a
identité de nature entre le monde et l'homme, il
est évident qu'il n'y a qu'une même méthode à
suivre pour arriver à celui-ci, c'est de partir de
l'objectif, c'est-à-dire de l'exercice des sens, exclusivement, pour arriver à un subjectif plus complexe que l'objectif, et dont toute la différence
avec le premier consiste dans sa complexité même.
Ici, enfin, nous sommes en présence d'une unité
vraie, car elle est complète. Je dirai même absolue, si ce mot n'était point une note fausse pour
les oreilles positivistes.

La soudure de l'objectif au subjectif est maintenant assurée, mais Comte n'a point donné à sa
pensée toute l'unité dont elle était susceptible. Il
ne réclamait que l'unité systématique dans sa
philosophie. Il a commencé très certainement à la
chercher dans la méthode objective, qui devait,

croyait-il, le conduire au point de vue universel,
et à la complète homogénéité du point de vue
scientifique. Mais parvenu vers le milieu du Cours
il s'aperçut qu'il fallait faire aussi la part de la
méthode subjective ; il dut admettre la nécessité
de l'union des deux méthodes. Plus tard, lorsqu'il
écrivit la Politique positive, il déclare que le point
de vue subjectif lui permet seul d'atteindre l'unité
et l'universalité qu'il avait toujours poursuivies.
Aussi fait-il réagir le subjectif ou religion de
l'amour sur l'objectif et ramène-t-il toutes les
sciences à être des œuvres d'amour. Evolution
nouvelle de la pensée de Comte qui avait commencé par admettre l'association des deux méthodes et, finalement, a réalisé l'absorption de l'objective par la subjective, sous le titre de réaction de
la sociologie sur les sciences objectives. Engagé
dans cette voie, il en arrive à renier la science
elle-même et à dire que l'esprit humain, après
avoir traversé les périodes théologique, métaphysique, scientifique, doit passer de celle-ci à la période religieuse qu'il associait, dans son expression dernière, au fétichisme. C'est donc la loi des
trois états, cette épine dorsale du positivisme au
dire de Stuart Mill, qui se trouve transformée de
la sorte. C'est brisée que je veux dire, et brisée
par la propre main de celui qui prétendait l'avoir
inventée.

Un littérateur, très estimable d'ailleurs, M. Brunetière, s'est avisé, il y a une dizaine d'années, de

faire l'apologie de Comte et de son positivisme.
Entre autres qualités qu'il lui attribue, il en fait un
métaphysicien de haute lignée. C'est ainsi qu'il
termine son travail publié dans la *Revue des Deux
Mondes* : « Et la métaphysique cessant d'être
un système fermé, c'est alors qu'elle deviendra
digne de son nom et de son rôle qui est de nous
conduire, par les voies normales de l'intelligence
humaine, du connu à l'inconnu et de l'inconnu à
l'inconnaissable. Le positivisme a posé les conditions ou les fondements d'une telle métaphysique, et ce n'est pas Kant en vérité, mais plutôt
Comte, qui, en rédigeant les leçons de son *Cours
de Philosophie positive*, a écrit les *Prolégomènes
de toute métaphysique future* (1) ».

Comte aurait considéré pareil langage comme
la plus cruelle, la plus outrageante des injures et,
de sa plume, il aurait châtié l'insolent, comme il
le fit jadis pour ce pauvre de Blignières, avec toute
l'acrimonie dont la nature l'avait doué.

Etudions donc, à ce point de vue, avec M. Brunetière, la chose en vaut la peine, le grand homme
qui était un métaphysicien sans le savoir et sans
le vouloir à coup sûr.

M. Brunetière commence par constater que le
positivisme professe l'inexistence de la métaphy-

---

(1) *Revue des Deux Mondes*, 1ᵉʳ octobre 1902, p. 601.

On sait généralement qu'Aristote a donné le nom de métaphysique à un corps de doctrine venant, dans sa composition, après la
physique.

sique ; il en fait table rase, mais il ajoute qu'en
fait ce n'est pas seulement d'une métaphysique,
c'est aussi d'une véritable religion que s'est cou-
ronnée la philosophie d'Auguste Comte. Ceci posé,
il blâme vertement MM. Renouvier et Littré de ne
voir, dans la phase religieuse du positivisme, que
la plus extraordinaire négation de sa phase première. M. Brunetière ajoute : « En fait, quand l'évolution naturelle du positivisme ne l'aurait pas ache-
miné nécessairement vers la métaphysique, il
resterait que Comte y a abouti. Et l'accusât-on
d'avoir manqué de logique, il faudrait d'abord,
cela va sans dire, prouver la vérité de l'accusation ; mais il faudrait aussi, et surtout, montrer
comment, et en quel point de ses déductions, il
s'est trompé » (1).

Ou je m'abuse fort ou je crois avoir montré que
A. Comte a manqué de logique. Pour arriver à
constituer la sociologie, œuvre que la métaphysique ou toute autre philosophie n'avait pu réaliser,
l'élève de Saint-Simon, comme son maître, a
voulu aller du monde ou de la science à l'homme,
c'est-à-dire à la pensée, à l'esprit, procédant
ainsi du dehors au dedans, de l'objectif au subjectif ;
puis arrivé ainsi à la sociologie il abandonne,
non le but qu'il se propose, mais la méthode
qu'il a suivie. Et alors non seulement il procède
du dedans au dehors, de l'homme au monde, mais

---

(1) *Revue des Deux Mondes,* 1902, p. 58.

par la réaction, comme il le dit, de la sociologie
sur les diverses sciences, il les ramène à n'être
que des expressions de l'amour universel, mathématiques comprises. Le point de départ du système pouvait-il impliquer une pareille conclusion
anthropocentrique où aboutit la religion, dite
positive, qui vient couronner le positivisme de
Comte ? Lorsque celui-ci, contraint par l'évidence,
reconnaît la nécessité d'unir à la méthode objective une méthode qui n'est qu'incomplètement
subjective, il est vrai, pouvait-il avoir la pensée
qu'un jour viendrait où l'objectif serait absorbé
par le subjectif tel qu'il le comprenait ? C'est-à-
dire par la sociologie, qui deviendrait ainsi le véritable principe d'où procéderaient en réalité toutes
les sciences physiques et même la science du
calcul et de la mesure. Je rappelle que les lois
physiques constituent la dogmatique de la religion soi-disant démontrée, en font par cela même
partie intégrante, et que la physique sociale, nom
primitif de la sociologie, a fini par aboutir à une
religion d'un caractère polymorphe, s'inspirant
comme organisation du catholicisme, avec un
retour des plus accentués au fétichisme primitif.
Dernière et suprême contradiction.

Les considérations qui précèdent ne prouvent
pas, sans doute, que Comte n'a point fait de métaphysique, mais on peut affirmer, en toute sécurité,
que s'il en a fait, et il en a fait, c'est en pleine
ignorance de cause. De ceci, il n'y a aucune raison

d'être surpris. Son instruction propre avait eu
surtout le caractère scientifique, aussi ignorait-il
profondément ce qui constitue le domaine spécial
de la pensée. Ainsi que me l'accordait, sans difficulté, son ami et mon ancien collègue Valat, il
ignorait la philosophie qu'il avait beaucoup trop
sommairement étudiée ; aussi n'avait-il nullement
réussi à se l'assimiler. Mais pareille considération
ne saurait démontrer qu'il n'a pas fait de la métaphysique en pleine ignorance de cause. Il ne savait
point ce que c'était, preuve en soit sa création
métaphysique mal venue de l'Humanité, et il en
parlait à l'aventure, preuve en soit sa délicieuse
épouse qui devenait pour lui une métaphysicienne
quand elle l'abandonnait pour quelqu'un de ses
amants, anciens ou nouveaux. Tout ce qui déplaisait à l'époux légitime devenait de la métaphysique, au dire de Stuart Mill.

Pour prouver que Comte avait fait, lui aussi, de
la métaphysique, Brunetière s'exprime ainsi : « La
conviction de l'objectivité du monde extérieur,
nous n'y avons pu aboutir que par la métaphysique (!). L'affirmation de cette objectivité est elle-
même, s'il en fût, une affirmation de l'ordre
métaphysique, puisqu'elle dépasse absolument
l'expérience. Et enfin, puisque nous ne pouvons
nous tenir pour certains de l'objectivité de la
science qu'autant que nous le sommes de l'objectivité du monde extérieur, le fondement de la
science est donc métaphysique. Et voilà, sans

grand effort de réflexion ni de raisonnement, mais surtout sans contradiction, la métaphysique rétablie, si je puis ainsi dire, au sein du positivisme » (1).

Je ne fais aucune difficulté pour admettre le mal fondé d'une argumentation qui est un vrai passif pour son auteur. Il y a d'autres preuves qui démontrent que Comte, lui aussi, a fait de la métaphysique. Seulement il ne s'en est jamais douté. C'est de sa part une contradiction de plus qui concourt à mettre en relief le défaut d'unité de son système. Brunetière devait être de cet avis quand il disait : « On voit sortir une métaphysique nouvelle du fond même de la doctrine que l'on croit qui l'aurait ruinée, et qui elle-même l'a cru dans sa première phase » (2).

Il y a donc eu au moins une seconde phase. L'aveu est précieux au point de vue de l'unité de la doctrine. Il y a eu d'autres phases encore. Par exemple la dernière quand au Créateur des Cieux et de la Terre il a substitué l'Humanité, conception métaphysique avortée s'il en fût, car elle n'est qu'une abstraction pure et simple. N'a-t-il point doué de sensibilité l'Espace ou Grand Milieu ? N'a-t-il point admis chez les animaux supérieurs des êtres analogues à l'humanité, bien que d'ordre

---

(1) Métaphysique positiviste, *Revue des Deux Mondes*, 1er oct. 1902, p. 592.
(2) *Ibidem*, p. 593.

inférieur ? Ces êtres, qu'on pourrait appeler des animalités, ne se développent point à cause de la concurrence que leur fait l'Humanité. C'est la bataille de la vie dans un milieu où on ne s'attendait guère à la rencontrer.

Il y a là tout un ensemble qui est comme un défi jeté au sens commun. Parmi ces étranges conceptions, il n'y en a pas une seule qui ait, dans la nature, une valeur quelconque, car aucune n'a pour point de départ l'expérience et des rapports constants et nécessaires, c'est-à-dire des lois, d'une part. Et, d'autre part, aucune n'est déduite de principes rationnels tels que ceux qui sont le point de départ essentiel des sciences mathématiques. M. Brunetière n'ignorait point sans doute que Comte, régénéré par l'amour, n'écoutait plus que les inspirations de la logique du sentiment. J'en ai donné la preuve péremptoire. Or celle-ci peut aussi bien se permettre la métaphysique, fût-elle extravagante, qu'autre chose. Mais l'usage qui en a été fait est une démonstration, sans réplique, du défaut d'unité du positivisme d'Auguste Comte.

D'après M. Brunetière il y avait non seulement : « une métaphysique impliquée dans les données premières du positivisme, mais aussi une religion (1). Chez Comte il y a eu, au minimum, trois

---

(1) La Religion considérée comme sociologie, *Revue des Deux Mondes*, 15 février 1903.

phases distinctes : les publications de sa jeunesse constituent la première, le Cours constitue la seconde et la Politique positive, c'est-à-dire la Religion, constitue la troisième. Dans la première phase il s'est déjà occupé de réorganiser la société, il a fait de la physique sociale, et, à moins d'y mettre une bonne volonté singulière, il est impossible de trouver dans ses publications la moindre allusion à une religion spéciale de son invention. Il a sans doute parlé d'un pouvoir spirituel qui devait être remis entre les mains des corps savants, mais cela prouve avec la dernière évidence qu'aucun sacerdoce n'était en cause. A cette époque, pour lui, toute religion impliquait le surnaturel. Le sacerdoce est venu plus tard, à son temps et à son heure, quand, par la grâce de Clotilde, l'œuvre de régénération était accomplie et que la mémoire de celle-ci était l'objet d'un véritable culte, pour deux motifs. Comte l'avait adorée quand elle vivait, et il l'adorait après sa mort, comme le symbole éminent de l'Humanité. Devenu grand pontife, il avait la parfaite conscience de la nouveauté de son point de vue, puisqu'il déclare qu'il va dans la Politique se placer à un point de vue différent. Il se trouve d'ailleurs tellement changé qu'il parle de sa propre régénération. Or ceci n'a qu'un sens, c'est qu'il est un homme né de nouveau, suivant la parole de l'Ecriture sainte.

M. Brunetière a d'ailleurs raison de dire que,

grâce à l'évolution de la pensée de Comte, la religion et la sociologie ne font qu'un. C'est ainsi en effet qu'il a fini, mais, bien que certains auteurs aient dit le contraire, c'est tout autrement qu'il avait commencé. Sous l'influence d'une orientation nouvelle, qui n'est autre que sa crise amoureuse, il n'est plus le même homme et l'unité de sa doctrine n'existe plus. Ce n'est plus la science qui réorganise, qui régénère la société, c'est une religion nouvelle. Ce fait si important, ce fait capital, dans la vie de Comte, gênait sans doute singulièrement M. Brunetière, puisqu'il a négligé d'en parler, quand il était le plus tenu de le faire.

D'après le même auteur, la religion a pour caractère principal d'être une croyance collective et toute religion est un des éléments (gouvernement, jurisprudence, économie politique, esthétique, morale) de la sociologie. D'après lui le protestantisme a ruiné la notion de religion en l'individualisant, rappelant à ce sujet une parole de Bossuet : « L'hérétique est celui qui a une opinion » et par conséquent l'orthodoxe est celui qui accepte le joug d'opinions toutes faites, n'ayant aucun motif d'en avoir une de son propre fond. C'est bien ainsi que Comte comprenait les choses, car, pour lui, la liberté de conscience était une notion anarchique et révolutionnaire, et il réclamait l'uniforme subordination de tous les sentiments personnels aux sentiments sociaux, pour arriver à l'unité humaine. Le catholicisme, qui considère ou a considéré (subordination du temporel au spirituel, Grégoire VII) l'Eglise comme une société complète, se montre très rapproché de Comte, au moins pour la forme. Le positivisme de ce dernier est bien vraiment, comme l'a dit Brunetière, un catholicisme laïque, deux mots qui jurent de se trouver ensemble. C'est là le catholicisme sans christianisme d'Huxley.

Quant à l'assertion que le protestantisme a ruiné la notion de religion en l'individualisant, Comte n'aurait pas mieux dit, lui qui a toujours témoigné tant d'hostilité à la Renaissance religieuse du xvie siècle. La réponse à faire me paraît bien simple. Le christianisme est une croyance individuelle, d'abord, et collective ensuite, par le fait du libre concours des individualités. N'y voir qu'une société moutonnière, obéissant passivement à la voix et à la houlette du berger, n'est qu'un rappel de ce catholicisme du moyen âge que Comte considérait comme le chef-d'œuvre de la sagesse humaine, et dont il s'est inspiré le plus possible dans sa sociologie et la religion qui y a fait suite, sans en procéder logiquement (je parle de la logique rationnelle).

A propos d'individualité, je crois devoir signaler la critique faite par Brunetière d'un certain passage de Vinet emprunté à ses *Études sur Blaise Pascal* : « L'individualisme obstacle et négation de toute société, l'individualité à qui la société doit tout ce qu'elle a de saveur, de vie, de réalité ».

Voici la critique : « On ne voit pas très bien ce que cela veut dire. Si l'individualisme est de tout rapporter à soi, on ne voit pas très bien par quels caractères l'individualité s'en distingue, ni surtout s'y oppose. Mon opinion ne m'est personnelle que de la quantité dont elle diffère de l'opinion commune ; et mon individualité ne s'affirme que dans ce contraste (1) ». Brunetière n'a pas osé dire : ne consiste que dans ce contraste. On peut lui répondre que l'individu est celui qui est quelqu'un et non point quelque chose. C'est une personne. L'individualiste en est une aussi, mais d'espèce peu sociable ou insociable, ne s'inspirant que de son intérêt particulier. C'est un égoïste au premier chef (2).

Après ce coup d'œil général sur la question, je vais la serrer de plus près.

La recherche de l'unité du système de Comte exige que l'on fasse intervenir, autant que possible,

---

(1) Brunetière, *Revue des Deux Mondes*, 15 février 1903, La Religion comme sociologie, p. 866.

(2) D'après Littré (*Dictionnaire de la langue française*) : « L'individualité est ce qui constitue l'individu, la personnalité ».

« L'individualisme est une théorie qui fait prévaloir les droits de l'individu sur ceux de la société ».

Brunetière s'est permis un véritable sophisme.

Vinet a été en littérature et en théologie l'un des hommes les plus éminents de la Suisse au XIXe siècle. Il était professeur à Lausanne. Sainte-Beuve l'appréciait à un haut degré.

Vinet, qui était un homme d'une haute raison et d'esprit très pondéré, rejetait absolument l'union de l'Eglise et de l'Etat. C'était, disait-il, une union adultère.

le langage de l'auteur, dont le vice rédhibitoire ne sera que plus sensible.

Il nous raconte qu'à l'âge de 24 ans, en 1822, sa propre conviction d'avoir suffisamment accompli la préparation encyclopédique, indispensable à sa mission sociale, le poussa à la construction directe de sa doctrine. Or sa loi hiérarchique lui démontra que cette doctrine exigeait un fondement scientifique semblable à celui qu'il avait lui-même acquis, « la philosophie sociale ne pouvant prendre son vrai caractère et comporter une irrésistible autorité qu'en reposant explicitement sur l'ensemble de la philosophie naturelle (1). » D'où comme conséquence les méthodes objectives, et, comme suite naturelle, une autorité spirituelle basée exclusivement sur l'aptitude scientifique, puisqu'il ne s'est agi d'organiser ce pouvoir nouveau qu'avec des membres de l'Académie des sciences. « La capacité scientifique positive est de même ce qui doit remplacer le pouvoir spirituel ». De religion et de sacerdoce à l'origine, il n'est fait aucune mention. Ainsi donc le point de départ est le suivant : S'élever du monde à l'homme en suivant une série scientifique à caractère homogène : Mathématiques (la géométrie est une science naturelle), Mécanique, Astronomie, Physique, Chimie, Biologie. Mais arrivé à l'homme, Comte reconnaît qu'il est sur un terrain nouveau,

----

(1 *Politique positive*, I, p. 2.

celui de la subjectivité, et pense qu'il faut substituer une méthode contraire et aller consécutivement de l'homme au monde, c'est-à-dire appliquer la méthode subjective. C'était l'abandon du point de vue matérialiste et le retour à un véritable spiritualisme. Comte l'a suffisamment senti pour qualifier le positivisme de nouveau spiritualisme.

Toutefois, il n'y eut d'abord qu'une tendance dont témoigne le Cours et qui consiste dans l'union des deux méthodes, l'une complétant l'autre, et Comte n'hésite pas à déclarer en 1851 :

« Quand ma grande élaboration objective me conduisit, en 1836, de la cosmologie à la biologie, je sentis aussitôt que l'*exclusion* scientifique ne pouvait être que provisoire, et mon premier chapitre biologique fit entrevoir déjà l'accord final des deux logiques ».

Puis survint un événement qui joua dans la vie de Comte une influence désormais prépondérante : son amour pour Mᵐᵉ Clotilde Devaux, qui en fait un homme nouveau. « Une indispensable renaissance, qui devait émaner du cœur, me fut procurée, il y a six ans, par l'Ange incomparable que l'ensemble des destinées humaines chargea de me transmettre dignement le résultat général du perfectionnement graduel de notre nature sociale.... une inaltérable pureté consolida notre tendresse et devint la principale source de ma résurrection morale ».

« Deux vies philosophiques aussi différentes....

Deux influences intellectuelles, l'une involontaire, l'autre volontaire, complétées en temps opportun par l'incomparable régénération morale que je dus à ma sainte passion ».

« Le positivisme érige en dogme fondamental, à la fois philosophique et politique, la prédominance du cœur sur l'esprit ».

« Le cœur supplée au défaut de notions objectives par l'essor spontané de ses inspirations subjectives, sans lesquelles toute l'évolution humaine, tant mentale que sociale, serait restée indéfiniment impossible ».

« Notre existence morale ne comporte une véritable unité qu'autant que la vie affective domine à la fois la spéculation et l'action... La première condition consiste dans le concours des individus à l'amour universel...

« Il n'y a pas de calculs personnels qui puissent ordinairement remplacer cet instinct social ».

« L'unité humaine exige un principe nécessairement subjectif, mais cette condition serait loin de suffire, si en même temps le monde extérieur ne nous offrait pas spontanément une base objective dans l'ordre général des phénomènes qui régissent et le monde et l'humanité, et dont la prépondérance peut permettre au sentiment d'amour de discipliner les inclinations discordantes. Nos affections bienveillantes se trouvent spontanément conformes à d'invariables lois naturelles qui régissent directement la sociabilité ».

« La théorie fondamentale de l'évolution humaine complète et coordonne la base objective
qu'elle subordonne spontanément au principe
subjectif qui doit toujours diriger l'ensemble de
la construction philosophique ». « Notre existence
sociale provoque nécessairement l'essor continu
des instincts sympathiques, tandis qu'elle com-
prime celui des penchants personnels ». « Il n'y
a de directement moral dans notre nature que
l'amour qui seul tend à faire prévaloir la sociabilité sur la personnalité ».

« A son principe affectif, à sa base rationnelle,
à son but actif le positivisme doit joindre un centre unique qui embrasse à la fois le sentiment, la
raison et l'activité. Cette condition est remplie par
la grande conception de l'Humanité qui constitue
l'unité définitive. Son existence repose sur l'amour
mutuel qui lie toujours ses diverses parties ».

« Le positivisme doit régénérer la politique *en
la réduisant au culte actif de l'Humanité*, comme
la morale constitue le culte affectif et la science
avec la poésie le culte contemplatif ».

« La méthode objective qui procède du dehors
au dedans, du monde à la vie, peut seule convenir
à l'élaboration tant systématique que spontanée
de la philosophie naturelle. Mais il reste à déterminer la participation finale de la méthode inverse
ou subjective qui va du dedans au dehors, de la
vie au monde (1). La lutte préliminaire des deux

____

(1) *Politique positive*, p. 443.

méthodes est maintenant terminée, puisque le positivisme enfin complet constitue la seule religion normale. Dès lors il faut revenir sur l'exclusion provisoire de la méthode subjective par l'élaboration scientifique. Notre constitution logique ne saurait être complète et durable que d'après une intime combinaison des deux méthodes » (1).

Habemus confitentem reum. Il y a donc eu à l'origine une exclusion de la méthode subjective par l'élaboration scientifique due à M. Comte. C'était le subjectivisme, ce pelé, ce galeux, qui avait fait tout le mal ! Ce subjectivisme avait régné en souverain sur le fétichisme, le théologisme et la métaphysique. C'est en s'appuyant sur lui que s'était faite l'évolution antérieure, et vu l'insuccès de toute réforme sérieuse en sociologie, il fallait, pour réaliser le but poursuivi, faire appel à la méthode des sciences naturelles, la méthode objective, seul moyen de régénérer les opinions et les mœurs. Or notre constitution logique ne saurait être complète et durable, comme nous venons de l'apprendre, que d'après une intime combinaison des deux méthodes. Pour cela que faut-il ?

« Pour cela il suffit que la méthode subjective, renonçant à la vaine recherche des causes, tende directement, comme la méthode objective, vers la seule découverte des lois. Il faut en un mot

----

(1) *Ibid.*, p. 445.

qu'elle devienne sociologique au lieu de rester théologique. La fondation de la sociologie permet à la méthode subjective d'acquérir la positivité qui lui manquait. Ainsi régénérée, cette méthode doit mieux développer son éminente aptitude exclusive à faire directement prévaloir la considération de l'ensemble, qui seul est pleinement réel. Sans son ascendant normal sur la méthode objective, celle-ci ne pourrait assez éviter les aberrations théoriques qui lui sont propres, soit par *divagation*, soit par *illusion* ».

Ne serions-nous pas en présence d'une nouvelle confession ? De telles paroles ne signifient-elles point que jusqu'à la XLe leçon du Cours (qui en a LX) Comte n'a pas pu éviter suffisamment les aberrations théoriques propres à la méthode objective, soit par illusion ou même par *divagation* ?

Les choses étant ainsi, il est de pleine évidence que : « C'est désormais à la méthode subjective qu'il appartient *d'instituer toujours* la méthode objective, qui en retour (c'est le moins qu'elle puisse faire) améliore sans cesse ses procédés dogmatiques. Leur ensemble fonde la logique vraiment religieuse ». Ce passage est de capitale importance, car il nous montre avec la dernière évidence qu'il ne s'agit plus seulement de l'union des deux méthodes, mais de la subordination complète de la méthode objective, puisque désormais elle doit être *instituée toujours* par la méthode subjective.

Nous n'en sommes plus au temps où Comte déclarait que toute religion était entachée de surnaturel. Il la fait entrer maintenant dans la logique, puis en toutes choses, comme conséquence du principe de l'amour universel.

La régénération directe de la méthode subjective s'est faite par la fondation de la sociologie. Elle est devenue aussi rationnelle que la méthode objective qui prédomine dans le système de la philosophie positive. La méthode subjective préside au système de la politique positive. « Mon ouvrage fondamental fit graduellement converger les diverses théories vers un ensemble d'abord confus. D'après cette construction, le traité actuel fera directement réagir cet ensemble pour la systématisation finale des conceptions préliminaires qui concourent à le former. En un mot, l'un a tiré de la science une philosophie que l'autre convertit en religion complète et définitive ». « L'heureux concours de ces deux méthodes, dont chacune commence où l'autre finit, permet seul de réparer leur épuisement respectif. Aucun dogme de la religion finale ne saurait être établi qu'après avoir été démontré par les deux méthodes, quelle que soit celle dont il émane d'abord ». « Toute synthèse doit être subjective, puisque l'objectivité demeure toujours analytique ».

« Pour les anciens, l'astronomie était la science prépondérante et la biologie s'y subordonnait comme secondaire, parce que la logique objective dirigeait alors le progrès mental. Chez les modernes, la biologie prévaut irrévocablement, en se rattachant la cosmologie à titre d'introduction nécessaire, conformément à la suprématie finale de la subjectivité régénérée.

« L'étude du monde dut prévaloir pendant presque toute la durée du régime préliminaire. Quand il se développe assez pour faire irrévocablement surgir l'étude systématique de la vie, il touche à son terme nécessaire, comme ayant atteint son but essentiel, en étendant la positivité jusqu'aux plus nobles phénomèmes. Dès lors, la sociologie, prenant à jamais la suprématie mentale, la biologie devient spontanément son principal auxiliaire. La constitution primitive de la philosophie naturelle se trouve nécessairement intervertie par la prépondérance normale de la subjectivité sur l'objectivité ».

Un grand exemple, celui donné par Descartes : « Il entreprend d'abord la plus forte construction objective qui ait jamais été conçue. L'impossibilité d'y comprendre les plus nobles phénomènes le détermina ensuite à tenter de constituer l'unité intellectuelle par la voie subjective, d'où résulta la transformation qui caractérise la métaphysique moderne ».

Le Comte du Cours ne connaissait que les phénomènes et les lois qui les régissent, mais le Comte régénéré déclare que pour compléter les lois il faut des volontés.

« Quand la religion universelle aura suffisamment prévalu, loin que la méthode objective obtienne jamais un ascendant comparable à celui que posséda jadis (débuts de l'humanité) la méthode subjective, celle-ci, convenablement régénérée, reprendra une digne domination qui deviendra dès lors inaltérable, comme seule source possible de toute synthèse ».

L'ensemble des citations que je viens de faire établit, d'une manière irrécusable, que l'évolution de la pensée de Comte l'a conduit à changer de méthode. En premier lieu, il ne s'inspire que de la méthode objective. De là il passe à l'association des deux méthodes, et finalement il en arrive à admettre la suprématie complète de la méthode subjective, qui seule est propre à constituer une véritable synthèse, tandis que sa rivale est confinée dans l'analyse. L'emploi prépondérant de la méthode objective n'est même point sans danger pour nos facultés intellectuelles, car il pousse .....à l'*idiotisme*, en comprimant la spontanéité mentale.

C'est Comte qui le dit, mais on n'est pas obligé de le croire sur parole.

Je ferai remarquer que c'est grâce à la prééminence générale qu'il accorde au sentiment que l'auteur a été conduit à substituer à la logique rationnelle une autre logique ayant un tout autre caractère. Dans sa première phase il observait, induisait, faisait des hypothèses, d'où le rôle de l'expérimentation pour vérifier celles-ci. Dans la dernière il conçoit *a priori* et cherche les preuves dans l'ordre sentimental qui les lui fournit abondamment. C'est toujours de la subjectivité, bien qu'on ait prétendu le contraire, mais de la subjectivité déréglée, le rêve d'une imagination sans frein.

Je rappellerai aussi à titre de contradiction éminente le langage tenu par Comte au sujet de l'économie politique. Il a commencé par en parler avec un éloge que je qualifierai de sans mesure, lorsqu'il a proposé de fonder la morale sur cette science. C'est de l'utilitarisme au premier chef, auquel a succédé tout le contraire : une morale d'abnégation exagérée, de sacrifice à l'égard de tous, celle qui ne connaît que des devoirs envers nos semblables, sans cette compensation nécessaire qui s'appelle le droit. Plus tard, lorsque Comte connut mieux l'Économie politique, elle devint une prétendue science qui s'inspirait des principes les plus révolutionnaires et systématisait l'anarchie.

Je suppose qu'on voudra bien reconnaître aussi que Comte a eu deux opinions très différentes sur la femme. D'après la première elle est un être inférieur qui doit être assujetti à l'homme, et qui est incapable de toute direction, même domestique ou familiale. Alors, comme l'homme, elle devait être un individu et par conséquent n'avait une valeur qu'à titre de collectivité humaine.

D'après la seconde opinion, les femmes ne doivent jamais être prises collectivement, parce que le sentiment ne comporte qu'une évolution individuelle. Ainsi leur prééminence sur l'homme est nettement établie et elles sont devenues le symbole et la meilleure expression de la déesse Humanité, c'est-à-dire de l'amour universel. A ce titre elles font partie intégrante du pouvoir spirituel et possèdent la surintendance de l'éducation domestique. Il s'ensuit que les femmes ne sont plus ce qu'elles devaient être à l'origine, à savoir individuellement une simple abstraction, ainsi qu'il en est de l'homme, auquel elles étaient si inférieures jadis.

Nous voici évidemment en pleine métaphysique et elle se complète quand on songe que les petits Grands Etres des animaux « n'ont qu'une existence abstraite ou plutôt nominale, puisque l'ensemble de la race n'a pas d'autre genre d'existence, ainsi que je l'ai déjà dit. Il n'y a de réel que l'individu et quelquefois la famille. C'est l'inverse du cas humain » (1). Ici Comte aurait dû dire *masculin*, puisque la femme est un individu comme l'animal isolé.

Pareille similitude est peu flatteuse, ce semble-t-il pour ces dames, mais en elle-même elle est parfaitement inexacte et montre à quel point notre auteur, dominé par des vues systématiques,

---

(1) *Politique positive*, I, p. 623.

ne tient plus aucun compte de l'observation. En effet, entre autres choses, ce qui distingue l'animalité du genre humain, c'est qu'il n'y a entre les divers animaux d'une même espèce que des différences intellectuelles à peine appréciables. D'où la conséquence que la collectivité est sensiblement tout et que l'individualité est plus apparente que réelle. Chez l'homme et chez la femme, c'est précisément le contraire, car ainsi que l'a reconnu Comte, dans un moment de lucidité, il y a ceux qui pensent et ceux qui ne pensent point. C'est-à-dire, tout en tenant compte des intermédiaires, le génie d'une part et la brute de l'autre.

Une autre nouveauté particulièrement étrange pour la femme est la parthénogenèse, prévue comme possible pour l'avenir, et devenant un idéal à réaliser. Pourquoi ? parce que l'Humanité est censée jouir d'un pareil privilège et que la femme est son meilleur symbole. Etant la véritable expression, en ce monde, de l'amour universel, elle doit le rappeler le plus possible. Le sentiment l'exige et sa logique désormais l'emporte sur toute autre. Nous sommes bien loin du Comte primitif et il faut un véritable parti pris pour ne pas se rendre à l'évidence même.

J'en ai dit assez pour prouver le défaut d'unité dans la pensée de l'auteur, mais heureusement pour la thèse que je développe qu'elle a dans l'ouvrage de M. Alengry un appui des plus solides. Voici comment il s'exprime en particulier sur la question :

« Il y a deux courants hétérogènes dans la philosophie générale de Comte : l'un positif et scientifique, l'autre moral et religieux. Que devient dans ce cas l'unité du système ?

» En 1845, il introduit le sentiment dans la philosophie positive (1) et systématise les sentiments. Dans la *Synthèse subjective* il ajoute à la religion un véritable fétichisme.

» Il est donc arrivé à Comte de suivre, mais à rebours, la loi des trois états : de la science il passe à la philosophie, de la philosophie à la religion de l'Humanité, et de celle-ci au fétichisme..... Il affirme, envers et contre tous, l'unité de son œuvre... La première rencontre (avec Mme Devaux) eut lieu en octobre 1844, la seconde en août 1845, elles furent foudroyantes. Ce n'est plus le même homme, ce n'est plus le même penseur. Instantanément le ton, les idées, la méthode, tout change. Dans la politique, Comte traite les mêmes sujets, mais dans un esprit tout différent. De là dérive la religion de l'Humanité, qui se transforme en culte des souvenirs, en adoration de la femme aimée, en adoration de ses paroles et des objets qu'elle a touchés ; au bout se trouvait le fétichisme... Nous sommes amenés à conclure qu'il y a deux vies, deux carrières, deux méthodes, deux doctrines chez Comte. L'une posi-

---

(1) *Essai historique et critique sur la sociologie chez A. Comte*, p. 327, 331, 335, 341, 350, 351, 362 et 375.

tive, fondamentale, est conçue dès 1822, et même dès 1818, l'autre sentimentale, tardive et surajoutée, dès 1845 ».

Je rappelle que M. Alengry, qui vient de prouver le défaut complet d'unité dans le positivisme de Comte, a donné une autre démonstration qui n'est pas moins importante, savoir le défaut d'originalité de cet auteur dans sa première phase. Nous sommes donc en présence d'un système qui n'en est pas un, qui est même la contradiction incarnée. De plus il est dû à une inspiration étrangère qui se reflète à peu près partout.

Le jugement de M. Alengry a d'autant plus de valeur qu'il procède d'un écrivain qui a pour Comte une véritable admiration, et le considère comme un homme de génie.

Enfin à titre d'argument ne laissant rien à désirer sur l'évolution régénérée du comtisme, j'extrais les lignes suivantes d'un compte rendu du *Journal des Débats* (22 octobre 1906) : « La science est aussi préliminaire que la théologie et la métaphysique, et doit être finalement autant *éliminée* par la religion universelle. Il importe de secouer cette domination *dégradante* de l'esprit scientifique pour s'occuper de l'installation religieuse ».

Ainsi nous voici prévenus, comme conclusions dernières, que la science, à l'instar de la théologie et de la métaphysique, doit être finalement éliminée par la religion universelle. De plus il nous faut secouer la domination dégradante de l'esprit scientifique, suffisamment dégradante même pour nous pousser actuellement à l'idiotisme.

Ceci dit, et dit par le pontife infaillible, suprême organe de l'Humanité, c'est-à-dire de l'amour universel, je demande aux admirateurs de son impeccable logique si l'on peut, ici, reconnaître en lui l'auteur de ses premières publications et du Cours qui leur a fait suite ?

L'unité du Cours, de la Politique et de la Synthèse subjective, est une affirmation gratuite. Elle s'affirme pour les besoins de la cause et ne se démontre pas.

32.261. — Bordeaux. Y. Cadoret, impr., 17, rue Poquelin-Molière.